U0053350

匈牙利史

一個來自於亞洲的民族

周力行——著

三民書局

國家圖書館出版品預行編目資料

匈牙利史：一個來自於亞洲的民族 / 周力行著. －－增
　訂三版一刷. －－臺北市：三民，2019
　　面；　　公分. －－(國別史叢書)

　ISBN 978－957－14－6564－7 (平裝)

　1. 歷史 2. 匈牙利

744.21　　　　　　　　　　　　　　　　107023387

© 匈 牙 利 史
———一個來自於亞洲的民族

著 作 人	周力行
發 行 人	劉振強
著作財產權人	三民書局股份有限公司
發 行 所	三民書局股份有限公司
	地址　臺北市復興北路386號
	電話　(02)25006600
	郵撥帳號　0009998－5
門 市 部	(復北店) 臺北市復興北路386號
	(重南店) 臺北市重慶南路一段61號
出版日期	初版一刷　2003年7月
	增訂三版一刷　2019年2月
編　　號	S 740350

行政院新聞局登記證局版臺業字第○二○○號

有著作權·不准侵害

ISBN　978-957-14-6564-7　（平裝）

http://www.sanmin.com.tw　三民網路書店
※本書如有缺頁、破損或裝訂錯誤，請寄回本公司更換。

增訂三版序

　　匈牙利曾是東歐改革開放的典範，昔日反蘇自由鬥士歐爾邦 (Orbán Viktor Mihály, 1963～) 在今年的國會大選贏得了第四個總理任期。其高舉民粹主義的旗幟，以「非自由民主體制」自居，捍衛基督教歐洲的核心力量，反對歐洲一體化，也反對布魯塞爾干涉東歐事務，激勵了東歐的右翼民族主義勢力。

　　歐盟正遭受考驗，移民和全球化帶來的裂變悄然來襲。歐洲局勢跌宕起伏，為多變的世局徒增漣漪，未來風雨更繽紛，不容小覷。匈牙利舟橫幾度，如凌滄浪。

　　匈牙利為東歐之重，近年國人赴旅益眾。本次修稿酌增史實紀略，更為旅遊添趣。

周力行

2018 年冬至於宜蘭

再版序

在浩瀚宇宙裡，人類歷史像恆河一沙，滄海一粟，彌足珍貴。

匈牙利先民自亞洲西遷，896年越過喀爾巴阡山，落腳潘諾尼亞。996年接受基督教化和西方文明的洗禮，融入歐洲，千年來滄桑風雨艱辛曲折。

二十年前，以匈牙利為先導，整個東歐和蘇聯發生了一連串巨大的轉變，是一種以社會思想轉變為動因的社會變革。當年的歷史大轉折得到了多數人的歡迎與支持。許多人滿懷著喜悅和憧憬，告別過去，迎向未來。

多瑙河依然千古悠悠，帶著匈牙利的民族性格蜿蜒而行，流向歷史的遠方，勢不可擋。

本書初版發行迄今，忽焉十載。我的兩位匈牙利啟蒙老師——葉由根神父 (Jaschkó István atya, 1911～2009)、趙德恕神父 (Zsoldos Imre atya, 1931～2009) 也先後返回天家。

葉神父1936年前往中國傳教，1953年遭批鬥入獄，1955年出獄後來臺。先後在嘉義、新竹開辦醫院、托兒所、幼稚園、啟智中心、智能發展中心，嘉惠貧民與弱勢族群，被譽為臺灣的史懷哲、「喜憨兒之父」；趙神父在匈共統治時期翻越鐵幕奔往奧地利，在維也納讀神學、晉鐸。1964年來臺參與創立輔大法文系，

為信仰與教育奉獻歲月，培育出許多優秀的語言人才。他們的思維開闊，對生命的熱愛，對生活的熱情，和藹可親的風範永遠留存在人們心中。

謹以此再版序文紀念這兩位慈祥的長者。

周力行

2013 年 5 月 20 日於宜蘭

序 言

　　一般人對於匈牙利的印象大多是一知半解的，有人認為匈牙利人是匈奴人的後代，其實不然。匈牙利人的祖先馬札爾人原先是居住在烏拉山一帶的游牧民族，後來西越喀爾巴阡山 (The Carpathians) 定居立國。雖然他們在中歐居住的時間超過了一千一百年，但是，在種族上說來，他們有別於周邊的其他民族。匈牙利人既非斯拉夫人、拉丁人，也不是條頓人，他們的語言近似芬蘭語和愛沙尼亞語。一直到二十世紀的最後十年裡，他們才掙脫了共產主義的桎梏，贏得了 1956 年「十月革命」以來遲來的勝利。

　　一如美國總統甘迺迪所讚揚的：「1956 年 10 月 23 日這一天將永遠存在於自由人類和自由國度的歷史中，這是一個勇氣、道義和勝利的日子。自有歷史以來，人類對自由的渴求，從未有過像這天一樣，不論成功的機會有多少，不論犧牲的代價有多高。」(October 23, 1956, was a day that will forever live in the annals of free men and free nations. It was a day of courage, conscience and triumph. No other day since history began has shown more clearly the eternal unquenchability of man's desire to be free, whatever the odds against success, whatever sacrifice required.)

　　回溯整個匈牙利的歷史，其民族的奮鬥事蹟在西方世界經常被歌頌。然而，令人遺憾的是，在它扮演「基督教國家的堡壘」和「自由的先鋒」的角色時，卻很少獲得援助。

　　匈牙利人口不及一千五百萬人，而其中只有三分之二的人居住在國內。令人印象深刻的是，匈牙利人對於人類的歷史及文化的貢獻很大，不只其音樂方面有傑出的表現，如李斯特 (Liszt Ferenc, 1811～1886)、雷哈爾 (Lehár Ferenc, 1870～1948) 以及巴爾托克 (Bartók Béla, 1881～1945) 等人膾炙人口的作品，甚至於在科技方面也有其值得驕傲的成就。化油器、直昇機、立體音響、電視、變壓器、發電機、雷射光攝影、原子筆、電話交換機、氖氣燈泡、維他命 C、中子彈、魔術方塊、噴射推進力、魚雷、隱形眼鏡等都是匈牙利人發明的。在二十世紀，匈牙利的科學家已有十一次獲得諾貝爾獎的紀錄。此外，這個國家在運動方面的成就也毫不含糊，平均而言，在國際奧林匹克運動會上創造人類巔峰狀態的非凡表現的得獎人數中有八分之一是匈牙利人。

　　匈牙利人的多才多藝不只表現在科技、運動上，他們在藝術上的表現也非常卓越。1929～1996 年之間，匈牙利裔獲頒奧斯卡獎的人數達一百三十六人，平均每年有兩人獲獎，金像獎得主計三十位。

　　與其貢獻相較，匈牙利所得到的回饋實在少之又少。就如同一位匈牙利的史學家波大尼・威喀特 (Padányi Viktor, 1906～1963) 在其一篇文章——〈東西方之間〉 (Between East and West)——內說到：「我們流血抵禦來自東方的侵略，而從未屈從

順服過，但是我們得到什麼報償？當斯拉夫人垂涎我們土地的時候，我們的祖國卻被西方世界在 1920 年〈特里濃條約〉的協助下肢解了。在西方政客的心目中，斯拉夫人和羅馬尼亞人遠比我們匈牙利人的犧牲奉獻和我們生存的良知還要重要……，第二次世界大戰之後，我們再度被折磨，被殘酷地丟進蘇俄帝國主義的魔掌中。」

　　雖然在高舒特時代，匈牙利人為爭取獨立而奮鬥，使得匈牙利成為世界上自由受尊崇的象徵。但是西方世界似乎並不在乎匈牙利人民的命運，匈牙利好像獨處於歐洲大陸，孤立無援似的。的確如此，匈牙利人也十分清楚這一點。他們背負了這一個沉重的負擔，孤獨地走了一千年，而且在這難以忍受的重擔下，歷代的匈牙利賢哲偉人都發出他們內心深處的苦痛……。匈牙利著名詩人裴多菲‧桑多爾 (Petöfi Sándor) 也曾悲嘆匈牙利人的孤立，他在〈生或死〉(Life or Death) 的詩中就稱呼其同胞是「世上最孤獨的民族」。

　　匈牙利文化是處於匈牙利古代傳統和西方文化之間的一場永無止境的衝突中，但是當匈牙利文化與西方璀璨的文明相較時，我們會發現匈牙利文化中的寧靜與祥和，而且只有在情非得已的情況下才會引進西方文化。所以，匈牙利著名學者暨音樂家高大宜‧佐爾坦 (Kodály Zoltán, 1882～1967) 就曾質疑道：「具有雙重個性的匈牙利」是否會發展成「心靈與意念的合而為一」？他說：「我們匈牙利人應該是東西方之間的一座橋樑，這樣的一座橋樑應該會加重我們在多瑙河流域的分量，因為唯有如此才會使我們

非常真誠地和千年來與我們生命與共的斯洛伐克人、克羅埃西亞人和羅馬尼亞人相處。」(We should be a bridge between East and West. Such a bridge would lend us weight in the Danubian Basin, because only in this way could we in all sincerity meet the peoples to whom we have been tied by a common historical fate for a thousand years: the Slovaks, the Croats, the Rumanians.)

安德烈・奧狄 (Endre Ady) 在其一首詩歌中寫到馬札爾人（匈牙利人）、斯洛伐克人和羅馬尼亞人應該團結起來。而當時另一位著名的詩人約瑟夫・阿提拉 (József Attila) 也說：「我們必須將彼此共同的問題平復下來，最後，這項任務是極其重要，而且還不是件小事。」近代一位重要的作家涅米特・拉斯洛 (Németh László, 1901～1975) 積極地走訪匈牙利的鄰邦，他說：「我們生活在這裡，是生命共同體，然而彼此卻不甚瞭解。此時正是我們相互認識，瞭解彼此都是接受同一大地哺育的兄弟。」

匈牙利人到底是一個什麼樣的民族？為什麼他們這麼傑出？這是一個值得深思探究的問題。

今日的匈牙利是一個小型國家，它在被諾曼人征服之前，從西元 1000 年起就已經是一天主教王國。在歷史上這個國家曾遭逢三次浩劫：1241 年蒙古人的屠殺、1526 年莫哈蚩之役土耳其的攻佔和 1920 年〈特里濃條約〉造成匈國的瓦解。歷經劫難之後，匈牙利人學會在列強之中以智取勝。因此，對於什麼是匈牙利人的這個問題，曾有世界知名學者給他們下了一個定義：「他們是那種比你晚進入旋轉門，卻比你早鑽出那道門的人。」在歷史上遭受

多次外族的入侵，使得他們練就了特殊的生存技巧。

　　他們對於酒和歌謠的鑑賞，贏得了「中歐的愛爾蘭人」這麼一個稱號。十六世紀，英國的旅遊記文中嘲諷匈牙利人的暴食豪飲，但是在匈牙利那可能被視為美德的。匈牙利人的待客之道是無與倫比的，即便是那些不欣賞匈牙利人的人亦不得不承認匈牙利人的熱忱。

　　在過去的半個世紀裡，匈牙利人帶給世界三件值得紀念的事件：第一件是 1956 年 10 月 23 日爆發的匈牙利大革命，整個國家人民起來反對共產黨的壓迫統治，那是共產世界的歷史上首度發生的大事；其次是 1989 年 11 月 9 日，匈牙利政府決定拆除邊境的藩籬和地雷，開放匈奧邊境，讓成千上萬的東德人跨越，導致鐵幕被推倒了。一如德國總理柯爾所說的：「匈牙利人拆除了柏林圍牆的第一塊磚頭。我們絕對不要忘記這回事！」無疑地，蘇聯政權的崩解，匈牙利的角色居功厥偉。第三是，在外息爾凡尼亞的匈牙利人點燃了結束羅馬尼亞專制政權的革命之火，匈牙利模式成為其他共黨國家建立民主制度的靈感與典範。

　　冷戰結束之後，匈牙利不再受蘇聯的宰制，而逐漸地向歐盟世界靠攏。當新的千禧年來臨，邁入其立國的第十二個世紀的時候，匈牙利人驕傲而自信地展望未來，努力在歐盟中尋求新的定位，並且還要同時保有自己的特色。我們應該給予他們至高的敬意和祝福。

　　我在 1985～1987 年讀碩士班，研究國際共黨問題，對匈牙利的歷史及變遷亦深感興趣。畢業後，跟匈牙利籍趙德恕神父 (Fr.

Imre P. Zsoldos SVD. 1931～) 學習匈語，直到 1992 年赴布達佩斯大學 (Eötvös Loránd University) 法政學院進修博士，受業於匈國民主改革鬥士畢浩利・米哈伊 (Bihari Mihály)、蘭傑爾・拉斯洛 (Lengyel László) 等人門下。那是一段活歷史，我們就在一起生活和學習，討論民主改革發展的進程。現在寫史，憶及過往，歷歷在目，彷彿就在昨日。

三民書局擘劃發行一系列歷史叢書，我有幸參與，得便盡力將匈牙利千餘年來的歲月史簡介給讀者們分享，希望能得到大家的回響！

周力行

於 2003 年 5 月

匈牙利史
一個來自於亞洲的民族

目 次 | *Contents*

第 1 篇

匈牙利的今昔

獨特的國度

第一節　馬札爾人的匈牙利

如同歐洲其他的古老國家一樣，匈牙利是在中世紀民族大遷徙的時候建立的。然而所不同的是，匈牙利這個國家卻是由一種不屬於歐洲三大主要語系民族——拉丁、日耳曼和斯拉夫之一的人種所建立的。

二十一世紀初，遺傳學的研究學者將匈牙利人的粒線體DNA，與取自於十世紀的喀爾巴阡山本土人民、中東地區「蘇帕圖」(Subir/Subartu) 民族、東歐「匈族─維吾爾人」和亞洲突厥族人遺骨的 DNA 進行比對，發現其間有著相當的關聯性。

根據維也納典藏的《圖解紀事》(*Illuminated Chronicle*，拉丁文 *Chronicon pictum, Chronica de gestis Hungarorum*) 所載，在西元 895 年那個時代匈牙利的領袖阿爾帕德(Árpád, c. 840～c. 907；馬札爾大公，c. 895～c. 907)，他的父親是馬札爾的第一位大公阿

爾莫什（Álmos, c. 820～c. 895；馬札爾大公，c. 820～c. 850）的父系是蘇帕圖人；母親艾梅雪 (Emese) 是匈族－維吾爾人，據說是來自於匈王阿提拉 (Attila, ?～453) 的家族。

當初馬札爾人來到歐洲創建匈牙利的時間，比「歐洲」的形成還要早。嚴格地說，馬札爾人事實上參與了歐洲的形成。但是，遺憾的是，自十八世紀以來流行的民族主義卻常巇視匈牙利人是「野蠻的入侵者」。

今天的匈牙利人已經不再認為他們是亞洲人，他們與一般的歐洲人在外表上沒有什麼區別。事實上，他們在亞洲的祖先也已逐漸地和周遭其他的種族，主要是斯拉夫人和阿瓦人 (Avars) 融合了。匈牙利人沒有喪失其自有的語言，不像保加利亞人或者其他也是從亞洲遷徙來的民族一樣，失去自己原有的語言，改說斯拉夫語。現代的匈牙利人已經融入歐洲，能夠維繫他們團結在一起的力量，除了語言、文化之外，就是他們歷史的共識。

中世紀馬札爾建國之後，在西化的路途上，他們選擇了信仰羅馬天主教，而割捨拜占庭的東正教。所以，匈牙利在其西化之初，拉丁化就成為其文化的主流影響了。

匈牙利王國是中世紀中歐著名的三個文明世界之一，另兩個是西邊的波希米亞－莫拉維亞的捷克王國 (The Czech Kingdom of Bohemia-Moravia)，和北方的波蘭王國 (Kingdom of Poland)。然而，由於受了政治的影響和地理位置的不同，這三個國家的發展大異其趣。

中古世紀波希米亞的捷克王國成為神聖羅馬帝國的一部分，

圖1：匈牙利地圖

圖2：外息爾凡尼亞

捷克在十四世紀時，日耳曼盧森堡家族的國王查理四世 (Charles IV, 1316～1378) 成為神聖羅馬帝國的皇帝，布拉格是當時帝國的首都。直到宗教改革一片混亂的時候，帝國的權位才轉移到哈布斯堡家族的手中。

不若捷克王國，波蘭和匈牙利成功地抵擋住神聖羅馬帝國的影響，但是，卻難逃鄂圖曼帝國和俄羅斯強力的宰治。捷克、波蘭和匈牙利三者都是藉由共同的宗教信仰以形成它們自己的文化，它們各自的命運發展主要是受了地理位置的影響。

匈牙利以農立國，百分之五十以上的土地適合耕種，養殖業發達，玉米、小麥、大麥、甜菜、洋芋、向日葵子、葡萄、馬鈴薯等是主要的農作物。牲畜主要是豬、牛、羊。糧食已能自足。食品加工是重要的出口項目，肉類、禽類、糧食和酒是常見的出口產品。因此匈牙利是一個極好的食物供應地。礦產則有煤、鋁、石油等，工業以食品加工業、紡織及化學工業最為發達。匈牙利的運輸業以鐵路為主，布達佩斯是中歐各線鐵路系統的中心，四通八達。更因位於多瑙河的中游，而多瑙河在匈境長約四百一十七公里，全線均可通航，所以匈牙利的航運也非常發達。這些水陸交通的優點，也正是二次大戰以前的納粹德國和大戰以後的蘇聯之所以佔據匈牙利的主要原因。

匈牙利與納粹德國合作期間，曾一度將外息爾凡尼亞收回，但在 1947 年簽訂的〈巴黎和約〉(*Paris Peace Treaties*) 中，又恢復到第一次大戰以後〈特里濃條約〉(*The Treaty of Trianon*) 劃定的疆界，面積約為九萬三千平方公里，差不多佔歐洲面積的百分

之一。

〈特里濃條約〉簽訂之後的匈牙利，先後歷經獨裁政權和共產政權的時代 (1947～1989)。1956 年的革命事件和 1989 年開放東德探親民眾取道奧地利的邊界，完成返鄉之舉，促成兩德的統一，匈牙利獲得了國際社會的高度關注，也註定了東歐共產集團終必瓦解的命運。

1990 年代以來，匈牙利就開始進行政治經濟的轉型，逐漸轉型成以市場經濟為導向並尋求新的貿易夥伴。當其他的社會主義國家正加強與蘇聯整合時，匈牙利的經濟經歷了困難的轉型期，已成功地對西方國家開放市場與擴展貿易關係，成為區域中第一個進行自由政治與經濟改革的國家。這個起頭使匈牙利居於主導的地位，今日匈牙利是東歐地區最繁榮的國家之一。

第二節　國徽與國旗

歷經歷史的變遷，匈牙利的國徽有三個不同的形式，分別稱做：「小型國徽」(the small coat of arms)、「中型國徽」(the middle coat of arms) 或者是 「帶有天使的中型國徽」 (the medium coat of arms with angels)、「大型國徽」(the large coat of arms)。

「小型國徽」是 1874 年核定的，紋章右邊由紅白條紋區分為七等分，代表在 896 年來到外息爾凡尼亞的匈牙利的七個部落。那四道白色條紋代表流經匈牙利的四條大河：多瑙河 (Duna)、提索河 (Tisza)、德拉瓦河 (Drava)、沙瓦河 (Szava)。

　　紋章左邊有三個綠色山丘，代表匈牙利的三個主要山脈：塔特勞山 (Tatra)、弗特勞山 (Fatra)、馬特勞山 (Matra)。在山丘的頂上有教皇西爾維斯特二世 (Pope Sylvester II) 授與聖史蒂芬的「使徒雙十字架」，從金色的王冠中升起，而王冠豎立在綠色的三座山崗上。

　　「匈牙利王冠」豎立在盾形紋章的頂上，國徽的左右邊分別被象徵和平的橄欖樹以及象徵榮耀的橡樹圍繞著。國徽被置於周邊以齒狀紅綠相間的白圈圈之中。

　　紅色背景、白色的「使徒雙十字架」和三座綠色的山丘，就是構成匈牙利國旗的顏色。

　　「中型國徽」由「小型國徽」連同達爾馬提亞 (Dalmatia)、克羅埃西亞 (Croatia)、斯洛伐尼亞 (Slavonia)、外息爾凡尼亞 (Transylvania) 和富姆 (Fiume) 的國徽共同組成的。還有一個更美麗的版本，是分由兩個天使懸著「中型國徽」兩側的圖案。

　　「中型國徽」是在 1896 年為紀念匈牙利立國千年而制訂的。1916 年的時候，匈牙利王國的國徽就是採用這個「帶有天使的中型國徽」。

　　1790～1792 年，匈牙利被哈布斯堡皇帝里奧波德二世 (Emperor Leopold II) 統治，將帶有天使的「中型國徽」另外加上包括了達爾馬提亞、克羅埃西亞、斯洛伐尼亞、波西尼亞、塞爾維亞 (Serbia)、庫馬尼亞 (Cumania)、加里西亞 (Galicia)、洛德梅利亞 (Lodomeria)、保加利亞 (Bulgaria)、匈牙利和外息爾凡尼亞的國徽共組「大型國徽」。

1990 年，匈共瓦解之後，這個「小型國徽」由國會核定為匈牙利的國徽。王冠是匈牙利王國和王室的歷史象徵，連同代表王權的寶球、加冕寶劍，於 2001 年 1 月 1 日起陳列在國會大廈裡。

匈牙利國旗是紅、白、綠三色由上而下平行組成的三色旗。這面國旗是在 1848～1849 年對抗哈布斯堡王朝統治的獨立革命戰爭時期，首次被正式使用。

根據史載，九世紀時由東方遷徙過來的馬札爾族的旗幟上有神話中的老鷹圖案 。 從匈牙利開國國王伊斯特凡 (King István I, ?～1038) 之後的幾個世紀以來，都使用雙十字圖案或是紅白相間條紋的旗幟。

紅、白、綠三色細繩第一次一起出現在 1618 年馬嘉斯二世國王 (II. Mátyás magyar király, 1557～1619) 封印上。1794 年 7 月，匈牙利雅各賓運動 (magyar jakobinus mozgalom) 領袖馬爾丁諾維奇 (Martinovics Ignác, 1755～1795) 在維也納被捕。他受審時表明想把紅、白、綠三色作為代表匈牙利民族的顏色。這是匈牙利人第一次公開表達制定匈牙利旗幟樣式的主張。後來因為法國革命亦使用此三色國旗而普受歡迎 。 在 1825～1848 年的改革時代，紅、白、綠三色已在貴族的政治聚會場所中使用。

1848～1849 年反奧地利哈布斯堡王朝革命及獨立戰爭勝利初期，發佈政令「國家的代表色及國徽應當回歸到過去獨立時期強國的象徵」：紅色象徵力量，白色象徵忠誠，綠色則象徵希望。

當匈牙利仍是王國時期，國旗上通常有王冠為其特色。1845 年之後，匈牙利反哈布斯堡王朝的統治，為紀念領導 1848～1849

年抗奧戰爭的政治家高舒特 (Kossuth Lajos, 1802～1894)，匈牙利國旗上的國徽特別改以無冠冕的盾牌代替。無冠冕的國徽又稱「高舒特盾形國徽」(Kossuth Coat of Arms)。

　　1949 年共黨政權統治匈牙利以後，換掉所有與過去傳統歷史有關的顏色與國徽象徵。二十世紀末，改革開放後的匈牙利共和國重新恢復紅、白、綠三色國旗。

第三節　國　歌

　　自從 1989 年 10 月 23 日以來，匈牙利正式以克爾切伊 (Kölcsey Ferenc, 1790～1838) 於 1823 年寫的詩作為國歌 (*Himnusz*)，由埃爾克 (Erkel Ferenc, 1810～1893) 在 1844 年譜曲，贏得國歌作曲大賽。1844 年首度在佩斯國家劇院演奏。1903 年正式作為國歌。

　　匈牙利國歌有八節，在正式的場合中，通常會演奏其中的第一段：

> Isten, áldd meg a magyart
>
> Jó kedvvel, bőséggel,
>
> Nyújts feléje védő kart,
>
> Ha küzd ellenséggel;
>
> Bal sors akit régen tép,
>
> Hozz rá víg esztendőt,

Megbűnhődte már e nép

A múltat s jövendőt!

它的意思是：

祈主庇佑匈牙利

天助神威揚公義

勇敢奮戰以克敵

枯竭苦楚終將盡

喜樂榮光耀我心

歷久彌新亙古今

第四節　生活與信仰

根據匈牙利中央統計局人口研究所 (Központi Statisztikai Hivatal-Népességtudományi Kutatóintézet) 2018 年 10 月人口普查，總人口數是 9,752,759。該所還推論，匈牙利人口在未來每十年將減少十到十五萬人左右。 檢視 2000 年的總人口數 10,222,000 人迄今的統計數字看來，可知人口數降低的趨勢實在堪慮。

匈牙利之人口，在十六、十七世紀間約為四百萬人，分為三級： 上層為貴族 (Magnates)， 多為大地主 ； 中層為普通貴族 (Servientes)，多為城市資產階級或因功勳晉陞之軍人；下層階級為農民。惟匈牙利農民所享的地位，則介乎西歐與俄國、羅馬尼

亞、波蘭或普魯士之間，並非毫無自由的農奴。貴族中頗多接受高級拉丁教育，且有遠赴英法留學者，因此人文主義以及十八世紀以後的西方思想，亦由此傳入匈牙利，為將來之民族運動預先埋下發芽的種子。

十六世紀宗教改革運動發生後，匈牙利人的宗教信仰轉趨複雜。以地區分：西部多信奉羅馬天主教；中部為天主教、新教及回教的混合信仰；外息爾凡尼亞則四教並存，除了天主教、路德教、喀爾文教之外，尚有介乎天主教與東正教之間的「聯合教派」(Unite Church)。當時的外息爾凡尼亞有很多不同的種族，也有許多各種不同的宗教，彼此相安無事，和平共處。這種多元文化的現象在當時的歐洲是獨樹一格的。在外息爾凡尼亞，撒克遜人選擇了馬丁路德的路德教派，塞凱伊仍是天主教的地盤，而匈牙利貴族們則喜歡喀爾文新教。另外，多數羅馬尼亞人仍然堅信希臘正教。

整個匈牙利人的生活方式，隨著其人口的分佈而展現出不同的特色。古老匈牙利人的特點在東部地區較保守，在這裡有些人仍然過著半游牧、半定居的生活。他們喜歡追求自由和熱情，而且抗拒任何外來不熟悉的、虛榮的事物。北方最顯著的特色是鄉土的生活方式，喜和大自然接近。相反的，匈牙利西部的生活步調較為實際、文明。外多瑙河地區的生活型態特色則為穩定積極，受到西歐進步發展思想的強烈影響。南部的居民顯得更喜好深思，他們的特色是閒適、歡樂、和平寧靜和均衡的社會態度，和對於生活的和諧享樂。

匈牙利境內各種族語言的鴻溝並不太大，全國各地的人民可以彼此溝通。自從馬札爾人征服這塊土地以來，匈牙利人一直很歡迎外族人的融入，這足以反映出其歷史背景。在國王伊斯特凡一世寫給兒子的《誡子書》(*Admonitions*) 中表示，殷勤款待陌生人有其價值及意義：「外來的客人和移民對我們非常有益，所以值得把他們歸在皇家高位顯爵的位置中。因為一個國家如果只有一種語言，將會變得衰弱不振，而且容易支離破碎。」不過在後來的世紀裡，匈牙利並不常遵行這個勸告，尤其在近代更沒有人去理會了。

第五節　少數族裔

匈牙利憲法保障所有的少數族裔有同等的權利和自由使用其母語，甚至在 1990 年還成立了一個「全國人民及少數族裔辦公室」以保障他們的權益。2002 年元旦，匈國通過補助獎勵辦法，以保障海外的匈牙利少數族裔保留其身分和傳統，並且能夠行使其權利。在過去幾年裡，匈政府加強與鄰國的雙邊關係，以及加入大西洋歐洲社會及投入區域穩定和民主化的努力，都是對少數族裔的問題有所幫助的。

一、斯洛伐克人和南斯拉夫人

匈牙利不是單一民族組成的國家，除了匈牙利人之外，還有少數的日耳曼人、克羅埃西亞人 (Croats)、羅馬尼亞人、塞爾維

亞人、斯洛伐克人 (Slovaks) 和斯洛維尼亞人 (Slovenes)。這些少數族裔大部分都住在邊境上，少部分散居在全國各地。這些少數族裔中為數最少，而且歷史最悠久的是斯洛維尼亞人。當時的征服者馬札爾人在外多瑙河的西南建立了一個獨立的斯洛維尼亞王國。首都摩沙波格 (Mosapurg)，可能就是現在的佐洛瓦 (Zalavár) 一帶。雖然經過千年的外族統治，這個地方的人們並沒有失去其特性。在馬札爾人到來之前，斯洛維尼亞人都是基督徒，說的是斯拉夫語。他們把古老的語言和文化一直保存到現在沒有受到外界的同化，也許這該歸功於他們在這個遺世獨立的農業社會裡已經住了幾百年，不易受外界的影響，所以才得以保存。而今天匈牙利境內，在穆拉河 (Mura) 和拉巴河 (Rába) 之間的地區，仍保留若干斯洛維尼亞人的村落。

每當在匈牙利討論少數族裔問題的時候，難免會與斯拉夫族裔有關。這些斯拉夫族群為數約有十萬人，分為好幾個種族。除斯洛維尼亞人之外，還有克羅埃西亞人、塞爾維亞人、雪凱人 (Schokats) 和波西尼亞人 (Bosnians)。這群南部的斯拉夫族裔當中有百分之九十是克羅埃西亞人。

在多瑙河的兩岸，甚至包括布達佩斯的北方，都可以找到塞爾維亞人的村落。這些聚落的歷史可以追溯到土耳其大肆對外侵略，擴充領土的時期。遠在 1690 年時，大主教阿爾森尼耶‧卡爾諾耶維奇 (Patriarch Arsenije III Carnojevic, 1674～1706) 率領著一批難民逃出土耳其，在此地定居，建立了這些聚落。

塞爾維亞人的聚落相當分散，相反地，克羅埃西亞人卻非常

集中，主要是住在德拉瓦河 (Drava) 兩岸。另外雪凱人和波西尼亞人大部分住在巴蘭尼亞 (Baranya)。波西尼亞人的名稱起源是因為他們來自波西尼亞和達爾馬提亞 (Dalmatia) 之間的邊境地帶，因地而得名。而雪凱人之所以得名，是因為他們的宗教儀式和塞爾維亞人不一樣，他們在胸前畫十字時，用的是整個手掌面，「Saka」在雪凱語便是手掌的意思。

由於受到現代化工業的影響，有相當高比例的人口從鄉村湧入都市，這種人口結構的大幅度改變，使得少數種族被匈牙利人高度地同化。不過，仍然有一些認同自身的種族起源，而且以出身為榮的族群，其中為數最多的就是屬於南部的斯拉夫族群。南部斯拉夫族群的文化語言及血源等之所以能夠傳承的原因有好幾個，一方面是因為地緣很接近其餘斯拉夫國家，而且近代他們能夠越過邊境的限制，和許多同種同文的人們連繫溝通，另外一方面是因為小學和中學都有教授傳統母語的課程，而且匈牙利的地方廣播電臺還有塞爾維亞語，以及克羅埃西亞語的節目。

在鄰國當中，匈牙利人散居最多的是在羅馬尼亞。根據 2011 年的人口普查顯示，那裡約有 1,227,623 名匈牙利人，過去，羅馬尼亞的種族淨化政策，已經迫使許多住在這裡的匈牙利人搬回他們的祖國。另外，在斯洛伐克的匈牙利少數族裔，情況也不見得樂觀。

此外，住在蘇俄境內，喀爾巴阡山區烏克蘭一帶的匈牙利人則希望能允許他們的文化自由發展。除此之外，還有許多匈牙利人仍然住在南斯拉夫和巴蚩卡地區。和所有的匈牙利少數族裔比

較起來，住在這裡的匈牙利人享有最多的權益。自 1979 年起，至少有三分之一人口屬於匈牙利少數族裔的村莊裡，都樹起了雙重語言的告示，同時在政府機關部門可以使用少數民族的語言。不過，這些政策實行起來卻有困難，部分是因為有些地方官員對這個措施採取敵對的態度。

1990 年首位民主政府的總理安托 (Antall József, 1932～1993)就職時，向所有海內外的匈牙利人發表演說，對海外匈牙利裔表達強烈的關切，並直言不諱地批評鄰國對於居少數的匈牙利族裔的歧視。這種態度自然得罪了周邊鄰國，同樣地也令匈牙利人深感驚訝。因為過去在共產黨時代，這可是不可碰觸的大禁忌。但是隨著共產政權的瓦解，審視匈牙利被瓜分的歷史而帶來的悸動，在匈牙利國內要比其他地方的反應還要激烈。

二、日耳曼人

日耳曼人在匈牙利約有二十三萬人之多，這些人已經失去了他們原有的母語及原有的文化，即使官方有關單位費盡了心機，似乎也已經來不及彌補這件事。大約在一千年中，日耳曼人在不同的時間，從各種不同的地方，陸續遷移到匈牙利。因為這個緣故，所以這群少數民族不管在經濟上、政治上或文化上都未曾協調統一，這也是為什麼他們受到高度同化的原因之一。第一波主要的移民潮是發生在十三世紀國王安德拉二世 (King András II, 1205～1235) 在位的時候。這一波的移民大部分都到外息爾凡尼亞去了。住在外息爾凡尼亞的這群人從國王那兒得到一種特權，

使得他們得以把文化保存到二十世紀。只有在 1970 年代，他們受到羅馬尼亞政治的「羅馬尼亞化」政策的影響，被迫遷出外息爾凡尼亞，搬到德國。

第二波的日耳曼人是隨著「施瓦本列車」(Swabian trains) 而來的。土耳其人在十八世紀被逐出匈境之後，哈布斯堡帝國將日耳曼人安頓在已飽受土耳其人摧殘奪掠的匈牙利東南地區，例如巴蚩卡 (Batshka) 和巴納特 (Bánát)。

在日耳曼的移民當中，鄉間的日耳曼人口是一大群移進來的，可是日耳曼城市居民卻以緩慢的速度遷入各城鎮。因此，在十九世紀中葉，住在匈牙利大城市的中產階級，大部分都是日耳曼人。這些住在城裡的日耳曼人不可避免地不斷面臨同化的命運，可是其他日耳曼人所居住的鄉間社區，一般來說都沒有受到什麼影響，一直到第二次世界大戰終了。

在 1938 年的 11 月，「匈牙利德國人民聯合會」 (Volksbund der Deutschen in Ungarn) 和「匈牙利德國文化協會」 (Ungarischer Deutscher Volksbildungsverein) 正式分裂。前者是德國國家「海外德國文化人民聯合會」(Volksbund fur das Deutschtum im Ausland) 的第五縱隊。這個文化組織在一般鄉間民眾之間散佈許多納粹的宣傳資料，並收到非常顯著的成果。到了 1942 年的秋天，大約有百分之四十的日耳曼人成了「匈牙利德國人民聯合會」的成員，再加上許多擁護該組織而尚未真正加入的會員，這個比率就要高得多了。當時的德意志帝國 (German Reich) 自從戰爭開始以後，就已經開始在匈牙利的日耳曼少數民族當中秘密地招募軍隊。到

了 1942 年 2 月，這種秘密招兵買馬的情況化暗為明。他們最後和匈牙利政府達成協議，公開允許德國人招募志願者加入武裝親衛隊 (Waffen-SS)。

在 1943 年的時候，這種招募的情形更為普遍，後來匈牙利政府甚至核准那些應該在匈牙利軍隊服役的人參加德國的徵召。1944 年 4 月 14 日，德軍進入匈牙利之後，所有日耳曼族裔的人民，凡是年齡在十七到六十二歲之間，都必須在德國軍隊中服兵役。因此，在第二次世界大戰之後，在匈牙利的日耳曼人和捷克斯拉夫、波蘭，和南斯拉夫的日耳曼人一樣，遭受同樣的命運。在 1946～1948 年之間，斷斷續續地進行了一些強迫性的移民活動。到了 1950 年的 3 月，政府當局才開始全面恢復這些人的公民權。由於戰爭時受創極重，而且戰後又沒有有利的客觀環境可幫助這些人站起來，所以重建的工作甚為艱辛。

在北部住了大約有十萬名的斯洛伐克人，斯洛伐克一直到第一次世界大戰之前，都算匈牙利王國的領土。這裡匈牙利人和斯洛伐克人之間的種族界線並不明顯。

三、吉普賽人

匈國政府方面想要重振少數族裔文化的努力，可能會使同化的步伐趨於緩慢，可是卻一點也不會阻止同化的發展。現在甚至連不同的種族協會本身，也透過大眾傳播媒體，以其母語來保存自己的文化。現在的少數民族，對於他們自己不同的語言，已經不再心存任何畏懼，可是他們也不全然很有信心。

　　第二次世界大戰之後，吉普賽人的生活有許多改變，但並不全然都是變好的。以往的乞討、挨家挨戶兜售的傳統印象逐漸改變了。但是那些本來在農村勞動的吉普賽人也都失業，因為在農業合作社裡，只允許擁有土地的農人加入。所以在布達佩斯和其他較大的工業都市裡，許多沒有一技之長的吉普賽人靠著打零工，賺取微薄薪資過活，由於工資非常微薄，他們回家探望家人的次數有限。因此，不管在大都市裡，或者是鄉間，他們都像是過客，沒有真正可以安定落腳的地方。他們過著毫無目標的生活，前途茫茫，唯一的慰藉和享受就只有喝酒和賭博了。

　　吉普賽人喜好音樂，部分的人擔任樂師。最常見的是他們在布達佩斯的各個飯店和餐廳，拉著小提琴演奏充滿地方色彩的音樂，深受觀光客的喜愛。這些專業樂師大部分都住在城市裡，和為數超過五十萬的吉普賽絕大多數人口，形成一顯明的對比。

　　匈牙利政府也一直想辦法解決貧窮問題，逐步去除貧民區，以興建現代化的公寓來代替殘破不堪的矮屋。可是由於一般生活條件和日常設施普遍缺乏，所以政府雖百般努力，成效卻始終有限。這些吉普賽人居住的地方，與外界壁壘分明，清楚地形成一個未享受正常權利的階級，而且遭到歧視。即使到了現代，吉普賽人在匈牙利社會裡仍然是力量最弱的一個族群。官方以「處於潛在的不利狀況」的委婉說法來形容吉普賽人的困境。

　　雖然匈牙利政府積極推廣教育，可是吉普賽的孩童中，只有百分之四十左右能夠成功地完成八年級的基礎教育。造成這種就學率低落，畢業率更低的原因，除了經濟因素之外，另外還有學

童家長們對於正規教育採取一種敵對、不友善的態度。此外，語言障礙也是因素之一。大約有百分之七十的吉普賽人把匈牙利語當成母語，另外有百分之十說吉普賽方言，其餘的則講羅馬尼亞語。這種文化和種族的界線把吉普賽人區分成好幾個不同的團體，有些甚至還以部族的組織型態出現。這些部族指的是說吉普賽方言的吉普賽人，他們都認為自己是匈牙利最早的原住民。而為數最多以匈牙利語為母語的吉普賽人當中，同化的過程進行得非常活潑快速。不過，根深蒂固的文化差異，以及種族之間的偏見和歧視，仍然使他們和匈牙利人之間存有鴻溝，彼此格格不入。過去的匈牙利政府也曾致力於消除種族界線，使吉普賽人和其他匈牙利人融成一片，但是自 2010 年歐爾邦執政以來的族裔政策，卻是激化族群的對立。

第六節　文藝創作

在繁複眾多的歐洲語言當中，匈牙利語獨具一格，有其獨自的特色。目前世界上和匈牙利語有密切關係的語言和芬蘭語 (Suomi) 及愛沙尼亞語 (Eesti keel) 屬於芬烏語系。

匈牙利的文學和其語言一樣，孤立於整個歐洲的環境之外。不過這種孤立的情形在過去幾年已有所改善，因為有許多文學作品正不斷有系統地被譯成德文和英文。藉著這個方法，匈牙利的文學至少可以部分地參與歐洲地區文化的流通。

匈牙利人很晚才開始接受歐洲文明。透過歐洲文明的影響，

這群游牧民族改變宗教信仰，皈依了基督教。由於遵循歐洲中古時期的生活規範和標準，因而獲得在潘諾尼亞大平原安身立命的機會。在往後的幾個世紀中，這股迫使他們順服的壓力未曾削減。過程當中，歷史的演變扮演著極重要的角色。由於位處東西兩方交接的第一線要塞，匈牙利便有如古羅馬雙面的門神雅努斯 (János)，同時得守望兩個方向。向東的那面得時時刻刻警戒，以防外侵；而向西的那面則必須設法吸收和同化外來的影響力。

匈牙利在其文化發展的過程中，一再受到歷史的考驗。一旦太平無戰事，人們便竭力填補這文化上的鴻溝。由於一直有迫切的需求，匈牙利文化發展得特別迅速，這種情形解釋了匈牙利文人兩種對立的基本態度，一方面他們埋怨匈牙利致命的孤立狀態，認為西方國家靠不住，一般人都相信，沒有西方的援助，匈牙利文化很難存活；另一方面他們又過於傲慢自信，驕傲地想保持孤立，而且完全信賴自己國家的力量。

直到十九世紀末，拉丁文一直都是有學養的人使用的語言。受到嚴謹的神學著作影響，到了十二世紀才出現以匈牙利文編寫的書籍。有兩本最重要的早期匈牙利文作品：一是約 1192～1195 年間完成的《悼詞與禱告》(*Halotti Beszéd és Könyörgés*)；另一是現存最早的匈牙利詩《悼瑪麗亞》(*Ómagyar Mária-siralom*)，大概是 1300 年的作品。當時大部分歷史紀錄和傳說的編年史都還是以拉丁文寫作。匈牙利第一位聲名卓著的人文主義詩人雅努斯潘諾尼烏斯 (János Pannonius, 1434～1472)，也是以拉丁文來創作。大約在十六世紀宗教改革時期，匈牙利文才開始有其文學形式。

　　宗教改革促使《聖經》各種版本的翻譯本產生。1590 年，新教牧師卡羅里 (Károli Gáspár, 1529～1591) 完成第一部《聖經》譯本。而傳道書也成為普遍的文學形式，這種情形一直持續到反宗教革命時期方告歇止。此時匈牙利文學界出現一位傑出的作家帕茲馬尼 (Pázmány Péter, 1570～1637)，他對於現代匈牙利散文體的發展有決定性的影響。另外，喀爾文教徒森奇莫爾納爾 (Szenci Molnár Álbert, 1574～1634) 翻譯聖詩連帶鼓勵了抒情詩的發展。莫爾納爾還編了一本「拉丁—匈牙利」字典，以及一本匈牙利文法書，使歐洲地區都有機會一窺匈牙利文的真貌。到了十七世紀巴洛克時代，匈牙利的文學才跟得上歐洲的水準。

　　至於屬私人性質的抒情詩，有十六世紀的巴拉賽 (Balassi Bálint, 1551～1594)，寫詩的手法承襲巴洛克風格。這些是首次依歐洲詩的標準，以匈牙利文寫成的。巴拉賽和另一位有名的詩人茲里尼 (Zrínyi Miklós, 1620～1664) 都是出身於貴族階級。

　　土耳其人佔領的一百五十年中，匈牙利的文藝創作受到很大的限制。而保持獨立的外息爾凡尼亞公國卻發展出傳記和回憶錄這些豐富的文學傳統。其中包括凱梅尼王子 (Prince Kémény János, 1607～1662)、政治家拜特倫 (Bethlen Miklós, 1642～1716)、歷史學家阿波爾 (Péter Apor, 1676～1752)，以及流亡在外的獨立運動領導者拉科齊二世 (Prince II Rákoczi Ferenc, 1676～1735) 和其忠誠的追隨者麥克斯 (Mikes Kelemen, 1690～1761) 等人的作品。這些作品具有非常高的文學水準，都是哲學及宗教上追求自我靈魂的最佳文學範例。

　　詩人喬科瑙伊維泰茲 (Csokonai Vitéz Mihály, 1773～1805) 不幸早逝，其作品融合了洛可可式風格和匈牙利的浪漫主義風潮，代表作是《麗拉詩集》(*Lilla versek*)。不過，在匈牙利文藝圈首先推動決定性創新運動的卻是考津齊 (Kazinczy Ferenc, 1759～1831)。他是一位語言改革家、出版家、翻譯家兼作家，創辦了期刊和批判性的文藝作品。他所聚集的知識分子圈，使得原本各自孤立的作家們得到新的生命，彼此之間取得連繫，同時也使得匈牙利貴族家庭廣開大門，以迎接當代歐洲的各種影響，例如法國和德國的古典主義等。十九世紀國家劇院的設立，和 1825 年匈牙利國家科學院的創立，使得匈牙利的民族文學得以蓬勃發展，產生許多的作家。

　　雖說如此，近代的匈牙利文學卻誕生於浪漫主義時期。浪漫派戲劇家考托納 (Katona József, 1791～1830) 所著的經典悲劇《邦克總督》(*Bánk bán*) 被視為全國文學覺醒的一部分，受到極熱烈地歡迎。另外一位偉大的詩人是克爾切伊 (Kölcsey Ferenc, 1790～1838)，他的詩融合了人類的苦難和匈牙利國家的艱辛，處處可見悲天憫人的情懷；克爾切伊也是匈牙利國歌歌詞的創作人。

　　匈牙利浪漫主義大師裴多菲 (Petöfi Sándor, 1823～1849) 發掘了民間歌曲的重要性，這些民間歌曲以一種簡單而直接的形式，表達人類對於自由的嚮往，以及在政治上追求自由的理想。而裴多菲所寫的詩篇在人們耳熟能詳的民族獨立運動掩飾之下，將法國大革命的自由精神，傳播給匈牙利的讀者。他的朋友奧洛尼 (Arany János, 1817～1882) 不但使浪漫派的風格更加完美，同時也

超越了浪漫派。奧洛尼和裴多菲一樣都受到民間音樂歌手的啟發。他敏銳靈活地運用語文,成功地以古典形式將現代政治和哲學的理念令人信服地傳達出來,他所創作的敘事歌和史詩都是傑作。

在十九世紀時,以散文來寫作的情形愈來愈為普遍,特別是在獨立戰爭之後的寫實小說。其中以厄特沃什 (Eötvös József, 1813～1871) 的 《村莊裡的公證人》 (*A falu jegyzője*) 和凱梅尼 (Kemény Zsigmond, 1814～1875) 的 《寡婦和女兒》 (*Özvegy és leánya*),內容生動。另一名小說家約卡伊 (Jókai Mór, 1825～1904) 極具娛樂性的傳奇小說《絕好男人》(*Az aranyember*)、《鐵石心腸之子》 (*A kőszívű ember fiai*)、《匈牙利貴族》 (*Egy magyar nabob*) 等,至今仍膾炙人口。而另外一位劇作家兼詩人毛達奇 (Madách Imre, 1823～1864),出身貴族地主家庭,學生時代在佩斯攻讀文學和法律,同時開始創作詩歌和劇本。他的戲劇詩《人類悲劇》(*Az ember tragédiája*),充滿存在主義者的悲觀論調,其理念和風格與約卡伊截然不同,也使得匈牙利的文學向二十世紀的現代主義邁進。

從浪漫主義轉型側寫主義的轉捩點始於小說家米克沙特 (Mikszáth Kálmán, 1847～1910) 的作品。他的風格令人著迷,充滿傳聞軼事及批評諷刺。後來有許多人都極力模仿他的這種風格,不過其中只有巴比慈 (Babits Mihály, 1883～1941) 能把這種批判的手法運用到社會批評層面。巴比慈加入當代以 《西方》 (*Nyugat*) 刊物為中心所成立的一文藝社交圈。同時,他成功地整合匈牙利和歐洲的價值觀念,把智識上和文學上的價值系統融成

一體。

　　抒情詩人奧狄 (Ady Endre, 1877～1919) 開始登上匈牙利文
藝舞臺時，放棄學習法律課程，而走上新聞與文學創作的路途。
他於 1899 年出版第一本詩集《熱血》(Versek)。1903 年之後，他
大部分的時間停留在巴黎。他在那裡邂逅一位女士而墜入情網，
並成為許多詩集的主題。他的抒情詩以富有語文的原創力而著名，
深受法國象徵主義者 (symbolists) 的影響。他成為匈牙利政治界和
藝術界的激進派，對於匈牙利上流社會自以為是的唯物主義嗤之
以鼻，常常提出嚴厲的批判。奧狄的詩集一共出版了十二集，散
文有七冊。

　　莫里茲 (Móricz Zsigmond, 1879～1942) 以生動、諷刺、誇張
的手法寫作小說、短篇故事和對匈牙利農村社會的報導，約瑟夫
(József Attila, 1905～1937) 的詩則以前衛的方式詮釋一般世俗生
活文化和勞工階層。他們可說是近代傑出的代表性作家。瓦雷士
(Weöres Sándor, 1913～1989) 和沙伯 (Szabó Lőrinc, 1900～1957)
則屬於戰後重要的藝術詩人。

第七節　旅遊資產

　　匈牙利是世界著名的，也是中、東歐最受歡迎的旅遊地點。
　　匈牙利水資源很豐富，有龐大的溫泉水脈，擁有世界上第二
大的溫泉湖——赫維茲湖 (Lake Hévíz)、 中歐最大的湖泊——巴
拉頓湖 (Lake Balaton)，和歐洲最大的天然草原——霍托巴吉平原

國家公園 (Hortobágy National Park)。主要的河川有多瑙河、提索河、巴拉頓湖及凡冷次湖 (Lake Velence) 等，觀光客可以從事釣魚或獨木舟等水上休閒活動。匈牙利有歐洲最多療效的溫泉及醫療浴池，每年吸引數千萬名的觀光客前來。布達佩斯、鳩拉 (Gyula) 和別克弗爾度 (Bükfürdō) 等地都可以享受到舒適的溫泉醫療浴。數個世紀以來別克弗爾度的碳酸醫療泉成為心臟病病人的聖地。「匈牙利海」——中歐最大的內陸湖巴拉頓湖，是最吸引觀光客駐足的風景區之一，堪稱是旅遊者的天堂。巴拉頓湖的提哈尼半島 (Tihany) 上有特別多的古蹟，最著名的是 1055 年建立的提哈尼修道院。

圖 3：提哈尼半島與巴拉頓湖

　　提索河是愛好動力船及噴射滑水者最喜愛的休閒去處。凡冷次湖和菲爾特湖 (Lake Fertö) 及其環湖區域非常適合賞鳥及騎腳踏車兜風。菲爾特湖位於匈牙利西北方礁爾 (Györ) 一莫雄 (Moson) 一肖普朗 (Sopron) 郡的菲爾特一紅砂國家公園 (Fertö-Hanság National Park) 裡，是中歐第三大湖泊，也是歐亞大陸的西邊最大的鹽湖。由於水位淺，受到盛行風的影響，湖面形狀經常改變。

　　菲爾特湖在歷史上已經乾涸了好幾次，最後一次是在 1860 年代。其主要特徵之一是它的水略帶鹹味，前沼澤濕地中仍然有非常奇特的動植物群。風景如畫的艾斯特哈斯公爵家族 (Esterházy Dukes) 的宮殿矗立在岸邊。海頓 (Joseph Haydn) 應聘在這裡擔任宮廷作曲家。一代匈牙利偉人瑟切尼伯爵 (Gróf Széchenyi István) 的宅邸就坐落在附近。

　　這座湖泊富藏著奧地利和匈牙利共享的歷史記憶，在當今看起來益顯彌足珍貴，已被列入聯合國教科文組織世界遺產。

　　歐洲最大的自然溫泉湖在海維茲 (Héviz)，冬天仍能保持攝氏二十五度，是風濕病及關節炎患者的「希望之湖」。海維茲湖位於巴拉頓湖的西端，距凱斯特海伊 (Keszthely) 有五公里遠。它的面積 47,500 平方公尺，是世界第二大溫泉湖。水流非常強，湖泊水位每天都是滿溢的。由於溫泉水含有微量元素、硫化物等成分的影響，那裡的動植物有其獨特性，若干種群只存活在此湖中。

　　本節特就首都布達佩斯及多瑙河大灣 (Dunakanyar) 等處略增篇幅加以介紹：

圖4：從漁人堡一角所見的佩斯遠景

圖5：從蓋勒特山丘頂峰的護城碉堡俯瞰布達佩斯全景

一、布達佩斯

　　首都布達佩斯在西元前四世紀，也就是在青銅時代和鐵器時代，即有人類定居於此，分佈在多瑙河和布達山一帶。事實上，遠在西元前十～五世紀的時候，有伊利里亞人 (Illyrians) 和凱爾特人 (Celts) 在此興建了各種聚落。直到西元一世紀的時候，羅馬軍團沿著多瑙河駐防戍邊，就曾據守在布達城堡區 (Várnegyed) 北面一處叫做阿奎因庫姆 (Aquincum) 的地方。阿奎因庫姆是下潘諾尼亞州 (Lower Ponnonia) 的首府，靠近現在伊莉莎白橋（Elisabeth Bridge，匈語：Erzsébet híd）佩斯的一端，有防禦碉堡。

　　西元二到三世紀是阿奎因庫姆的鼎盛時期，羅馬皇帝哈德良（拉丁語：Publius Aelius Traianus Hadrianus Augustus, 76～138）在此建了一座富麗堂皇的大理石宮殿。這裡還留有兩座羅馬時代的圓形競技場，排水系統、大眾浴池、熱炕系統和住宅區。後來羅馬帝國式微，外來入侵者眾，到四世紀時，阿奎因庫姆逐漸凋蔽，人口數也銳減。五世紀初，羅馬軍團離去，潘諾尼亞易手落入匈人 (Huns) 之手。之後，遷入的阿瓦人 (Avars) 在此盤據了兩個世紀之久，後來查里曼（Charlemagne, 742～814；在位：800～814）征服阿瓦人，保加利亞斯拉夫人大量入居，貿易始興。

　　九世紀末，馬札爾人遷來潘諾尼亞平原，建立政權，王都建在今布達佩斯北面的歐布達 (Óbuda)。直到 1241～1242 年蒙古入侵之後，貝拉四世國王（Béla IV, 1206～1270，在位 1235～1270）

在南面不遠的布達城堡山丘 (Budai Várhegy) 築牆修堡，遷建王宮。1255 年，布達城堡山被稱為布達 (Buda)，從此老布達區就叫 Óbuda。

佩斯 (Pest) 在多瑙河東岸逐漸形成，成為手工業和商旅的中心，也是軍事集會和議會的主要場所。十五世紀時，洛約什一世國王（Nagy Lajos, 1326～1382，在位：1342～1382）在布達山丘建造了華麗的哥德式新堡 (Friss Castle)。在馬嘉斯國王（Hunyadi Mátyás, 1443～1490；在位：1458～1490）統治時期，王宮增建了文藝復興風格的側翼，並且裝飾著匈牙利和義大利藝術家的作品，布達成為歐洲最具吸引力的城市之一。

布達城在十六世紀曾有過悲慘的命運。1526 年莫哈赤之役 (mohácsi csata)，匈牙利慘敗之後，多瑙河畔的布達、佩斯和歐布達這三個城區終於 1541 年淪入鄂圖曼土耳其人之手，直至 1686 年方告結束。鄂圖曼的統治帶來城市的衰頹，王宮和教堂被摧毀，除了浴池的興建之外，土耳其人幾無新建設。

1686 年奧地利哈布斯堡所率聯軍攻克布達山丘，飽受殘酷戰火，整個布達城堡幾乎毀壞殆盡，布達、佩斯和歐布達三城區的人口僅餘千名左右。戰後城區在廢墟上重建，之後大量的日耳曼人、塞爾維亞人和斯洛伐克人移入，生機重現，景氣日漸復甦。到了十八世紀，布達山丘成為軍事和行政重心。

1777 年，位於今斯洛伐克 (Trnava) 的特爾納瓦大學（University of Nagyszombat，匈語：Nagyszombati Egyetem）遷至布達城區，更名為布達皇家大學（Royal University of Buda，匈

語：Budai Királyi Egyetem），之後於 1784 年又遷到佩斯城，也就是著名的塞麥爾維斯大學（Semmelweis University，匈語：Semmelweis Egyetem）的前身，為匈牙利最早的醫學院。

在所謂的改革年代 (1825～1848)，布達佩斯有耀眼的發展，這首要歸功於改革家瑟切尼伯爵 (Gróf Széchenyi István, 1791～1860)，他引導了匈牙利貴族對政治的討論風氣，銳意進行國家現代化。在他的主導下，布達佩斯的多瑙河畔有了第一座永固大橋——鍊橋（Chain Bridge，匈語：lánchíd），開通了第一條鐵路，1825 年捐資設立了最重要的學術研究機構－匈牙利科學院（Hungarian Academy of Sciences，匈語：Magyar Tudományos Akadémia）。

瑟切尼伯爵首倡將布達、佩斯、歐布達等三城區合併一體，但是這個理想隨著反哈布斯堡獨立戰爭的開啟而延宕，遲至 1873 年新興的布達佩斯方告誕生。

㈠布達城堡區

城堡區位於城堡山丘的頂端，四周圍以城牆和堡壘。在中世紀時，城堡區往北三分之二的地方為平民居住，南邊三分之一的地方為從前的王室所居。雖然這個具有歷史的城區數世紀以來，數度遭受戰火的破壞，但是城堡區的街道格局和屋舍格局仍維持其從前中世紀的原有規劃。從城區北端維也納門 (Bécsi kapu) 往南走，到城堡區的中央位置——三聖廣場 (Szentharom) 之間的主要街道有烏里街 (Uri utca)、國會街 (Orszaghaz utca)、唐奇蚩街 (Táncsics Mihály utca)、福耳圖納街 (Fortuna utca)。

維也納門是因過去城堡區通往維也納時必經此門而得名。中
世紀時代每週六來自各地的商旅在此擺攤熱鬧非常，而有「週六
大門」（Saturday Gate，匈語：Szombat-kapu）之稱，後來因為猶
太商人經營而被叫做 「猶太大門」 （Jewish Gate ， 匈語：
Zsidó-kapu），可以想見當時的榮景盛況。十九世紀初時，原先的
一片大門被移走，1896 年另一片又毀於砲火，現在的大門則是在
1936 年慶祝布達城光復 250 周年時重建的。

大門外矗立著一位匈牙利反哈布斯堡革命歷史中的名人唐奇
崔 (Táncsics Mihály, 1799～1884) 的雕像， 他曾經是位作家、 教
師、同時也是記者和政治家，因為宣揚〈人民的話語是上帝的話
語〉而被捕，1848 年 3 月 15 日出獄，這一天也是匈牙利獨立戰
爭爆發的日子。

在維也納門入口右邊的哥德式建物，是典藏過去千年以來重
要歷史檔案的匈牙利國家檔案館 (Magyar Nemzeti Levéltár)。從前
的國家檔案館設在布拉提斯拉瓦 (Bratislava) ， 於 1794 年遷至現
址。檔案館的大門前有一流泉方柱，上面站著一女仕拿盞燈的雕
塑， 其為紀念十九世紀的詩人、 作家和語言改革家卡辛奇
(Kazinczy Ferenc, 1759～1831)。經由他的大力推動，匈牙利語終
於在 1848 年成為官方通用語言。在那之前，匈牙利官方文書僅使
用拉丁語和德語。

布達城最老的、 也是全匈牙利第二大的福音派路德教堂
（The Evangelical Lutheran Church ， 匈語 ： Budavári evangélikus
templom），坐落在維也納門廣場 (Bécsi kapu tér) 上。1895 年原先

是蓋在城區南邊的迪斯廣場 (Dísz tér)，後來因為國防部徵用了那塊地，乃另擇現址重建。

教堂建築帶有新巴洛克風格，入口處有雙閣樓，兩邊是古典科林斯式 (Corinthian Order) 纖細的圓柱，柱頭採茛苕作裝飾，形似盛滿花草的花籃。頂上是高細的方塔，尖頂又屬新巴洛克風格。1945 年布達佩斯攻防戰中，教堂遭受猛烈炮火摧殘，祭壇、管風琴和所有設施都被毀壞。戰後於 1948 年重建，新祭壇的上半部是從原先迪斯廣場老教堂拆除下來的物料重新組構而成的，其傳承著特殊的意義。聖壇安置在後殿左側，通過陡峭的樓梯得以進入聖器室。六角形木製陽台由巨大的六角形支柱支撐著，表面是仿大理石飾面與鍍金飾物。今天這裡是路德教區的禮儀生活中心，每逢周日和假期有很多的服侍活動。自 1952 年以來，它一直是北路德教會的中心，有好幾位主教在這裡被任命。

此外也是在維也納門的附近，一處叫做卡皮斯特拉廣場 (Kapisztrán tér) 上，有一個重要歷史景點，那就是軍事歷史博物館 (magyar királyi Hadtörténeti Múzeum)，裡面收藏有各式軍旗、武器和軍史攸關的畫作雕像。軍事歷史博物館是新古典式建築，在大門邊、館側的安茹步道 (Anjou sétány) 和館前的拖特步道 (Tóth Árpád sétány) 上陳列著好幾門舊炮。沿著城壘邊的步道往下走，可通往莫斯科廣場 (Moszkva tér)，再經由瑪格麗特橋 (Margit híd) 抵達佩斯區大環路 (Nagykörút)。莫斯科廣場是布達區主要的交通樞紐之一。

安茹步道西端靠近脫特公園 (Tóth Árpád park) 有個安茹堡壘

(Anjou bástya)，距其不遠處，也就是在安茹步道中段地方，可見到鄂圖曼土耳其在布達的最後一位總督阿布都拉曼 (Abdurrahman Abdi Pacha, 1616～1686) 的墓地靜靜地矗立一角。1686 年布達戰役慘烈地展開，阿布都拉曼身先士卒在陣前陣亡，他雖然是匈牙利的敵人，卻也贏得匈牙利人民的敬重。

在卡皮斯特拉廣場旁邊的烏里街上最老的歷史建築物是瑪麗亞瑪格多納教堂 (Mária Magdolna templom) 建於十三世紀中葉 ，最初是匈牙利人的教區教堂（因為馬嘉斯教堂是專供日耳曼人使用的），十四到十五世紀時擴建了幾次。土耳其人佔領布達城的前半期，還是容許天主教會的活動，之後改為清真寺。1686 年鄂圖曼土耳其人戰敗之後，被歸還給方濟會。方濟會下令除了塔之外，拆除了大部分的教堂，並用這些石頭砌造了巴洛克式新的單殿教堂。1792 年，神聖羅馬帝國皇帝法蘭茲一世 （Francis I, 1708～1765；在位：1745～1765）曾在此加冕登基。這座教堂經過二戰期間戰火的摧殘 ，只有哥德式塔樓也就是瑪格多納塔 (Mária Magdolna Torony) 被修復保留下來。相鄰的巴洛克式建物是方濟會修道院，1795 年匈牙利雅各賓運動 (Jacobin movement) 的領袖馬爾丁諾維奇 (Martinovics Ignác, 1755～1795) 和其同伴們曾被囚禁於此。後來他們被帶到山腳下處死，那地方即以血地 (Vérmezö) 來命名，並有石碑註記以茲紀念。1945 年在布達佩斯圍城期間，那裡是蘇軍和德軍浴血攻防之處。

國會街之所以如此命名，是因為舊國會在此的關係，其建物現在被匈牙利科學院的某些研究機構使用，一些科學會議和國際

學術研討會在帝國大廳裡舉行。

　　中世紀時期，猶太區就在現在的唐奇蚩街附近。在這條街的
26 號有中世紀以來的猶太教堂和墓地，還有座博物館。9 號建物
最初是座彈藥庫，後來改成監獄，匈牙利 1848 年反奧地利的革命
領導人高舒特 (Kossuth Lajos, 1802～1894) 和革命英雄唐奇蚩均
曾於此服監。貝多芬當初在布達城區演出時，也就是住在這條街
的 7 號，現在這裡是匈牙利科學院的音樂學院，匈牙利現代音樂
的領袖人物——巴爾托克 (Bartók Béla, 1881～1945) 是二十世紀
最偉大的作曲家之一，他的樂譜手稿亦珍藏於此。

　　沿著福耳圖納街和唐奇蚩街往南走，交會於赫斯廣場 (Hess
András tér)。廣場之得名是為紀念於 1472 年在布達城區建立了第
一家印刷廠的老闆赫斯 (Hess András, ?～?)。赫斯可能是日耳曼
裔，他於 1473 年出版了第一本書，叫做《匈牙利史》（*Chronica
Hungarorum*，亦稱為《布達紀事》*Budai Krónika*）。他把這本書
獻給了邀請他來布達城區的卡洛伊 (Karai László, ?～c. 1488) 主
教。在當時印刷品算是非常稀有珍奇的，今天除了國家瑟切尼圖
書館 (Országos Széchényi Könyvtár, OSZK) 之外，羅蘭大學
(Eötvös Loránd Tudományegyetem, ELTE) 圖書館也珍藏了一些當
時的印刷品。

　　赫斯廣場上矗立著真福教宗依諾增爵十一世 （Pope Innocent
XI，拉丁文：Innocentius Undecimus; 1611～1689 ；就任教宗：
1676～1689） 的雕像，以紀念他曾撥款贊助波蘭國王約翰三世
（King John III of Poland, 1629～1696 ；在位 1674～1696）和神聖

羅馬帝國皇帝利奧波德一世 （the Holy Roman Emperor Leopold I, 1640～1705；在位：1658～1705）對抗鄂圖曼帝國的入侵，解救維也納的困局，維持了哈布斯堡王朝在中歐的霸權。1683 年的維也納戰役（Battle of Vienna，匈語：Bécs csata）是鄂圖曼帝國由盛轉衰的關鍵，被視為終結鄂圖曼帝國向歐洲擴張的句點。

在赫斯廣場上還有一棟精緻珍貴的建物——布達佩斯希爾頓飯店，它之所以珍貴，因為融合了十三世紀聖尼古拉教堂的哥德式鐘塔和中世紀道明會修道院殘存的牆和聖壇。

在三聖廣場 (Szentháromság ter) 旁的巴洛克式建築是從前的市政廳，前面有尊匈牙利將軍胡迪克 (Hadik András, 1710～1790) 的騎馬雕像。1757 年，當時奧地利王位繼承戰爭的延續——七年戰爭開打時，普魯士國王腓特烈二世 （King Frederick II of Prussia, 1712～1786；在位 1740～1786）率軍南進，胡迪克率領 5,000 名騎兵力阻普軍，並佔領柏林，獲得了 30 萬泰勒 (thalers) 的協商贖金。廣場上的三聖一體柱 (Szentháromság-szobor)，高約 14 公尺，原是十八世紀初的一群黑死病倖存者為了感念上主之保佑而建造的，其後經過數次重修，在柱體上可以看見聖羅薩莉亞 (St. Rosalia, 1130～1166) 的浮雕。廣場的北邊有一新哥德式建築物，從前是匈牙利的財政部，現在改作為文化展示廳。

在城堡區裡，也可以說在全布達佩斯市裡，一個最經典的紀念建物是聖母教堂 （church of our lady，匈語：Budavari Nagyboldogasszony templom），也被稱作馬嘉斯教堂 (Mátyás Templom)，是十三世紀貝拉四世國王所建造，是匈牙利國家的精

神重心，在其整個民族歷史中居崇高地位。匈牙利安茹王朝的創建者查理一世（I. Károly, 1288～1342；在位：1308～1342）1309年在此處加冕，其後在 1470 年的時候，馬嘉斯國王亦在此加冕。

　　馬嘉斯教堂的命運多舛。鄂圖曼帝國入侵，1526 年被燒毀，1541 年修復被挪作清真寺。在 1686 年奧地利哈布斯堡王朝擊敗土耳其人時，又慘遭戰火嚴重破壞。十八世紀重建時改以巴洛克風格，現在的樣貌卻是十九世紀時，由建築師舒勒克 (Schulek Frigyes, 1841～1919) 將之整個重建的。舒勒克把原建物中十八世紀巴洛克風格的元素移除，改以原來的哥德式風貌。第二次世界大戰期間又遭砲火摧殘，戰後經過長達十餘年的修復，成就了今天的樣貌。

　　1308 年波蘭安茹王室的查理一世（Károly Róbert，1288～1342；在位：c. 1301～1342）的加冕登基 (1308～1342) 儀式在此舉行；馬嘉斯國王 1463 年迎娶捷克波傑布拉迪凱瑟琳 (Kateřina z Poděbrad, 1449～c. 1464) 王后，1476 年娶第二任王后阿拉貢貝婭特麗克絲 (Aragóniai Beatrix, 1457～1508)，他還增建了小教堂和祈禱室，今天在鐘樓的正面可見著他功業彪炳的徽章；奧地利哈布斯堡王朝弗倫茲·約瑟夫一世 (Franz Joseph Karl, 1830～1916) 和其姪孫卡爾一世（Karl Franz Joseph Ludwig Hubert Georg Maria von Habsburg-Lothringen, 1887～1922；作為匈牙利國王，稱卡洛伊四世 IV. Károly；在位 1916～1918）加冕即位，都是在馬嘉斯教堂舉行的。

　　教堂外面景觀最美的部分當屬南面那座 80 公尺高的哥德式

以石頭裝飾的高塔，尖拱形的大門就在這座高塔和厚實的貝拉塔 (Béla torony) 之間。南面的瑪莉門被裝飾以描述聖母瑪利亞去世的浮雕。裡面的小教堂有聖母和聖嬰的立像，貝拉三世國王和安娜王后 (anne de chatillon, 1154～1184) 的石棺擺在三聖小教堂裡，這是舒勒克在 1898 年所設計的，國王夫婦的遺體從塞克什白堡 (Székesfehérvár) 移置布達城來。

在教堂地下室靠近聖壇的地方，有石雕遺址博物館。地下室連同聖史蒂芬小教堂收藏有教會藝術品，包括：古老的高腳杯、各式彌撒禮服、匈牙利王冠和寶球複製品。馬嘉斯教堂南面的前方矗立一尊史蒂芬國王騎馬雕像。

城堡區瀕臨多瑙河的一面，是漁夫堡 (Halászbástya)，建於 1901～1903 年間，那裡從前是個魚市場和漁村，舒勒克巧妙地將新羅馬式和新哥德式風貌融合起來。漁夫堡底下有座胡涅迪雅諾斯 (Hunyadi János, 1385～1456) 的銅像，紀念他在 1456 年擊潰進犯南多爾白堡 （Nándorfehérvár，今日的 Belgrade） 的土耳其軍隊。多瑙河的對岸是國會大廈。

布達區最老的一家咖啡屋，叫做 「王冠咖啡屋」 (Korona Kávéház)，在迪斯廣場 (Dísz tér) 的 16 號，可惜的是這裡的服務水準參差不齊，滿意與否全憑運氣。布達佩斯蛋糕博物館 (Marcipán Múzeum Budapest) 在赫斯廣場邊上，是城堡內最著名的點心店之一，除了三明治、糕點和冰淇淋之外，商店附屬的博物館裡陳列了各種奇妙的藝術造型蛋糕。在這裡品味咖啡和蛋糕，享受悠閒時光，是識途老饕們的最愛。

戲院街 (Színház utca) 上有個城堡廳院 (Várszínház)，這裡曾先後是修道院、清真寺和天主教堂。1789 年重建後作為廳院，1790 年首度以匈牙利語演出劇作。1800 年 5 月 7 日，貝多芬曾在這兒開過演奏會，佇足聆聽彷彿依然聽得到當初令人陶醉的樂曲飄揚。廳院二戰期間毀於戰火，重建後於 1978 年重新營運。迪斯廣場上豎立著戰士雕像，紀念 1848～1849 年獨立戰爭期間犧牲的軍人；在迪斯廣場、聖喬治廣場和王宮路 (Palota) 的交匯處，有一站在花萼石灰石台上，高 230 公分的青銅雕像──「凝視著劍的輕騎兵」(Kardját nézö huszár)，是出自於國際知名雕塑家小佛盧迪‧施特羅布爾 (Kisfaludi Stróbl Zsigmond, 1884～1975) 之手。

㈡皇宮

歷經二戰砲火的摧殘，皇宮亦經重修恢復了中世紀的模樣。皇宮的格局包括位於南邊的圓錘形碉堡 (Buzogány torony)、扼守從撒耳瓦斯廣場 (Szarvasz tér) 方向來到南邊入口的哥德門塔 (Gothic gate tower)。圓形碉堡在 1960 年代完全依照中世紀的防禦系統概念來重建。根據考古研究和當代圖像證據的顯示，重現了十六世紀堡壘、中世紀門樓，圓塔、城牆和要塞等重要元素。矗立在牆角下，狀似包以頭巾的土耳其墓碑，是紀念土耳其在布達最後一位總督阿布都拉曼的標誌。

皇宮的前體只是十三世紀時貝拉四世的皇居，之後安茹王室將之擴充，伊斯特凡塔 (István torony) 的地基被挖掘出來，王室小教堂地窟的重建，都是那個時期的遺址。盧森堡王朝吉格蒙的時代也進行了若干次的修建。馬嘉斯國王最初改建的皇宮內部是哥

德式，之後改為文藝復興式，連皇宮最北邊也加上一個文藝復興式的側廳。後來在土耳其人入侵和 1688 年的光復戰事而遭到嚴重損毀。之後在 1770 年，瑪麗亞‧特蕾莎（Maria Theresia Walburga Amalia Christina, 1717～1780；在位 1745～1765）皇后統治時期重予修建。1800 年 3 月 3 日，海頓 (Franz Joseph Haydn, 1732～1809) 在紀念廳演奏神劇作品《創世紀》(*Die Schöpfung*)。

之後又相繼遭遇 1849 年獨立戰爭、第二次世界大戰的戰火，再予以翻修擴建，過去的風貌得以逐漸重現。在新建築物裡面特別挪出空間，陳設歷史文物、考古發掘，和十四世紀雕像的碎片。

㈢克拉克廣場 (Clark Ádám tér)

不論就布達佩斯或全匈牙利的公路系統而言，其中心點就是位於鍊橋的西端和布達城堡隧道 (Alagút) 盡頭的克拉克廣場 (Clark Ádám tér)，上有一中空的橢圓形大石豎立在那兒，標示著 0 公里起點的意思。這個廣場取名是為紀念一位從蘇格蘭來的土木工程師克拉克 (1811～1866)，他的聞名之作是當年協助瑟切尼伯爵在多瑙河上建構鏈橋，他從 1839 年到 1849 年監督施工，並在 1848 年匈牙利革命期間確保橋樑的安全。2011 年，匈牙利國家銀行還發行了面值 5000 福林 (forint) 的硬幣，以紀念他 200 週年的誕辰。

水城 (Vizivaros) 位於多瑙河附近的布達山山腳下，近似三角形的區域。它的北面是街貝姆街 (Bem József utca)，東面是多瑙河，南面是伊柏廣場 (Ybl Miklós tér)，西面是布達山，西北是卡爾曼廣場 (Széll Kálmán tér)，毗鄰彎曲的瑪格麗特大道 (Margit körút)。聯結水城和老布達區 (Óbuda) 的大街 (Fő utca) 上還保存著若干從前的氛圍，街上這座卡普欽教堂 (Capucinus templom) 在土耳其佔領期間被改成清真寺，在它的南側可看到伊斯蘭風格的拱形門窗遺跡。

㈣布達山 (Budai-hegység)

布達山是諸多綿延的低海拔山脈，包括有蓋勒山 (Gellérthegy)、城堡山 (Várhegy)、自由山 (Szabadsághegy)、約翰山 (Jánoshegy)、瑟切尼山 (Széchenyihegy)、馬爾頓山 (Martonhegy) 和沙士山 (Sashegy)。

自由山最初叫做施瓦伯山 (Svábhegy)，其得名因為 1686 年 9 月 2 日，當布達光復時，施瓦伯炮兵在此發出了信號。1847 年一位匈牙利皇家議員德布蘭特 (Döbrentei Gábor, 1785～1851) 將其稱為上帝山 (Istenhegy)，後來在 1950 年以後改稱自由山。山頂上樹木繁茂，有個約 10 平方公里的公園。

瑟切尼山山頭上是兒童火車站的盡頭，山頂高約 450 公尺，在上面可享受布達厄爾什 (Budaörs) 的美景。旅人可以從榆沃許沃激 (Hüvösvölgy) 或搭兒童鐵路 (Gyermekvasút) 輕鬆抵達山頭上。這個窄軌單線的兒童鐵路全長 11.2 公里，並未電氣化，列車平均時速 20 公里。1947 年，匈牙利政府修建由兒童運營管理的鐵路。在山頂上有一個綠色十字架和一個綠色三角形旅遊標誌，在那裡可以在樹林間漫步散心。1955 年，第一座 60 公尺高的無線電塔建在瑟切尼山上，從 1958 年開始播放電視節目。

㈤佩斯內城

　　在蒙古人入侵匆匆退走之後，佩斯城逐漸發展成商業和手工藝品蓬勃發展的城市。當時這個中世紀的城區慢慢擴及今日的小環路，並在那兒築牆以為界。後來到了十八世紀初城市逐漸擴張的情況下，那些城牆就逐漸被移除了。

　　內城區的範圍大約就是從自由橋和鍊橋之間，擴及瑪格麗特橋附近，也差不多是今日布達佩斯第五區。內城區可說是以伊莉莎白橋為中心，橋長 380 公尺。橋旁的聖母瑪利亞教堂（Church of the Blessed Virgin Mary，匈語：Belvárosi Nagyboldogasszony）最早是以拆除下來的十二世紀羅馬時代的古牆石材所建造，是當時佩斯地區最古早的建築物。教堂南面的牆是蓋在羅馬古堡南邊護牆的頂上。十四世紀末教堂轉變成哥德式大教堂，十五世紀分別在北邊和南邊增建了小教堂。土耳其人入侵以後，這裡也被改成清真寺。教堂主體幾經戰火摧毀，戰後修建成當今的樣式，裡面的哥德式聖堂是最精美之處。

　　裴多菲廣場 (Petőfi Tér) 上矗立著詩人裴多菲 (Petőfi Sándor) 的銅像。羅蘭大學政法學院在大學廣場上。這所大學原先是 1635 年時，埃斯泰爾戈姆 (Esztergom) 大主教 (Pázmány Péter, 1570～1637) 在今斯洛伐克的特爾納（Trnava，匈語：Nagyszombat）建立的，之後 1770 年遷到布達，1785 年再遷至佩斯。

　　緊鄰大學的大學教堂 (Egyetemi Templom) 坐落於大學廣場 (Egyetemi Tér) 上，是佩斯地區最美麗的巴洛克式歷史建築，但卻是鮮為人知的教堂。許多旅遊指南忽略了這所教堂，所以對於那

些有幸找著去參觀的人來說是一種享受。

　　大學教堂的前身是創立於十三世紀的聖保祿修道會教堂，1686 年布達從土耳其人手中解放出來之後，聖保祿修道會搬到佩斯，買下當時此地的清真寺和一些鄰近的房舍。教堂修建於 1725～1744 年之間，教堂外部工程（大門，兩座塔樓）和室內裝置（長椅，講壇，主祭壇和壁畫）在 1770 年完工。塔樓和立面和主入口處的微紅色調是教堂的鮮明特色。在 1786 年聖保祿修道會解散後，教堂成為大學的財產。

　　內城區最繁華的街道當屬高舒特街 (Kosszuth Lajos utca) 了，沿途多數大樓建於二十世紀初。這條街 3 號建築是藍德爾赫克納斯特印刷所 （Landerer and Heckenast Printing Press，匈語：Landerer és Heckenast nyomtatási sajtó），1848 年 3 月 15 日首刊裴多菲的革命詩篇和匈牙利人對於改革的十二點主張。

　　從伊莉莎白橋的方向沿著瓦茨街 (Váci utca) 直行，可到達有座紀念詩人弗洛斯馬提 (Vörösmarty Mihály，1800～1855) 銅像的弗洛斯馬提廣場 (Vörösmarty tér)。廣場的三面是兼容並蓄不拘一格的建築，形成了一個文藝圈，著名的維加多音樂廳 (Vigadó) 就在這兒，李斯特、布拉姆、巴爾托克和多位知名的音樂家曾在此表演。維加多音樂廳是羅馬式風格的建築，其正面對望多瑙河，有個維加多廣場 (Vigadó tér)。廣場景色秀麗動人，旁邊有家多瑙科索餐廳 (Dunacorso Étterem)，看起來非常像個小城堡，內部有兩種風格的裝飾精美非凡，卻也值得在戶外享用美食，同時聆聽優美的小提琴演奏。

　　布達佩斯一號線地鐵啟用於 1896 年，是歐洲本土第一條地鐵，長達 4.5 公里，當時係匈牙利慶祝立足匈牙利大平原千禧年而建的，終點站就在弗洛斯馬提廣場上。

　　沿著多瑙河畔，連結弗洛斯馬提廣場和迪米特洛夫廣場 (Dimitrov tér) 的瓦茨街被伊莉莎白橋和高舒特街這一軸線分切南北兩段，而這兩段路的情趣風貌截然不同。在十八世紀時，瓦茨街是佩斯地區的通衢大道。

　　新哥德式的國會大廈位於多瑙河畔高舒特廣場上，其長度 268 公尺，最寬處有 123 公尺，拱頂高 96 公尺。高舒特廣場占地 65,000 平方公尺。大廈中段的圓形大廳是禮賓接待的地方。大廈的外牆裝飾有 88 尊君王和戰士的雕像，正門入口樓梯兩側有石獅。廣場上有三座雕像，北面的一座是 1848～1849 年獨立戰爭的領袖高舒特；南面一座騎馬的是拉科齊二世 (Rákóczi Ferenc II, 1676～1735)，他是十八世紀初領導反哈布斯堡獨立戰爭的領袖；大廈南邊的小公園裡矗立著二十世紀匈牙利偉大詩人約瑟夫 (József Attila, 1905～1937) 的雕像。

　　離高舒特廣場數步之遙的自由廣場 (Szabadság tér) 上，有個叫做「新建築」(Újépület) 的遺址，原來是座堡壘，後來移作為監獄，因此有個「匈牙利巴士底獄」的別稱。曾任首任總理的柏洽尼伯爵 (Gróf Batthyány Lajos, 1807～1849) 參加 1848～1849 年獨立戰爭而告失敗被捕，1849 年 10 月 6 日在監獄被執行槍決。在奧利奇街 (Aulich utca) 街尾有座永恆之燭火，終年點燃著紀念他。

　　同日，另有十三名參與 1848～1849 年獨立戰爭而告失敗被捕

的軍事將領，被奧地利政府於羅馬尼亞的阿拉德 (Arad) 處決。他
們被稱作「阿拉德十三烈士」(Aradi vértanúk)，匈牙利人把他們
視為守衛其民族自由和獨立的烈士。他們雖非全都是匈牙利裔，
但卻同為信念而戰，為獨立及自由的匈牙利犧牲。

據傳匈牙利將領被殺時，奧地利軍人正在狂飲啤酒，並相互
碰杯慶祝。因此時至今日，飲啤酒碰杯在匈牙利多被視為禁忌。

㈥小環路 (Kiskörút)

小環路是布達佩斯市中心的重要路線之一，長約 1.5 公里，
在迪克廣場 (Deák Ferenc tér) 和佛旺廣場 (Fövám tér) 之間形成一
個圓圈。小環路沿著中世紀佩斯城區周圍城牆的路線而建。歷史
上城牆遭到多次的破壞，在 1686 年重新收復布達之後，就不再重
建。城牆附近的街道後來變成了小環路，舊牆遺蹟依稀可見，然
多已隱藏在住宅樓房的庭院裡。

小環路上有幾處重要景點值得一探：

紀念匈牙利的第一任國王聖斯蒂芬的聖史蒂芬大教堂 (Szent
István bazilika) 是布達佩斯最美麗、最重要的天主教教堂和旅遊景
點之一。十八世紀時大教堂的原址是個鬥獸劇院，後來有位富商
捐資在那裡建了一個臨時教堂。在 1810 年代後期，信徒們開始為
建造教堂籌集資金的活動，直到 1851 年才開始建築工程，由希爾
德 (Hild József, 1789～1867) 監造，他是當時新古典主義建築的主
要代表人物之一，他也設計了埃斯泰爾戈姆和埃格爾的大教堂。
大教堂占地 4,147 平方公尺，拱頂高 96 公尺。大教堂裡珍藏著匈
牙利最神聖的寶藏──聖史蒂芬的木乃伊右手 （聖右手，Szent

Jobb）。每年的 4 月 1 日至 10 月 31 日之間，容許旅人登上拱頂俯瞰整個布達佩斯的景色。大教堂配有極佳的音響效果，每週四晚上八點鐘有管風琴音樂會系列演奏，聆聽聖樂讓人有天人合一之感。寬敞的聖史蒂芬廣場 (Szent István tér) 設有許多露臺咖啡館和小酒館，供人們休憩品味。

歐亞最大的猶太會堂，也是世界第二大的猶太會堂——菸草街會堂（Dohány utcai Zsinagóga，或稱作 Nagy Zsinagóga），它位於前猶太區，許多猶太人仍居住這區，保留了傳統習俗。

迪克廣場的路德教會 (Deák téri evangélikus templom) 是布達佩斯最古老、最著名的福音派教會，也是布達佩斯最大的新教教堂。在其後方的加爾文廣場的改革教堂 (Kálvin téri református templom) 是布達佩斯第二大新教教堂，也是改革宗教會中最著名的教堂，是布達佩斯最大的改革教堂。

匈牙利國家博物館 (Magyar Nemzeti Múzeum) 原是 1802 年塞切尼伯爵建立的圖書館，他的妻子捐贈了一些礦物，之後 1807 年匈牙利國民議會立法成立博物館。在 1848 年至 1949 年革命和獨立戰爭期間，博物館台階上裴多菲 (Petőfi Sándor, 1823～1849) 的名詩《民族頌》(*Nemzeti dal*) 發揮了重要作用。為了紀念這次革命，後來增加了奧洛尼 (Arany János, 1817～1882) 和裴多菲兩位詩人的雕塑，現在每年紀念 1848 年革命的活動仍在博物館前舉行。

中央市場 (Nagycsarnok) 靠近自由橋，是多瑙河上運輸貨物的重要據點，也是布達佩斯最大的購物商場，以新鮮多樣的農特產

聞名。市場有三層：地下部分和一層主要銷售食品，包括各種生鮮食材，以及乾果和香料；二層則銷售各種手工藝品，並有一些當地風味餐廳。除了禮拜日和節假日之外，中央市場每日營業。

市場主體建築是十九世紀新巴洛克風格的大都會沙博愛爾文圖書館 (Fövárosi Szabó Ervin Könyvtár) 占地 13,000 平方公尺，是布達佩斯最大的公共藏書空間，可容納 1,100,000 冊。

㈦**大環路 (Nagykörút)**

是布達佩斯最中心和最繁忙地區的主要幹道，長約 4.5 公里，修建於 1896 年匈牙利千禧年慶典之際。它形成了一個半圓形，連接多瑙河上的瑪格麗特橋和裴多菲橋。通常，大環路以內和沿線地區算作布達佩斯的市中心。在大環路上，從北到南有布達佩斯喜劇劇場 (Vígszínház)、火車西站 (Nyugati pályaudvar)、紐約咖啡館 （New York Café，1894 年 hungaria café and restaurant）、新藝術運動風格的應用藝術博物館 (1896)。現代的地標有 Skála Metró 購物中心 (1984) 和 West End 城市中心 (1999)。除此以外，大環路兩側還有各式商店，樓上大多是世紀之交的住宅。

布達佩斯喜劇劇場建於 1840 年，是匈牙利戲劇界的先驅之一，也是布達佩斯歷史最古老的劇院之一。自 1967 年以來，喜劇劇場增加了室內音樂的表演，劇目非常多樣化。

布達佩斯火車西站是布達佩斯三個主要火車站之一，1846 年匈牙利的第一條鐵道路線，佩斯—瓦茨線終點站即在此。旁邊有個在中歐和東歐地區最大的購物中心 WestEnd City Center，購物中心裡包括辦公大樓和希爾頓酒店 (Hilton Budapest City)。

　　紐約咖啡館被人們親切地稱為「世界上最美麗的咖啡館」，長期以來一直是藝術家、作家和文化夢想家的聚會場所。今天，它是客旅對於美食的必遊體驗之地。

(八)安德拉什大道 (Andrássy út) 和城市公園 (Városliget)

　　安德拉什大道 (Andrássy út) 長 2,310 公尺，連接市中心和城市公園，是布達佩斯指標性的林蔭大道，1957 年時被稱作共和國大道 (Népköztársaság útja)，1990 年改稱現名。沿著大道的地底下是千禧年地下鐵 (Millenniumi Földalatti Vasút)──1 號地鐵。

　　匈牙利革命家，曾擔任獨立運動時期的匈牙利共和國元首高舒特曾在 1841 年提出改造布達佩斯的籲求，之後首相安德拉伯爵 (Andrássy Gyula, 1823～1890) 計畫建造一條新的大道。起初遭到一些閣員的反對，直到 1872 年才得以通過動工，但是 1873 年的經濟危機減緩了工程進度，到 1876 年 8 月 20 日（國慶日）方告落成。之後，隨著 1896 年千禧年慶祝活動的臨近，當時布達佩斯電車公司 (Budapesti Villamos Városi Vasút) 決定沿著大道在地底下修建一條地鐵，耗時兩年完成，進一步提升了這條大道的聲譽。1980 年代後期，布達佩斯當局進行了大幅更新安德拉什大道的計畫，至 1996 年整個翻修工程終告完成。

　　大道的兩邊是新文藝復興建築，具有美麗的立面、樓梯及室內設計。安德拉什大道、千禧年地下鐵和末端的英雄廣場 (Hősök tere) 在 2002 年時被列為世界遺產。

　　在 1950 年代，因為政治環境的變化，大道被重新命名了三次：在 1950 年蘇聯佔領期間，稱作史達林大道 (Sztálin út)；在

1956 年的起義期間，被重新命名為匈牙利青年街 (MagyarIfjúság útja)。次年，執政的共產黨人改名為人民共和國街 (Népköztársaság út)；在共產主義時代結束後，於 1990 年恢復使用前稱安德拉什大道。

在安德拉什大道上有些建物值得前往就近一探：

匈牙利國家歌劇院 (Magyar Állami Operaház) 是一個新文藝復興歌劇院，是十九世紀匈牙利著名建築大師伊博 (Ybl Miklós, 1814～1891) 來監造。劇院被認為是世界上少數幾個在美感和音質方面皆屬頂級的歌劇院之一。

李斯特音樂學院 (Liszt Ferenc Zeneművészeti Egyetem) 的創建也富有其時代意義。自 1840 年代以來，匈牙利不僅努力進行中等音樂教育的推展，而且在布達佩斯的有識之士也提出了建立高等教育機構的必要性和迫切性。1875 年 3 月，李斯特 (Liszt Ferenc, 1811～1886) 被匈牙利議會任命為音樂學院院長，11 月 14 日舉行了隆重的開幕式。

霍普東亞藝術博物館 (Hopp Ferenc Kelet-ázsiai Művészeti Múzeum) 成立於 1919 年，霍普 (Hopp Ferenc, 1833～1919) 是位世界旅行家、收藏家和藝術贊助人。為了建立亞洲藝術博物館和研究中心，他將其個人約 4,000 件的收藏品和別墅捐給了國家。這是匈牙利唯一的東方藝術博物館，自成立以來，透過捐贈和購買的東方典藏大大增加。目前整個收藏品約有 23,000 件。

英雄廣場在安德拉什大道的末端，毗鄰城市公園。廣場中央的千年紀念碑 (Millenniumi emlékmű) 是 1896 年匈牙利為慶祝立

國千年興建的諸多建築之一。紀念碑整體是半圓形，寬 85 公尺，高 13 公尺，有兩個柱廊分立左右兩邊，矗立著帶領馬札爾部落前來匈牙利的七位酋長以及匈牙利國王和其他重要歷史人物的雕像。紀念碑最初建成時，匈牙利是奧匈帝國的一部分，因此柱廊左側雕像的最後五個空間是為執政的哈布斯堡王朝的成員保留的。在第二次世界大戰後重建紀念碑時，哈布斯堡皇帝被匈牙利自由戰士取代。

雕像於 1906 年完成，廊柱頂端有四座雕像，分別象徵戰爭、繁榮、和平和知識的意義。該青銅雕像是匈牙利官方藝術的重要代表、最重要的新巴洛克式雕塑大師札拉 (Zala György, 1858～1937) 的精心傑作。在紀念碑中間聳立著 36 公尺高的圓柱，頂端立著傳說曾出現在聖史蒂芬的夢中張著翅膀的大天使加百利 (Gábriel arkangyal szobra)，雕像高近 5 公尺，一手捧著聖冠，另隻手高舉著使徒雙十字架。

千年紀念碑和阿爾帕德大公 (Árpád fejedelem) 雕像之間的金屬板底下有個湧泉。這是一名匈牙利礦工，也是匈牙利科學院的院士，名叫席格蒙德 (Zsigmondy Vilmos, 1821～1888) 的重大成就。他從事鑽探開發自流井的工作，1868 年他承接了一項偉大的工程，就是打造一個具熱源的城市公園，投入佩斯的供水系統建設。他於 1877 年在此 970 公尺深處發現了熱泉，這口井是歐洲最深的鑽井之一。工程成功完成後，自流井每天湧出 1200 立方公尺 73.8°C 的熱水。

1989 年，二十五萬匈人齊聚廣場，紀念重新安葬匈牙利前總

理納吉 (Nagy Imre, 1896～1958)，他於 1958 年被處決。

城市公園是匈牙利 1896 年千禧年慶典的主要場地，占地 1.2 平方公里，該地區以前是個牧場，十九世紀為柏洽尼 (Batthyány) 家族租用，而稱作柏洽尼森林 (Batthyány-erdö)。十九世紀初闢為公園，是布達佩斯的一個公共公園，也可能是世上第一座公園。

沃伊達胡涅德城堡 (Vajdahunyad vára) 坐落於城市公園裡，它是匈牙利農業博物館，也是歐洲最大的農業博物館，該建築最初是為千禧年展覽而建造的，最初只是用紙板和木頭搭建的，但這座美麗的城堡非常受歡迎，當局決定將它作為永久固定裝置，於是在 1904 年到 1908 年之間用石頭和磚塊重建。在匈牙利建築大師艾爾帕 (Alpár Ignác, 1855～1928) 的策畫下，融合了不同時期的建築風格：羅馬式、哥德式、文藝復興時期和巴洛克式，利用不同的元素打造這座著名建築的細節，展示了匈牙利王國不同地區的幾座標誌性建築特色。

塞切尼溫泉浴場 (zéchenyi gyógyfürdö) 位置在城市公園湖中央的納多爾島 (Páva sziget) 上，是布達佩斯第一個溫泉浴場，建於 1909～1913 年間，由布達佩斯技術大學教授戚格勒 (Czigler Gyözö, 1850～1905) 以新巴洛克式和新文藝復興風格設計建造。但是浴場的歷史可以追溯到 1870～1880 年代，當時在匈牙利工程師席格蒙德的鑽探下，花了十年時間才找到城市公園的湧泉，在英雄廣場下鑽了深井溫泉，因此在浴場附近的卡許街 (Kós Károly utca) 上可以看到他的半身紀念塑像。

原來的石牆浴場建於 1881 年，最初被稱為自流浴場 (Artézi

fürdö)，設有大理石浴池和游泳池，非常受歡迎，使用了二十年之後，在 1880 年代末，市議員們決定建造一個更大更好的場域，乃於 1909 年擴建，到了 1913 年始更名為塞切尼溫泉浴場。

　　布達佩斯動物園和植物園 (Fövárosi Állat- és Növénykert) 是匈牙利歷史最悠久，也是世界上最古老的動、植物園之一，擁有近 150 年的歷史。

　　最初倡議設置動物園之時間大概可追溯到在宗教改革期間，當時的匈牙利社會普遍興起創新和現代化的風潮，然而 1848 年獨立戰爭以及隨後幾年的環境並不利於建立，不過經由一群開國先驅們如：民族學家兼動物學家珊杜斯 (Xántus János, 1825～1894)、地質學家薩博 (zabó József, 1822～1894)、匈牙利國家博物館館長 (Kubinyi Ágoston, 1799～1873) 等人鍥而不捨地爭取及努力，終於在 1866 年 8 月 9 日正午的教堂鐘聲之中開始營運。它的面積為 10.7 公頃，自 1986 年以來一直是自然保護區，動物園裡除了動物，植物和不同的建築之外，花園裡還有許多藝術品。幾乎所有建築都有其特殊的歷史，絕大部分是由著名建築師設計的。

　　在最初的幾十年裡，園區裡的動物大部分來自於潘諾尼亞平原（Kárpát-medence，亦稱作喀爾巴阡盆地）。然而歷經第一次世界大戰和之後的經濟蕭條，營運曾中斷了一陣子，之後在 1930 年代納德勒 (Nádler Herbert, 1883～1951) 的重整管理下有了重大進展。但是在第二次世界大戰期間，動物園再度遭到幾乎毀滅的命運，戰後數年裡，在原物料嚴重缺乏的情況下，重建恢復的進度非常緩慢。在政權更迭改革開放之後，動物園重新整頓，不斷創

新營銷計劃。在現代化的安置條件下，可以從世界各地看到超過
850 種的動物。動物園不僅是花園，也是公園，保存有兩千多種
植物。遊客有很多特別的體驗，許多其他服務有助於遊客體驗。
文化節目、音樂會和各種展覽也是定期舉辦，遊客數量乃不斷增
加。

㈨拉科齊大道 (Rakoczi ut)

　　拉科齊大道是佩斯地區東西向的重要道路。位於多瑙河畔拉
科齊橋 (Rákóczi Bridge) 橋頭附近的國家劇院 (Nemzeti Színház)
經歷了漫長的重建過程，於 2002 年開幕。根據最初的計劃，它應
該站在一個更中心的位置（由 Erzsébet 廣場），但在了解後來的決
定，它被實現為南方害蟲的千禧年文化中心文化區的一部分。國
家大劇院是該項目的第一個元素，其次是 2005 年的藝術宮。劇院
分為三個部分。該建築矗立在一個巨大的公園和雕塑花園中，喚
起了匈牙利劇院的歷史。公園形狀像一條河船，夏季舉辦各種露
天活動。該建築及其露天舞台總面積超過 21,000 平方公尺，是布
達佩斯最大的劇院。

二、多瑙河大灣 (Dunakanyar)

　　聖安德烈 (Szentendre) 是布達佩斯北面十幾公里外的小古
城，由於擁有悠久歷史的建築、便捷的鐵路和河流通道，是個熱
門觀光景點。

　　在九世紀馬札爾人初抵時，此處還是荒涼一片。他們修葺了
已成廢墟的古羅馬堡壘，並在遺址上重建新的房舍據點。在鄂圖

曼帝國時代，這裡的人口數大幅減少。但是鄂圖曼土耳其人被驅走之後，外來移入的人口逐漸增加了。在神聖聯盟戰爭期間(1683～1699)，大規模的塞爾維亞人遷徙到匈牙利來避禍，聖安德烈地區是他們駐留之處，因此就此留下不少的塞爾維亞的文化痕跡。這裡也有相當多的達爾馬提亞移民，定居在驢山(Szamárhegy) 一帶，仍保留著其傳統的文化特色。今天從這座城市的景觀而論，有巴洛克風味的房屋、地中海氛圍的建築、美麗特色的教堂、鵝卵石鋪設的街道和狹巷等風貌，不難想像其榮景。

布拉戈維斯登斯卡東正教堂 (Blagovestenszka szerb görögkeleti templom) 是建於 1752 年的小教堂，是該鎮幾個塞爾維亞東正教教堂中唯一開放的教堂。

羅馬式建築的施洗者聖約翰教區教堂 (Keresztelő Szent János Plébániatemplom) 是聖安德烈最古老，最重要的建築古蹟之一。教堂奉獻給聖安德魯，起建於 1241～1283 年間，於 1294 年被埃斯泰爾戈姆的約翰尼特騎士摧毀，但幾年後，它以哥德式風格重建。十四世紀重建時，增建了一個哥德式塔樓。土耳其佔領時，教堂幾乎完全被毀壞。土耳其人退走之後，居住此地的天主教達爾馬提亞信徒進行了大規模的重建工程，1751 年完工，成就了現在巴洛克的形式。其後也進行過幾次的翻新，最近的一次是 2014 年進行外牆翻新。由於教堂淵源於中世紀，因此它的神龕是朝向東方的。

教堂的內部有一座十三世紀的石雕向日葵，南側有中世紀風采的窗戶、石牆和壁畫。內部的壁畫由當地的畫家於 1933～1938

年間繪製的，展示的《聖經》場景非常吸睛，值得一看。

　　貝爾格勒大教堂 (Belgrád székesegyház) 是一座崇獻聖母瑪利亞的主教大教堂，是塞爾維亞東正教的獨特建築物。

　　在 1521 年秋後，塞爾維亞難民源源不絕抵達聖安德烈 (Szentendre)，這波難民潮到 1690 年左右才得以安置。1695 年，教區在聖安德烈派任了布達塞爾維亞東正教主教進行宣教。起初，主教並沒有住在聖安德烈城區中心裡，而是住在伊茲比 (Izbég)。有一段時間，塞爾維亞大公拉扎爾（Szent Lázár cár, 1329〜1389；在位 1371〜1377） 的遺物還被安置在薩默維爾山 (Szamár-hegy) 上的聖盧卡奇教堂 (Szent Lukács kápolna) 裡，直到在戰勝鄂圖曼土耳其，於 1699 年簽訂〈卡爾洛夫奇和平條約〉(karlócai béke) 之後，被帶回拉瓦尼卡 (Ravanica)。根據利奧波德一世 (I. Lipót, 1640〜1705; Holy Roman Emperor: 1658〜1705; King of Hungary: 1657〜1705) 的應允，希臘東正教可以在聖安德烈自由地宣教。這是獨一無二的，因為當時的宗教信仰只限於天主教會。

　　當初，大教堂由一群從貝爾格勒及周邊地區逃離出來的塞爾維亞人、達爾馬提亞人和希臘人胼手通力合作建造的。根據塔壁上的標記，它起造於 1732 年至 1734 年之間，大教堂的基石建於 1758 年，整個建築於 1764 年落成。整體裝潢工作在 1765〜1770 年之間進行。大教堂的周圍有圍牆環繞，大門是 1767 年日耳曼裔匈牙利建築師榮約瑟夫 (Jung József, 1734〜1808) 鍛造而成的，呈現著哥德式風格。拱形大門由許多聖像裝飾著，其上方有個華麗的大聖像。教堂的東端是聖所和半圓形祭壇的後殿。大教堂的大

花園還可容納主教邸宅和塞爾維亞東正教教會藝術收藏館。除冬季外，大教堂幾乎全年開放。

維謝格拉德 (Visegrád) 因其有利的設施和重要的戰略角色，而一直處於歷史的重心。當匈牙利人定居此地區時，這裡成了阿帕德王子的兄弟庫爾山王子 (Kurszán, ?～904) 的領地。維謝格拉德這個名詞在 1009 年，首度出現在拉丁文件中，意指「高聳的堡壘」。

維謝格拉德的第一個堡壘是個石造兵營，但這堡壘在蒙古人入侵期間被拆除了。目前的要塞群是由貝拉四世 (Béla IV, 1206～1270) 在 1250 年代建造的，包括了位於 328 公尺高山頂上的堡壘、要塞山下較低的城堡和多瑙河畔的水上堡壘所組成的。

在安茹王朝統治時期，該鎮是十五世紀國際性的重要城市。安茹王朝的創建者查理一世 (Károly Róbert, 1288～1342；在位 1301/08～1342) 於 1320 年左右在這裡建造了皇宮。著名的故事《扎赫卡拉柔》(Zách Klára) 就是描述其父扎赫費利西安 (Záh Felicián, ?～1330) 籌畫暗殺王室成員未遂，以及之後的血腥復仇，使得扎赫整個家族三十三名成員都被殺了。在十九世紀期間許多藝術和文學作品都是處理這一主題，當時扎赫費利西安成為反對外國統治和獻身匈牙利自由的象徵。

1335 年在這裡曾舉辦過著名的皇家高峰會，那是十四世紀中歐的傑出外交活動之一。當時的匈牙利國王查理一世邀請了波希米亞國王盧森堡的約翰 (John of Luxembourg, 1296～1346；在位 1310～1346) 和波蘭國王卡西米爾三世 (Casimir III, 1310～1370；

在位 1333～1370）等人，共商在維也納和西方商人的強勢影響力下如何確保經濟的獨立性。

1991 年，匈牙利、捷克、斯洛伐克和波蘭總統效仿他們的祖先，即在此簽署「維謝格拉德集團四國 (Visegrádi Négyek) 合作協議」。維謝格拉德集團的成員國有相似的文化及歷史背景，也是組成這個合作組織的重要原因。2006 年秋季，維謝格拉德再次舉辦了「維謝格拉德國家總理會議」，慶祝他們成功合作了十五年。

查理一世去世後，波蘭代表團覲見了他的兒子——維謝格拉德的洛約什一世大帝 （I. Nagy Lajos, 1326～1382 ；在位 1342～1382），並向他呈獻了波蘭王冠。加冕儀式結束後，波蘭王冠與匈牙利聖冠一起珍藏在宮廷的寶庫中。

在馬嘉斯國王的統治下，維謝格拉德開始了大規模的建築和裝修活動，這個小鎮再度大放異彩。王宮共有 350 個房間，並採用紅色大理石噴泉裝飾，晚期哥德式風格豐富了宮殿建築的細部。宏偉的兩層建築曾是當時最豪華的皇家官邸之一。馬嘉斯的文藝復興時期，維謝格拉德的榮景遠近馳名，曾有位羅馬教廷大使描述它是「地球上的天堂」。卻在土耳其人統治的時代，遭受巨大毀壞。1702 年，哈布斯堡王朝的神聖羅馬帝國皇帝兼匈牙利和波希米亞國王利奧波德一世下令將殘破的堡壘炸毀。

到了十九世紀當蒸汽船開始航運多瑙河時，多瑙河灣、皮里斯山 (Pilis hegység) 和維謝格拉德山脈 (Visegrádi-hegység) 成為觀光旅遊勝地，這裡因此再度熱絡發展起來。也大約在這個時候，受到教區牧師也是歷史學家的威克托林 (Viktorin József, 1822～

1874) 從事考古探索的激勵 ， 當時著名的建築師舒勒克 (Schulek
János, 1872～1948) 等人亦進行廢墟遺址的挖掘和歷史古蹟的修
復。考古學家從 15 公尺深的廢墟中挖掘出來的文藝復興時期的宮
殿庭院以及會噴出紅酒的噴泉，並進行了復原重建。噴泉和雕像
真跡被保存在建於十三世紀的所羅門塔 (Salamon-torony) 中。這
個塔是中歐歷史最為悠久、保存最為完好的羅馬風格建築之一。
所羅門塔是防護工程的一部分，其中還包括連接十三世紀多瑙河
上水事防禦工程和位於山頂城堡的堅固城牆。

　　今天，雖然維謝格拉德的人口規模不到兩千人，而且是匈牙
利最小的城鎮，但是該地區卻是國際旅遊的熱門景點。

　　匈牙利還有幾處被聯合國教科文組織選為世界文化遺產的地
方：

一、霍洛克村 (Hollókö)

　　霍洛克村位於切爾哈特山 (Cserhat Mountains) 的群山環抱之
中，因而十七世紀以來其原初迷人的美被完好地保存下來。村莊
保有帕羅茲 (Palóc) 建築風格 ， 房子蓋在與道路垂直的狹長地塊
上，通常有三間主要的房間：儲藏室、廚房和臥室，外面有個畜
舍。房頂鋪有稻草，兩邊用圓柱支撐著，屋舍以泥磚和粘土構建，
搭配長的沿廊，屋前裝飾著鮮花，是 1987 年世界上第一個被列為
世界文化遺產的小村莊，為傳統民族文化保護區。全年有很多民
族傳統節慶活動在這裡進行，如復活節、帕羅茲民族節慶、城堡
節及葡萄豐收節等。此外有村莊博物館、陶藝博物館、編織博物

館、郵政博物館、民族藝術房舍及古堡可供參觀。鄉間也非常適
合步行旅遊、騎單車、騎馬，甚至打獵釣魚等休閒活動。

二、帕農哈爾瑪 (Pannonhalma) 修道院

　　位於礁爾 (Györ) 南方約二十公里處。帕農哈爾瑪修道院是匈
牙利最古老的一所修道院，建於一千多年前，坐落在聖馬丁
(Szent Márton) 丘陵上。1996 年被列為世界遺產。匈牙利開國國
王聖伊斯特凡 (St. István) 的父親蓋沙公爵 (Duke Géza) 瞭解如果
匈牙利人要在歐洲生存，必須要入境隨俗，改信天主教，所以建
立了這所教堂。匈牙利天主教精神及教義在這裡萌芽發展。這所
修道院最古老的部分是地下室，另外，哥德式的迴廊、十五世紀
的修道院、古典式的塔樓、十八世紀建立的圖書館等都很值得參
觀。

　　奧匈帝國 (1867～1918) 的最後王儲 (1916～1918) 奧托‧哈
布斯堡大公 (Archduke Otto Habsburg) 的遺體被放置在維也納哈
布斯堡皇家墓穴 (Habsburg Imperial Crypt)，而心臟就保存在帕農
哈爾瑪修道院 (Pannonhalma Archabbey) 裡。

　　在鎮上的十字路口有一個小雕像，紀念的是位聖人羅馬士兵。
他背後的牆建於 1569 年，是防禦鄂圖曼土耳其入侵工事的一部
分。在往後的一百四十年裡，該地區位於伊斯蘭鄂圖曼帝國和西
方基督教世界的交界處，疆界時而因戰爭而移動，城鎮遭受戰火
相當大的破壞。

　　礁爾是匈牙利西北部最重要的城市。最早大批的定居可以追

圖6：修道院一隅　　　　　圖7：帕農哈爾瑪修道院

圖8：修道院圖書館一隅

溯到西元前五世紀，居民是凱爾特人 (Celts)，他們稱這個城鎮
Arrabona。羅馬商人在西元前一世紀的時候來到這裡。大約西元
前 10 年，羅馬軍隊佔領匈牙利的西北方，把這個地方建省叫做潘
諾尼亞 (Pannonia)。433 年羅馬軍團撤出，並被割讓給匈奴人阿提
拉之後，潘諾尼亞省不再存在，不過還是有人居住於此。

　　900 年馬札爾人佔領了礁爾，強化廢棄了的羅馬碉堡。聖史
蒂芬國王在那裡設置了一個主教區。這個城鎮受盡了匈牙利歷史
的考驗和磨難，蒙古西征入侵匈牙利的時候 (1241～1242) 曾被佔
領，之後在 1271 年又被捷克人破壞。

三、阿吉特勒克石灰岩洞 (Caves of Aggtelek Karst and Slovak Karst)

　　歐洲最大洞穴山脈別克山 (Bükk) 國家公園洞穴中曾發現史
前時代人類的遺骨，巴拉德拉鐘乳石灰岩洞 (Baradla Cave) 被列
為世界遺產，奇景渾然天成，美不勝收。阿吉特勒克石灰岩洞是
天然的洞穴，為匈牙利和斯洛伐克的邊界，地理上結構是相連的。
1995 年 12 月 6 日被列為世界遺產。就地理、古生物、動物、建
築及歷史觀點來看，阿吉特勒克石灰岩洞群絕對是世界上最有意
義及最具有代表性的石灰岩洞之一，是地底下最天然最真實的博
物館。二十五公里長的巴拉德拉─多明加洞穴 (Baradla-Domica
Cave) 是區域中最長的一段，最美最值得欣賞的部分都在匈牙利
境內，有令人嘆為觀止的石筍及鐘乳石，並有地底小溪流，奇景
渾然天成。

四、霍托巴吉國家公園 (Hortobágy National Park)

匈牙利大平原上的樸斯塔 (Puszta) 是匈牙利有名的育馬馴馬中心，有馬術表演的活動，是屬於霍托巴吉國家公園的一部分。這個國家公園是在 1999 年 12 月被列入名單中，包括霍托巴吉 (Hortobágy) 的樸斯塔以及納吉庫沙 (Nagykunság) 的一部分。這是其中一個歐洲最大的被保護的草原，有匈牙利灰牛群、馬群、曲角的羊群放牧在開放的草原上，除此之外廣闊的放牧場還有大的魚池及百分之四十的沼澤地帶。

五、佩奇 （古稱 Sopianae） 古天主教墓地 Pécs (Sopianae) Early Christian Cemetery

四世紀時很多裝飾華麗的墳墓建造於古羅馬帝國的索匹雅尼（今日的佩奇）的天主教墓地中。這個墓地重要的原因是，它兼

圖 9：樸斯塔的馴馬

具結構上和建築上的意義，因為墓地是建在地面上，同時兼具墓穴和禮拜堂的功能。就藝術層面來說，這些墓地裝飾著以天主教為主題的壁畫，具有高度的藝術價值，因此於 2000 年被聯合國教科文組織列為世界遺產。

此外，匈牙利還有許多現在成為博物館的王宮，擁有非常豐富的珍藏，閃耀過去光榮的歷史。三座最美的宮殿為：菲爾特 (Fertöd) 的艾斯特哈斯宮，巴拉頓湖旁的菲斯特提奇宮和格德勒 (Gödöllö) 的格拉薩科維茨宮。

圖 10：佩奇古天主教墓地

一、艾斯特哈斯宮 (Esterházy-kastély)

艾斯特哈斯宮為 1762 年米克洛什‧艾斯特哈斯親王 (Esterházy Miklós József herceg, 1714～1790) 所建。它有「匈牙利的凡爾賽宮」(Hungarian Versailles) 之美譽，是匈牙利最壯觀的洛可可式建築。在起造之前，艾斯特哈斯親王慣常待在舒特 (Süttör) 的一棟有二十二間客房的狩獵小屋裡。宮殿就是以狩獵小屋為核心建造的。

艾斯特哈斯宮經常被譬喻是匈牙利的凡爾賽宮，但是更可以見到其深受奧地利的影響，尤其是維也納的美泉宮 (Schönbrunn Palace)。

艾斯特哈斯親王於 1766 年入住，但工程仍持續好幾年。從 1766～1790 年，名作曲家約瑟夫‧海頓 (Joseph Haydn) 客居於此，不過他是住在宮殿旁側的僕人宿舍裡。海頓大部分的交響樂是為親王的樂隊而作。歌劇院於 1768 年落成，演出的第一齣歌劇是海頓的《藥劑師》(Lo Speziale)，每年海頓在此指揮的歌劇演出超過百場；木偶劇院於 1773 年完工啟用，直到 1784 年宮前噴泉完工時，艾斯特哈斯親王總算認為整個建築工程大功告成了。

艾斯特哈斯宮有一百二十六個房間，裝飾有代表家族姓氏的字母 "E" 的大型圖書館藏書近二萬二千卷。最大的房間像是石窟般的花園廳 (Sala Terrana)，天花板上彩繪有天使持捧著 "E" 形花圈跳舞的圖像。

圖 11：艾斯特哈斯宮

圖 12：菲斯特提奇宮

二、菲斯特提奇宮 (Festetics-kastély)

菲斯特提奇宮是一座巴洛克風格建築，位於凱斯特海伊 (Keszthely)。菲斯特提奇伯爵 (Gróf Festetics Kristóf, 1696～1768) 起造於 1745 年，整個期程歷時一個多世紀。起初是蓋在一座古堡廢墟上，之後在 1880 年代又繼續擴建，由奧匈建築師維克托‧拉姆佩爾梅耶 (Viktor Rumpelmayer, 1830～1885) 設計。拉姆佩爾梅耶的設計風格擅於將法式和義式風潮融摻於維也納的流行趨勢，因而被公認為中歐最傑出的建築師之一。

三、格拉薩科維茨宮 (Grassalkovich-kastély)

格德勒 (Gödöllő) 位於布達佩斯東北方約三十公里的市郊，格拉薩科維茨宮最初是安塔爾‧格拉薩科維茨 (Antal Grassalkovich I, 1694～1771) 建造的。

安塔爾是匈牙利十八世紀最有權勢的貴族之一，他帶給格德勒一個重大的轉變。安塔爾長袖善舞，精於理財，巴結討好國王查理三世 (King Charles III, 1685～1740; King of Hungary, Croatia and Bohemia, 1711～1740) 和瑪麗亞‧特蕾西亞王后 (Queen Maria Theresa, 1717～1780)，先是獲得男爵繼而伯爵的名祿。在權位和財富增加之後，他在 1741 年開始為自己建造了一個富麗堂皇的居所，那可是匈牙利最大的巴洛克式莊園，也是格德勒的重要地標。安塔爾的造鎮計畫，讓格德勒在 1763 年成為一個小鄉鎮。因為大興土木引進大批的日耳曼工匠定居於此，從而增加天

主教徒的數量。

　在安塔爾的城堡裡，總共建了三十三個教堂，其中大多裝飾著蒐集來的匈牙利巴洛克－洛可可風格的頂級藝術品，好像使徒般的傳播巴洛克式的藝術品味。 他崇拜的內波穆克的聖約翰 (Saint John of Nepomuk) 後來也成為該地區的一個傳統。

　這座城堡之後成為奧匈帝國皇帝弗朗茨‧約瑟夫 (Franz Josef, 1830～1916; Emperor of Austria, Apostolic King of Hungary, 1848～1916) 的夏宮。

第二章 | *Chapter 2*

民族遷徙與王朝的建立

第一節　西遷喀爾巴阡

在阿爾卑斯山東方白雪覆蓋的弦月狀喀爾巴阡山脈
(Carpathians)，圈住了一塊沖積平原。這個沖積平原在數萬年以前
是個廣大的內陸湖，山脈綿延在這塊平原的北方、東方和東南方。
山脈的南端終止於沙瓦河 (Sava River)，往更遠處即是巴爾幹半島
群山的起源，西方是史泰利亞阿爾卑斯 (Styrian Alps) 的山麓。多
瑙河是歐洲最東邊的河流，流經喀爾巴阡山西端和史泰利亞阿爾
卑斯之間所形成的缺口，它匯集了這個區域裡的河水，在一個叫
做鐵門 (iron gates) 的地方穿越了喀爾巴阡山的另一個盡頭。這一
塊廣大肥沃平原的東邊和北邊有喀爾巴阡山脈，西邊有沼澤、河
流和阿爾卑斯山山腳作為天然屏障，長久以來，此地的人多是逐
水草而居，過著簡單的農牧生活。

我們今天所知道的匈牙利和匈牙利人，在歷史上一度代表著

完全不同的實體。在 896 年匈牙利人佔據之前，這塊平原一直是各部族的避難所。在匈牙利人出現之前，該地區曾經有相當長的一段時間居住著不同種族。根據考古學家們的考證，遠在西元前 50 萬年前，即有人跡活動於匈牙利一帶。在西元前 35 年羅馬人抵達外多瑙河（Transdanubia，即多瑙河以西地帶）的時候，該地區居住著凱爾特人 (Celts) 的後裔——亞利安人 (Illyrians) 和埃洛維斯克人 (Eravisks)。到了西元前 14 年，這個地方被稱為「潘諾尼亞」(Pannonia)，正式歸入羅馬帝國的版圖，為帝國最東的一個行省。

關於馬札爾人早期的歷史，過去比較信實可考的年代大約只能回溯到七世紀的時候。至於其人種的發源與遷徙的歷程，由於近些年來考古學的新發現與研究，其脈絡已較從前更為清楚些。所謂「匈牙利人來自匈奴人 (Huns)」的說法，並不完全正確，只能說他們之間有某種程度的血緣關係。

大約在西元前 8,000 年，也就是新石器時代，人類在近東地區開始有農業活動和動物馴養。在地中海東部和伊朗西部扎格羅斯山脈 (Zagros Mountains) 之間的「肥沃月彎」(Fertile Crescent)，居住著從蘇美人衍生而出的不同族群。

約在西元前 5,500 年，銅器時代開始了，美索不達米亞 (Mesopotamia) 是那時近東地區文化最璀璨的地方。根據考證顯示，喀爾巴阡盆地從大約西元前 5,000 年起就有從土耳其安那托利亞 (Anatolia)、高加索和美索不達米亞來的人民，繼而是突雷尼人 (Turanian) 等族群源源不絕地遷徙於此。由於人口和經濟的增

長，為這些地區的文明奠定了基礎，並對之後形成的各種歐亞文化發揮了決定性的影響。

匈牙利人的祖先可能是在西元前 4,000 年的時代，來自喀爾巴阡山遷居於底格里斯河 (Tigris) 和扎格羅斯山脈之間叫做 「蘇帕圖」(Subir/Subartu) 的突雷尼人。在這個時期他們的足跡也可能擴及上美索不達米亞流域 (Upper Mesopotamia) 的群山之中。

在過去半個多世紀以來，每本討論匈牙利歷史的書，提及匈牙利語的源起和匈牙利人的來源總是直指所謂的芬烏語族 (Finno-Ugric language group) ，甚至被認為更接近烏戈爾語 (Ugric) 的分支。匈牙利語雖然相當接近芬烏語系 (Finno-Ugrian languages) 和

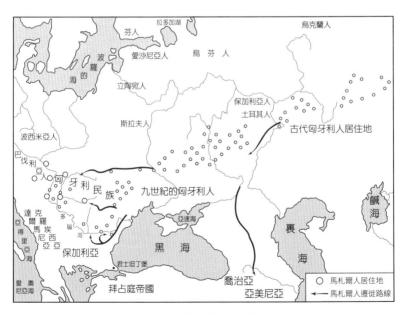

圖 13：馬札爾人遷徙圖

突厥語系 (Turkic languages)，卻還不足以歸入其類。事實上，匈
牙利語有非常大量的詞彙來自烏拉爾阿爾泰語族 (Ural-Altaic
family of languages) 的阿爾泰 (Altaic) 語系，幾乎保留了過去四千
餘年來的基本詞彙、字尾和語法結構，是相當傳統的語言，有其
獨特性。而芬烏語族卻是更早期衍伸自烏拉爾 (Uralic) 語系。

　　早期匈牙利先民住在美索不達米亞地區的時候，即接受蘇美
優勢文化的薰陶。同樣也是源自於突雷尼人的蘇美人，大約在西
元前 3,500 年遷居下美索不達米亞流域 (Lower Mesopotamia)，他
們的高度文明孕育了周遭民族好幾個世紀之久。蘇美人與匈牙利
先民彼此通婚，因此匈牙利先民被認為是蘇美文明裡非常重要的
族群之一。

　　在匈牙利語文中依稀還可窺見受到古阿卡德語文（Akkadian，
屬於 Semitic 語系，楔形文字，約西元前 3,000 年通用於美索不達
米亞地區）影響的蹤影，儘管只有相當小的程度。阿卡德人是閃
族 (Semites) 的一支，約在西元前 2,350 年取代了蘇美人在上美索
不達米亞流域的統治權長達數世紀。在這段期間，匈牙利先民必
定也已經和阿卡德人有所接觸。

　　匈牙利先民和蘇美人、阿卡德人之間的關係其實不是一直那
麼的和諧，在蘇美和阿卡德的史料中記載著好幾次和匈牙利先民
之間的戰事，看得出匈牙利先民是個難纏的民族。

　　從蘇美史料中提及的早期匈牙利蘇帕圖諸王的名字，看出匈
牙利先民是由若干族群組成的 ，有些非本土族裔是大約西元前
2,300 年進入美索不達米亞北部的胡里安族裔 (Hurrians)。胡里安

人的源起迄今仍未明，不過從史料及考古確證西元前 3,000 年的時候，胡里安人已逐漸滲入蘇帕圖族群裡，接受文明，採用楔形文字，並建立自己的城市。而當胡里安人擠進整個近東地區的上層社會之後，也就是大約在西元前 3,000 年的時候，匈牙利先民就臣服於胡里安人的統治之下。胡里安人如同蘇美人一樣，強烈地影響之後族群的語言、文化和宗教。

史料及考古發現，匈牙利先民多游牧，慣於馳騁騎射之術，有廣泛使用馬的文化。他們在與蘇美人的戰事中展現了強大的機動性，尤其是西元前 2,030 年以驚人的速度擊潰整個蘇美陣營，如果沒有依賴馬的話，就不可能有如此的戰績。匈牙利人剽悍善戰，陣亡的時候，將戰馬一起殉葬。直至十世紀時，匈牙利人依然保有此風。匈牙利先民承襲胡里安人使用骨頭和不同種類木材疊層製作複合弓，這種弓弩後來成為匈牙利先民攻略西方的利器。

在西元前十八世紀的時候（青銅時代），胡里安人已經盤據在安那托利亞 (Anatolia) 東部的範湖 (Lake Van) 和附近的高地，至西元前十四或十五世紀時，其勢力擴及整個近東及外高加索地區，摧毀了亞述帝國 (Assyria)，在上美索不達米亞地區建立了一個強大的胡里安王國米坦尼 (Mitanni)，其統治及於巴比倫 (Babylon)、敘利亞 (Syria)、巴勒斯坦 (Palestine)、埃及 (Egypt) 和安那托利亞等地。在胡里安人大肆征略的動盪之中，引發了近東地區的民族大遷徙。匈牙利先民落腳於外高加索 (Transcaucasia)，維持著相當程度的獨立性，他們可能扮演著胡里安王國邊境衛戍的角色，但其人口因流散四處而漸少。在往後的一千年裡，在外高加索地

區的匈牙利人與胡里安仍維持著納貢的關係。

　　胡里安王國大約在西元前 1,300 年式微，漸漸淡出當時的國際舞臺，直到西元前九世紀（鐵器時代）於範湖附近建立烏拉爾圖王國 (Urartu kingdom)，勢力範圍包括阿拉克斯河（Araxes，現代的 Aras），上底格里斯河和幼發拉底河的流域。就在此時，可能為數不少的匈牙利先民就依附在王國裡，當逐漸進入上層社會之後，就不斷地主張民族認同並獨自發展，被稱作匈牙利人或馬札爾人。

　　匈牙利先民可能在西元前 2,000 年底至 1,000 年初就開始離開多山的家園，逐漸往南遷。他們是《舊約聖經》以色列人口中的「上帝之鞭」(Scourge of God，匈牙利語 Isten Ostora)，被視為「瑪各地的歌革」(Gog of the land of Mag) 的蠻族。

　　胡里安的文獻裡，稱匈牙利先民為 khor 或 khur。即便在胡里安政權崩解之後的多年，這個名稱仍舊被使用。只不過它的字首 kh 轉變成軟音 g，成為 Gor 或 Gur。此在西元前八世紀的亞述史料中，記載著有關 Guriana 向烏拉爾圖王國納貢一事，所指的 Guriana 就是位於當今庫爾河 (Kur River) 的山谷和外高加索地區的古城哥里 (Gori)，而在烏拉爾圖的銘刻中亦證實有 Kuriani 之國。可以肯定的是，Kuriani、Guriana、Kur 和 Gori 等名稱都是衍伸自從前的 Gor 或 Gur。

　　西元前六世紀初，烏拉爾圖王國屢受古伊朗民族的瑪代人 (Medes) 的侵擾，終而被征服，馬札爾人卻仍獨立存在。即使如此，對於馬札爾人而言，更嚴重的威脅隨之而至。就在烏拉爾圖

滅亡的數十年之後，強大的波斯帝國勢力伸入高加索地區，在諸次西侵的戰役裡，馬札爾人被徵召充軍。也就是在這個時期，馬札爾人之名始正式出現在史料之中。

古希臘史中記述西元前四世紀波斯與希臘的戰事，屢屢提及一個名作 Makrone 的民族。由於語音的關係，他們其實就是來自於外高加索的 Makur 山區的 Makor 民族，在當時還有其他的名稱如 Macur、Macar、Mazar、Madar 等。

由於 Makor 民族所在的地區從前出現 Gor 或 Gur 民族，之後有 Ugor 民族，而中世紀匈牙利的史料亦提及馬札爾人的先民叫 Magor。所以，Makrone 民族和馬札爾人被認為有相當密切的關聯性。Makor 或 Magor 之名，可能源自於烏拉爾－阿爾泰語系「土地、故鄉」的字首 ma，加上馬札爾人早期的名稱 Gor 或 Gur，形成了 Ma-Gor 的字樣。

希臘史料中記述在波斯遠征的時期，Makrone 還是個相當自由獨立的民族，他們有相當強的戰力能夠阻卻希臘人，即使他們提供援軍幫助波斯人，卻依然防止波斯人的入侵，顯見他們設法維持獨立的努力。

西元前二世紀，匈奴人的其中一支遷徙至高加索地區。從西元前八世紀以來，匈奴人即以不同的名稱出現在中國歷史上。他們強悍善戰，長久以來對中國構成威脅。但是有時戰事不利，加上內部的紛擾，往往被中國逐退。可能外部失利，加上內部也有主張西進的原因，所以匈奴人儘管大部分還盤踞在中國北方達五個世紀之久，最終逐漸往西遷至高加索。

　　匈奴人初抵高加索地區時，盤踞在庫邦河 (the Kuban) 上游和
亞速海 (Sea of Azov) 東岸一帶，未幾旋即南下繼續擴張。大約在
一世紀左右，大批匈奴人遷到外高加索一帶，涵蓋了馬札爾人的
地區。匈奴人與馬札爾人漸漸融合成一個在拜占庭和其他的史料
中被稱作維吾爾 (Ugors) 的種族，而且成為高加索地區的領導階
層，鄰近的族群也有併入的，有的叫作「十維吾爾人」(Onogurs,
Ten Arrows)，有的是「白維吾爾人」(Saragurs, white Ugors)。三
到五世紀的時候，匈奴人勢力已經拓展至近東地區。

　　375 年，匈奴人主力部隊在領袖巴蘭王 （Balamir, Balamber,
345～400，在位 360～c. 378) 的帶領下越過頓河 (the Don)，擊潰
善戰的東哥德王國 (Ostrogothic Kingdom)，大舉侵入歐洲。此時
期維吾爾人進入喀爾巴阡盆地，並且投入西征的戰役。事實上，
同時期也有部分的馬札爾人落腳在外息爾凡尼亞，就是之後的塞
凱伊人 (Szekelys, Székely)。

　　450 年，匈王阿提拉帶領高加索和周邊地區的匈族人攻打波
斯和拜占庭，匈族帝國的西擴可能加速耗損了高加索地區的戰力。
阿提拉死於 453 年，之後匈帝國解體，高加索的族群不再有能力
進擊波斯和拜占庭帝國。與匈奴人聯盟的馬札爾人因此撤退到北
方，部分留在庫爾河山谷的益愈受到波斯的影響，終而在十三世
紀消失了。

　　匈奴人和馬札爾人在高加索故土的日常生計主要是畜牧，也
有農業，種植穀物和葡萄。他們居住的主要城鎮有堅固的防禦工
事。馬札爾人有源自於美索不達米亞時代高度發達的冶金技術，

也有自己的文字。這一切都說明，他們擁有豐富的文化生活。

馬札爾人駐留在南高加索兩千多年的時間裡，種族結構方面有了很大改變。他們一路北遷，面臨許多動盪與衝突，希望能夠找到一個安居之處。在阿提拉死後的十年，他們已經盤據在高加索北部和黑海東部，往後的數個世紀裡，繼續擴張至頓河河口和伏爾加河下游一帶。

特別是從大約五至七世紀這段時期，馬札爾人受到保加利亞—土耳其人 (Bulgar-Turks) 的影響很大，生活逐漸轉型成了半農牧的型態，所以匈牙利語關於農牧業的詞彙多含突厥語字根。相反地，Hungary 匈牙利這個詞的詞源一直追溯到是 on ogur 這個突厥語（意思是十支箭）的斯拉夫化。所謂的十支箭，代表著十個部族的意思。

520 年，在刻赤海峽 (Straits of Kerch) 附近的匈王葛羅德 (Grod/Grodas, c. 503～528) 受洗信奉了基督教，並成為拜占庭的盟友，之後被擁護他兄弟 (Mugel/Muageris, 528～530) 為王的另一部落人民所殺。這兩支部落的勢力擴張至亞速海及南俄大草原，統合了另外十個突厥部落，逐水草而居，以游牧維生。

620 年，「十維吾爾人」的統治者科夫拉特 (Kovrat) 聯合其部眾與馬札爾人受洗，信奉基督教。由於科夫拉特的穩固統治，以及和拜占庭的長期和平相處，帶給整個地區的繁榮。科夫拉特死於 670 年晚期，王國分裂，並遭受鄰邦哈扎爾人 (Khazars) 的入侵而終告崩解，同時也引發了種族大遷徙。

馬札爾人的北支——「白維吾爾人」隨之北遷，定居於烏拉

山一帶。1237 年，匈牙利道明會的修士朱利安 (Julianus Barát) 在那裡發現這個族群，但是在蒙古人西征之後，他們就不復存在了。也大概在同時，另一支馬札爾人漸而西遷喀爾巴阡盆地。

到 800 年的時候，哈扎爾帝國 (652～1016) 逐漸式微，馬札爾人的勢力又開始復甦，數量龐大形成了七個部族，他們雖然各自獨立，沒有共同的統治者，但是他們的力量強大足以抵禦強敵。根據當時阿拉伯的史料記述，哈扎爾大汗率領一萬名兵士上陣，而馬札爾人的王則親領兩萬座騎對陣。當然這並不代表示匈牙利的整個軍力，而僅是投入戰役的數字。估計當時馬札爾人的武力必定已經接近五萬。

836 年，馬札爾人的足跡出現在多瑙河 (the Danube) 的北岸，襲擊拜占庭的船艦。顯示馬札爾人不但能夠跨境從事遠距作戰，而且還能與遠方巴爾幹地區進行外交關係。

馬札爾人持續活躍在南俄草原上。到了九世紀中期，南俄大部分地區落入馬札爾人的勢力範圍。862 年，馬札爾人擊潰了東法蘭克王國，紓解來自法蘭克人的壓力。之後，又與拜占庭支持的保加利亞人作戰。大約在 890 年的時候，馬札爾人已經西進深入聶伯河 (Dnieper River)、布格河 (Bug River)、西里斯河 (Sereth River) 和普魯斯河 (Pruth River) 之間的地區，對於掌控喀爾巴阡盆地形成有利的態勢。擺在馬札爾人面前的任務是艱鉅的，他們想要定居的家園是在強勁對手之中，又要離開暫時歇腳之處投入西進的大規模戰爭。他們幾乎毫無立錐之地，備受來自四方的攻擊。事實上，前進喀爾巴阡盆地是他們唯一之途，也是項艱鉅的

任務。因為，保加利亞人雖然遠在東方，但是他們會挑動東邊的強大土耳其部族佩欽涅格人 (Pechenegs) 從背後攻擊馬札爾人。那時，佩欽涅格人已經滲入逐日衰弱的哈扎爾帝國，威脅到防衛力薄弱的馬札爾部族。

於是馬札爾人的領袖阿爾帕德大公　(Nagyfejedelem Árpád, 845?～907?；在位 895?～907?）便號令八十多個游牧民族，人數約以萬計，組成七個部落的聯盟緩緩地向西方遷徙。895 年，馬札爾人跨越喀爾巴阡山，經由威瑞克隘口 (Verecke Pass)，來到了喀爾巴阡盆地，那裡的地形易於防守。

據傳馬札爾人的祖先曾經居住此地 ，所以他們宣稱對此地有合法的繼承權。長久以來，此地的人多是逐水草而居，過著簡單的畜牧養殖及種植蔬果的生活 。匈牙利的歷史可以說就從那時開始的：他們的到達象徵著新的開始，從前的一切都不復存在。

九世紀末馬札爾人西進遷徙而來，進駐了古羅馬時代「潘諾尼亞」的地方，融合了當地包括匈奴人後裔的若干部落，以及其他先前就遷居過來的日耳曼人、東哥德人 (Ostrogoths)、東法蘭克

圖 14：阿爾帕德率領部眾遷徙

人 (Eastern Franks)、倫巴人 (Lombards) 及阿瓦人，因而擴大了馬札爾的族群結構。其後馬札爾人建立匈牙利王國，應該說與匈奴人並無直接關係。

就像在西元的第一個千年之中，進入歐洲的其他東方民族一樣，匈牙利人的融合主要是靠著血緣關係。那些由百餘個親屬所組成的七個部族，追溯他們的祖先，應該都是系出同源。但是，如果認為他們喜歡以父系世系表示血統關係的重要性，那將是個錯誤的想法。因為那時許多來自於其他種族的婦女，不論是經由迎娶來的或是擄獲來的，對於當時匈牙利人的「基因池」有著極大的貢獻，甚至於許多直至今日仍深深地發揮著影響力。

那時要分辨他們與歐洲的其他民族，有一個重要的特點，就是一般歐洲民族說的話，不是日耳曼語就是斯拉夫語，這兩種語言都是屬於印歐語系。而匈牙利人說的是一種源自於芬烏語系，並受土耳其語及伊朗語影響的語言。

馬札爾人來到喀爾巴阡盆地的新家園，那裡的地理環境影響了他們的歷史。盆地因為弦月狀的喀爾巴阡山脈從北而東到東南方環伺著，形成一道天險防衛著外來的侵略。在歷史上，除了在1849 年接受奧地利人協助的俄軍之外，無疑地只有馬札爾人自己，和之後難以抵擋的蒙古人成功地越過喀爾巴阡山脈進入這塊盆地。

又由於巴爾幹半島群山的屏障，阻絕了從南邊和西邊而來的大規模深入行動。然而，對於匈牙利來說，喀爾巴阡盆地很容易順著多瑙河，從西邊以及南邊的方向進入，必須加強南向和西向

面對多瑙河的防衛。

　　當時馬札爾人就有一種強烈的共識：作為一個馬札爾人首要的是心理認同。要區別他們和附近其他的斯拉夫或日耳曼民族，就是根據這種共識。而這種共識就實質上來說，已成為文化上的特點，很快地被許多稍後遷徙至喀爾巴阡盆地的不同種族和語言的族群所吸收，而他們成為並認為自己就是那些最初從東方遷徙而來馬札爾人的後裔。

　　在 1235 年，比蒙古人西征稍早的時候，國王貝拉四世（Béla IV, 1206～1270；在位 1235～1270）派遣了道明會的修士們到東方去。根據史實的記載，修士們在當今俄羅斯窩瓦河之外的荒野上，發現了一群人說著匈牙利語。但是，到了 1239 年，他們第二次出使去尋訪這些遠方族人時，這些人卻被蒙古人驅離而不知所終。

　　馬札爾人祖先的足跡曾遍佈在西部的廣闊空間，在若干階段，從芬蘭人和愛沙尼亞人的祖先中分衍出來；再早些時候，他們的足跡亦曾遍及烏拉山的東邊，和伊朗人及土耳其人有所接觸；並且，也可能在西元前 3,000 年的時候就從阿爾泰山地區延伸出來。

　　事實上，今天的匈牙利語所表現出其特有的風貌及文化，使得匈牙利和其周圍的斯拉夫、日耳曼國家有相當大的差別，而不單單只是在地理位置方面而已。

　　在十九世紀著名的匈牙利語言學家雷古伊 (Reguly Antal, 1819～1858) 研究俄羅斯境內的烏拉爾山 (Urál) 一帶部落所使用的語言之後，接著就有越來越多的語言學家從事這種調查，接踵

而來的是各種考古學家、人種學家、人種生物學家以及人類學家
的隊伍。在這些學者過去一百五、六十年的共同努力下，證明了
匈牙利人種是住在烏拉爾山附近的烏拉爾－阿爾泰語族的一支。

　　早先待過喀爾巴阡盆地的阿瓦人、匈奴人、羅馬人，以及年
代久遠的諸多史前人類都只是匈牙利歷史上的飛鴻殘影，如今都
已不復存在。

第二節　長年的爭戰

　　馬札爾人為哈扎爾帝國提供了重要的軍事貢獻，因此他們得
以享有特別的階級地位作為回報。當各個部族選舉自己的行政首
長 (gyula) 的時候，哈扎爾帝國的大汗 (kagan) 同時也指派或選出
一個象徵性的領導人 (kende)。然而，當馬札爾人不但拒絕幫助帝
國平定叛變，反而庇護叛民的時候，他們之間的關係就變得緊張
起來。馬札爾人意識到哈扎爾帝國終將會採取報復手段，便開始
向西尋找新的家園。

　　由於替不同的歐洲君主擔任傭兵，馬札爾人因此常有機會進
入多瑙河流域的匈牙利大平原。很快地他們便佔有這塊肥沃的土
地，憑藉著喀爾巴阡山脊作為其屏障，得以生養發展，過去生活
在那種無法設防的草原上是很危險的。

　　十世紀的時候，慓悍的馬札爾人和維京人一樣的可怕。馬札
爾人持續蹂躪西方世界 ，席捲亞得里亞海沿岸的亞平寧半島
(Apennine Peninsula)。這些入侵行動要不是馬札爾部族獨力為之，

就是聯合歐洲其他的統治者一併行動。那時最有名的匈牙利軍事領袖布爾丘 (Harka Bulcsú, ?～955)，就有很多征戰的傳奇故事。當時歐洲流傳一個說法相當寫實：與馬札爾人交戰無異是世界末日。

　　當馬札爾人在喀爾巴阡盆地新家園打下基礎後，他們的騎兵便向西擴展，把新國家的邊境推展到多瑙河。匈牙利史上稱這段時期為「冒險時期」。906 年，擊潰西方的「大摩拉維亞帝國」，接著 907 年 7 月 4 日的布沙勞斯伯克（Bresalauspurc，即今斯洛伐克的首都布拉吉斯拉瓦 Bratislava）一戰，擊潰了西方文明世界日耳曼聯軍，因而震撼了西方社會。由於匈牙利王國的建立，乃使斯拉夫民族的繁衍地區被中間隔斷，形成了日後的西支斯拉夫人（波蘭、捷克、斯洛伐克）和南支斯拉夫人（巴爾幹地區）兩支民族。

　　其實馬札爾人的攻略不盡然只是滿足掠奪的慾求，而是為了確保新家園的安全，以及迫使那些莫可奈何的鄰邦與之結盟。也就因此，馬札爾人與上義大利、巴伐利亞和薩克森諸公國締結聯盟，而且他們也都納貢一段時期。

　　然而馬札爾人的爭戰並非所向披靡、攻無不克的，甚至還被消遣一番。933 年，薩克森王「捕鳥人亨利」(Henry the Fowler, 876～936; Duke of Saxony, 912～936; King of Germany, 919～936) 就曾成功智取馬札爾人。他先施以緩兵計，佯裝求和以拖延馬札爾人的強攻，之後趁機將他們擊敗。在捕捉到一個傑出的馬札爾領袖之後，亨利反倒是提供了贖金釋放了他：與匈牙利聯盟九年，

圖 15：馬札爾戰士

甚至還單獨向馬札爾納貢。馬札爾人接受了這項「交易」，因此薩克森也就平靜了九年。當協議到期的時候，匈牙利堅持要撒克遜人繼續納貢，但只從老謀深算的薩克森王那裡換來一袋死狗。

　　955 年亨利王的兒子，日耳曼巴伐利亞的奧圖一世 （Otto I the Great, 912～973；神聖羅馬帝國皇帝，936～973）在奧古斯堡 (Augsburg) 附近的雷克斯菲德 (Lechsfeld) 一役大敗了馬札爾人。這場戰役有決定性的影響，馬札爾人首遭挫敗，乃由攻勢而轉採守勢，由游牧而定居，從此不再進襲西方。而奧圖一世也因此得到「大帝」(the Great) 的名號。當時馬札爾人的領袖是阿爾帕德的曾孫蓋沙大公 (Nagyfejedelem Géza, 970～997)。

　　後來蓋沙和奧圖大帝 (Otto the Great) 建立起友好關係，讓兒

子伊斯特凡 (István, c. 967～1038) 娶了奧圖一世的姪女吉賽拉 (Gisella of Bavaria, 985～1065)，化解了和拜占庭的敵對。馬札爾人對拜占庭的劫掠，直到 970 年之後才告終止。

第三節　政教改革與王朝建立

955 年，馬札爾人在雷克斯菲德之役戰敗並非偶然，因為其兵士過度自信和大意，嚴重地破壞了騎兵的戰鬥紀律，而西方軍隊終能戰勝馬札爾人無秩序的攻擊。雷克斯菲德戰役之後，馬札爾人驚覺必須面對抉擇，若不能成為一個文明的國家，便要像匈奴人一樣終將潰散消逝於強鄰此起彼落的殺伐併吞之中。

匈牙利鑑於四鄰皆為基督教國家，最好也接受基督教義，但須在東正教與羅馬天主教二者之間做一選擇。因拜占庭距匈牙利較遠，不致受其直接威脅，乃決定接受羅馬天主教。匈牙利信奉羅馬天主教，決定了它以後的發展路線，成為西方世界的成員之一。

蓋沙大公首先從日耳曼邀請傳教士來到匈牙利，並且讓兒子伊斯特凡受洗，取得聖名史蒂芬 (Stephen)，起初他本人卻認為自己的豐功偉業足以受人崇拜而拒絕接受洗禮。直到蓋沙接受洗禮之後，才放棄以前那種結合劫掠與農牧畜耕的生活型態，轉而定居開墾。

蓋沙大公在 972 年成為馬札爾王國的新領導人，是首位實施中央集權的統治者，那個時候，部落間主要是以聯盟的型態存在

著，只有在爭戰時的合作，而其他方面則甚少有限制。

　　蓋沙和他的家族在 975 年都皈依了天主教。伊斯特凡繼承父志，更加貫徹改信宗教的政策。原先他的名字叫瓦伊克 (Vajk)，後來帕紹 (Passau) 的主教為他施禮，布拉格 (Prague) 的阿達爾伯特 (Adalbert) 大主教擔任他的老師和輔導人。伊斯特凡致力為匈牙利在西方世界謀得一席之地。1000 年，他更派出使節到羅馬商議取得正式的認可受封為王，成為匈牙利的首位信奉天主教的國王，定都於格蘭 (Gran)，也就是在今天匈牙利境內的埃斯泰爾宮 (Esztergom)，那裡的大教堂是匈牙利羅馬天主教的中心。附近的維謝格拉德 (Visegrád) 有險峻陡峭的城堡風景。

　　匈牙利王國在中歐地區，成為中世紀文明史上的三大著名王朝之一。這三大王朝除了匈牙利之外，另外兩個是西方的波希米亞－莫拉維亞的捷克王國和北方的波蘭王國 (the Kingdom of Poland)。然而，受政治的影響，各自朝向不同的方向發展。

　　不過，雖然國王要求全匈牙利的人民信奉天主教，但是異教仍然盛行於國內，而且龐大的阿爾帕德家族也不完全附和伊斯特凡的意見。紹莫吉（Somogy，巴拉頓之南）的王子寇帕尼 (Koppány, c.965～c. 998; Duke of Somogy, c. 972～c. 998) 便向叔叔伊斯特凡（István, c. 975～1038; King Stephen，匈語：Szent István Király, c. 1000～1038）挑戰。伊斯特凡藉助於岳父的巴伐利亞武士，於 996 年在維斯普雷姆 (Veszprém) 附近擊潰對手。寇帕尼的屍首被分成四塊，頭顱被送給叔父伊斯特凡。後來為了斬草除根永絕後患，伊斯特凡還將寇帕尼的土地充公，並拘捕他的家人。

　　匈牙利最初仍然維持傳統的部落社會型態,征服者的後裔屬
於貴族階級,享有特權。伊斯特凡制訂了匈牙利的第一套法律,
整治社會秩序,除了鞏固勢力之外,並且建立主教轄區,全國劃

圖 16:埃斯泰爾宮大教堂

圖 17:維謝格拉德城堡風景

分為十個教區，其中有兩個是大主教區，由王室賜予土地，准其
徵收「什一稅」。另外有一些馬札爾部族領袖的後裔形成一種特權
階級，他們擁有廣大的財產，只須對國王盡忠，以及履行軍事義
務。

伊斯特凡仿照神聖羅馬帝國的方式，將全國劃分為若干州，
每個郡都有一個堡壘 (Vár)，由一位皇族坐鎮治理。這些皇族負責
收稅、徵兵，並兼掌司法。收稅多是向那些「沒有自由」的人們、
窮苦的農人徵稅。

這些貴族組成一個諮詢性質的議會，沒有實際行政權力。凡
是不屬於這群貴族的土地，都屬於國王所有。另外還有一個享有
特權的貴族階級，在軍隊中服務，合法地享有自由，但基本上沒
有領地。

第四節　第一位國王聖史蒂芬

伊斯特凡受洗之前，原名瓦伊克 (Vajk)，在二十歲時就繼承
其父蓋沙的爵位。他迅速果決地施展鐵腕，對付難纏的宗老長輩
們，以利統治。那些長輩們質疑其繼承權的合法性，認為最高領
導權應由宗族長老們選出，而非由長子繼承。之後，由於他的要
求，教皇西爾維斯特二世 (Pope Sylvester II, c. 940～1003) 應許頒
贈他一頂華麗的皇冠，因此他於 1000 年加冕成為匈牙利的第一位
國王——聖史蒂芬 (St. Stephen, 1000～1038) 國王。日後，這一頂
「聖史蒂芬王冠」(Holy Crown of St. Stephen, 1000～1038) 成為匈

圖 18：聖史蒂芬王冠

牙利的國寶，是匈牙利王國的象徵，也是最高統治權的象徵，匈牙利在全盛時期的領域稱為「聖史蒂芬王冠的領地」(Land of the Crown of St. Stephen)。歷任匈牙利國王登基時，必須親往布達佩斯佩戴這頂王冠加冕。教皇西爾維斯特二世似乎成為他的守護神，也使得他在西方世界與拜占庭帝國之間保持自由。

這一頂王冠在第二次世界大戰末期有一插曲：臨時政府於 1945 年 1 月與聯軍在莫斯科簽訂休戰協定，同年 4 月 14 日匈政府還都布達佩斯。此時，「聖史蒂芬王冠」原由匈國將領負責守護。當紅軍入侵時，匈國將領恐王冠落入德軍或蘇軍之手，乃於 5 月 2 日將王冠及其他珠寶一同攜往奧地利，交予駐紮奧境艾格勒堡 (Egglesberg) 的美軍上校保管，美軍隨即將王冠裝箱運往美國保存。起初，這些寶物放在威斯貝登 (Wiesbaden)，後來改藏於肯塔基州諾克斯堡 (Fort Knox)。美國政府從未將其視為戰利品，希望有一天將其歸還匈國。直至 1978 年 1 月 6 日，卡特政府方應匈牙利之請，將此一具有悠久歷史的王冠、權杖歸還，現在都陳列於國會大廈裡。

史蒂芬國王勸說其子民改信基督教，並設置兩個大主教區和八個主教區，以及若干的本篤會修道院。並在鄉鎮裡興建教堂，

鼓勵人民參加教會活動。史蒂芬國王還詔告星期天的市集必須在
教堂所在地舉行，因此時至今日，匈牙利語中「星期日」的說法
是「採購日」(vásárnap)。在二十年之間，匈牙利由於被選定為通
往聖地朝聖的路，因而成為一個十足的天主教國家。從前的民俗
信仰很快地消逝，今日難以窺其原貌。

　　為了表彰史蒂芬國王的成就，教皇封了一個頭銜給他，叫做
「使徒之王」(Apostolic King)，並賦予使用「使徒雙十字架」的
權利。到 1918 年為止，所有的匈牙利國王都稱他們自己是「使
徒」，而且「雙十字架」一直是匈牙利的徽記。

　　1083 年，史蒂芬國王被追諡封聖時，其陵寢被開挖，眾人發
現其右手沒有腐爛掉，乃珍藏起來保存到現在。阿爾帕德家族中，
總共有五位被封聖：史蒂芬一世國王　（即伊斯特凡國王 King
István, Stephen）、拉斯洛國王　（Saint Ladislaus I of Hungary，匈
語：Szent László, 1045?～1095; King of Hungary, 1077～1095）、伊
姆雷王子 (Prince St. Imre, 1000?～1031)、伊莉莎白公主 (Elizabeth

圖 19：史蒂芬國王的神聖右手

of Hungary，匈語：Árpád-házi Szent Erzsébet, 1207～1231；安德拉二世 Jeruzsálemi II András 之女）、瑪格麗特公主（Margaret of Hungary，匈語：Árpád-házi Szent Margit, 1242～1271；貝拉四世 Béla IV of Hungary 之女）。

　　史蒂芬國王頗為費力地處理百年大計，將匈牙利的領土區劃為若干州，不依部落的界線，交由皇室貴族統治，並在國境四周構築防衛工事，所有的防衛悉由貴族負責。另一方面，他小心翼翼地避免讓領土形成封邑，封邑在當時的歐洲是普遍的情形。國土只有掌握在國王的手中，而不分封給臣子。甚至於可以說，廣大的土地不是一整塊的領土，而是散佈在整個國家裡面。除了王位之外，沒有任何一個官銜可以世襲。

　　他告誡孩子，單一種族的國家是脆弱的，所以他鼓勵非匈牙利族群的融入。當時匈牙利廣邀外人移民到匈牙利定居的氣魄與政策，乃是建立在兩個基礎上。史蒂芬國王在《誡子書》中描繪了他對於治理國家大事的看法，明確地指出：「陌生人和外國人對我們最有幫助。他們帶來許多不同的價值觀念、風俗習慣、新型武器及新的科技。這些利器內則足以綴飾宮廷，更添光彩，外則足使傲慢不服的異邦人聞之喪膽。因為一個只有單一語言和風俗的國家，力量較薄弱，容易被動搖。」而集結外人定居於國土上的政策還有個外在誘因。根據以往部族的律法，一個領導人所轄土地上，有愈多的人工作，那麼他的力量也愈大。也就是說，維持最大的資產和最多的工人，都是為了國王的利益著想。

　　西方的帝國是他的姻親，他又和拜占庭締結友好條約，以至

於能夠讓匈牙利免於戰火的蹂躪。無疑地，要不是史蒂芬國王成功地將匈牙利轉變成具有經得起時間考驗的行政結構和法典的天主教君主政體，到今天在歐洲可能沒有這麼一個叫做匈牙利的國家。

在他去世前，他下召修訂調整了行政、財稅和國防體系，以及臣民的權利與義務，並編成兩部法典。至十九世紀時，許多法典仍舊沿用著。

史蒂芬國王統治期間，匈牙利堪稱太平。不過因為其獨子伊姆雷 (Imre) 在 1031 年的一次狩獵中意外喪生，再加上懷疑姪子瓦修伊 (Vászoly, c. 975～1038) 從事秘密的異教活動，史蒂芬國王

圖 20：伊斯特凡

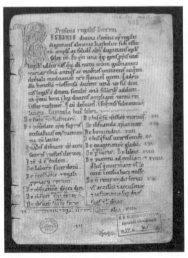

圖 21：史蒂芬國王制頒的法典
（現藏於 National Széchényi
Library）

便選派其外甥歐爾梭羅彼得　（Orseolo Péter, 1010～1046 或 1059
在位 1038～1041）　來繼承王位 (1038～1041, 1044～1046)。瓦修
伊不滿而密謀叛變，涉嫌謀弒史蒂芬國王。不料事蹟敗露，乃遭
處死，他的三個兒子被放逐，可謂命運淒慘。

第五節　動盪後的重建

　　1038 年史蒂芬國王過世後，　匈牙利處於動盪不安長達五十
年。因為王位繼承人彼得的柔弱，很快就被史蒂芬國王的妻弟歐
巴撒母耳 (Aba Sámuel, ?～1044) 推翻。日耳曼皇帝亨利二世則迫
不及待地欲幫助彼得奪回王位，條件是要彼得成為其附屬。於是
奪權傾軋的戰爭把匈牙利弄得天下大亂、民不聊生。瓦修伊被放
逐的三個兒子也都跑回來，要求恢復從前的權利。此時的匈牙利
已經脆弱無比，漸漸無法應付來自東方的強悍部族，如佩欽涅格
人 (Pechenegs)、庫曼人（Cumans 或 Kumans）和烏茲人 (Uzes) 的
騷擾攻擊。

　　庫曼人是來自亞俄西北方的東土耳其游牧民族，他們和吉普
洽克人 (Kipchaks) 融合，　也就是俄羅斯著名的波洛夫茲人
(Polovtsi)。庫曼人在十一世紀征服了南俄和瓦蕾琪亞，斷斷續續
地和拜占庭帝國、匈牙利及基輔公國經過了差不多兩個世紀的戰
爭。之後，他們在黑海沿岸的俄羅斯大草原上建立了游牧型態的
政權，並且活躍於中亞及威尼斯等地進行商貿活動。

　　烽火後重建的任務，落在史蒂芬國王之後拉斯洛一世 (László

圖 22：拉斯洛一世

I, 1077～1095) 的身上。當時教宗和神聖羅馬帝國 (Holy Roman Empire) 之間的紛爭，使得他得以操縱雙方。拉斯洛一世追求強力的外交政策，屢次抵擋來自東方庫曼人的侵擾，把勢力推展到外息爾凡尼亞 (Transylvania) 和克羅埃西亞 (Croatia) 等地，將克羅埃西亞一斯洛伐尼亞王國 (the Crowns of Croatia and Slavonia) 併入版圖，於 1094 年建立了札格列布教區 (Bishopric of Zagreb)。一個世紀後，他被封聖，就是匈牙利史上著名的聖・拉斯洛 (Szent László)。

拉斯洛一世是國王貝拉一世的次子，出生於波蘭，身世坎坷。貝拉一世的父親瓦修伊曾參與密謀推翻史蒂芬國王，政變失敗而遭致挖眼、灌鉛、諸子被流放的重懲。貝拉一世因祖母是波蘭王室貴族，乃避居波蘭。拉斯洛一世的名字是根據斯拉夫傳統而取的。

1043 年，貝拉一世回到匈牙利，哥哥安德拉一世 (András I, c. 1013～1060) 賜頒匈牙利三分之一的封祿給他。兄弟聯手共拒日耳曼人的入侵，合作維持匈牙利的獨立。1053 年安德拉一世生了一個兒子所羅門 (Salamon, 1053～1087; King of Hungary, 1063～1074)。安德拉一世起了私心，於 1057 年冊立兒子為幼君

(rexiunior)，不顧早先承諾由弟弟貝拉一世繼承王位的協議。在加
冕典禮之後，貝拉一世帶著妻小離開了宮廷，奔亡波蘭。據說，
兩年後安德拉一世曾把貝拉一世找回來，將代表王室和公爵權位
的王冠和劍，擺在他面前，要他做個選擇。由於朝廷官員預先警
告，選擇王冠將意味著死亡，因而他選擇了劍。

　　安德拉一世在輸給弟弟貝拉一世兩場戰役之後死了。貝拉一
世就在 1060 年 12 月 6 日加冕即王位，1063 年去世。之後拉斯洛
三兄弟同意接受所羅門的統治，條件是得以繼承其父之領地。但
是為所羅門所拒，並迫使他們離開匈牙利，轉往波蘭。後來他們
得到表兄弟波蘭王博爾斯二世 (Boleszláv II, c. 1041～c. 1081) 之
助得以回國。

　　為了免於內戰，他們接受主教的調停，協議拉斯洛一世的兄
弟們接受所羅門的統治，並且得到他們父親的領地，也就是匈牙
利三分之一的土地。

　　在往後的幾年裡，拉斯洛兄弟們與所羅門國王還蠻合作的。
1068 年，當佩欽涅格人侵占了外息爾凡尼亞的領土，他們一同驅
逐了佩欽涅格人。卻在 1071 年時，拉斯洛一世的哥哥蓋沙一世
(Géza I, c. 1044～1077; King of Hungary, 1074～1077) 拒絕交出占
領貝爾格勒 (Belgrade) 後所羅門國王分賞的拜占庭寶藏，因此三
兄弟與國王之間的關係就漸漸惡化了。次年，當所羅門國王要再
度興兵對付貝爾格勒的時候，只有蓋沙一世追隨他。至於拉斯洛
一世和蘭伯特 (Lampert, c. 1040～c. 1095) 則擔心所羅門的黨羽乘
虛攻占他們的領地。

　　1073 年，當所羅門國王派遣特使求助於日耳曼國王亨利四世 (King Henry IV of Germany, 1050～1106) 時，拉斯洛一世兄弟們亦尋求波蘭和捷克戚貴的援助。拉斯洛一世前往莫拉維亞，及時帶回妹夫奧圖一世 (Otto I, 1045～1087; Duke of Olomouc, 1061～1087) 的援軍，解救了哥哥蓋沙一世的部隊。1074 年 3 月擊潰所羅門國王，最後三兄弟贏得了決定性的勝利，所羅門西逃。蓋沙一世被擁立為王，批准他的兄弟拉斯洛一世和蘭伯特擁有自己的公國。

　　1077 年，蓋沙一世去世之後，拉斯洛一世繼位。有意思的是，傳說他加冕時頭戴的王冠還是向拜占庭皇帝邁可七世 (Michael VII Doukas, 1050～1090; Emperor of the Byzantine Empire, 1071～1078) 借的，因為那頂傳統的王冠還在所羅門國王手上。

　　若干年後，所羅門想藉助日耳曼國王亨利四世之力，迫使蓋沙一世、拉斯洛一世、蘭伯特等諸位堂兄弟接受他的統治，強化自己的王權。但是還是破局，所羅門僅能維持在匈牙利西部一部分的權力。最後，匈牙利的王權落在拉斯洛一世的手上，所羅門不得不流亡在外度過殘生。

　　拉斯洛一世原先想傳位給二姪兒阿爾莫斯 (Álmos, c. 1074～c. 1129)，而讓大姪子卡爾曼 (Könyves Kálmán, c. 1070～1116) 擔任主教。所以，卡爾曼依據教會的傳統接受教育，因此飽學而贏得「愛書人」的美譽。

　　根據歷史記載，卡爾曼不想過著教會生活，就在 1095 年拉斯

洛一世任命阿爾莫斯繼承克羅埃西亞王位時，跑到波蘭尋求奧援。等到拉斯洛一世身故之後，他在波蘭軍隊相隨之下回來了，申告自己的權利。他和弟弟阿爾莫斯達成協議，阿爾莫斯承認他的統治，並給予王國三分之一的封祿。卡爾曼在 1095 年加冕即王位。

　　卡爾曼即位不久，即面對處理十字軍通過匈牙利造成的問題。雖然 1096 年 5 月由 「貧窮的沃爾特」 (Walter Sans Avoir, ?～1096) 率領的軍隊平順地通過，但是爾後的隊伍卻常有掠奪肆虐城鎮村落的情事發生。當年 9 月 20 日，卡爾曼款待了戈弗雷五世 (Godfrey V of Lower Lorraine, c. 1060～1139)，與之達成協議：卡爾曼得以留置人質，其中包括戈弗雷的弟弟鮑德溫一世 (Baldwin I of Jerusalem, c. 1058～1118)，並派軍監督過境，穩定地約束了十字軍的逾越。

　　卡爾曼娶了西西里王羅傑 (Roger of Sicily, 1095～1154) 的女兒，並把姪女（拉斯洛一世的女兒）嫁給拜占庭繼承人，如此更鞏固了國土兩邊的盟友關係。他令人懷念的主要成就是，恢復過去四十餘年來在內戰中連遭破壞了的和平與秩序，並且大量立法，包括禁止巫術迫害。並且因為和西西里的諾曼‧布魯希拉 (the Norman Brusilla of Sicily) 成婚，而為匈牙利取得了亞得里亞海的達爾馬提亞 (Dalmatia) 海岸線，睿智地允許沿岸地區的貿易城市保有其自治的地位。

　　在過去的四十餘年中，匈牙利不只歷經了六位國王，他們之間的關係有的是兄弟、有的是堂兄弟、有的是叔姪，彼此之間為了王位爭戰不已，最後還激起了一場流血的反基督教暴動。在當

時，神聖羅馬帝國掌握內部鬥爭的優勢，設法建立對匈牙利的宗
主權，但是失敗了。

　這個混亂時期肇因於匈牙利的王位繼承人，也是史蒂芬國王
的獨子伊姆雷王子太早過世的緣故。如果伊姆雷王子還活著的話，
這些動亂或許就能避免。因為他接受一位很有學問的威尼斯神
父——也就是後來殉教的聖蓋勒特 (Szent Gellért)——的細心調
教，準備將來繼承王位。

　在十二世紀，特別是貝拉三世 (Béla III, c. 1148～1196; King
of Hungary and Croatia, 1172～1196) 的時代，匈牙利的君權相當
發達，政治井然有序。貝拉三世二十歲以前被送到拜占庭皇帝曼
努埃爾一世 (Manuel I Komnenos, 1118～1180) 的宮中接受教育。
曼努埃爾一世做這樣的安排，是有其道理的。原來他是希望確保
拜占庭帝位繼承以及鞏固與匈牙利王國之間的聯盟關係，因此把
有血緣關係的貝拉三世接過來。曼努埃爾一世的母親艾琳皇后
（Saint Irene of Hungary，匈語：Szent Piroska, 1088～1134）是匈
牙利聖拉斯洛國王 (Saint Ladislaus I of Hungary) 的女兒。

　貝拉三世在位時期，是匈牙利歷史上的黃金時期，他完全地
改造了匈牙利政府，並且和拜占庭的行政制度相配合。尤其是他
擴大了首相的權責，在國王的授權之下簽署文件及發佈文告。他
的總收入收錄在當今巴黎的國家檔案館中，可能是在他與法王路
易七世的女兒瑪格麗特 (Margaret of France, 1157～1197) 成親時
被蒐錄的。根據史料記載，他的總收入可能和當時的法王或者英
王的財富相當，甚至還要多。

　　貝拉三世當政之下，匈牙利和西方歐洲人──特別是法國人──密切地往來。當時的匈牙利是相當富有的，一方面由於它掌握了中世紀歐洲相當高比例的金、銀、銅。金銀貨幣的引進，和礦業的自由開採權等因素，促進了匈牙利的貿易能力。匈牙利和外息爾凡尼亞的礦區，每年平均可生產三千磅的黃金，匈牙利因而成為歐洲最大的產金國，也成了歐洲最富庶的國家之一。它的繁榮富足吸引了許多藝術家、學者和一些新移民。因此，雖然經過可怕的黑死病，匈牙利的人口還是有增無減。大部分的拓荒者都是來自東南歐地區，例如羅馬尼亞人 (Rumanians) 和瓦蕾琪亞人 (Wallachians)。當初與拜占庭的關係緊張，主要是因為經常在達爾馬提亞戰爭的關係。

　　十一至十二世紀末，匈牙利國勢強盛，疆域持續擴張，除了外息爾凡尼亞以外，更包括巴爾幹西北部的克羅埃西亞、達爾馬提亞、波西尼亞、塞爾維亞、巴爾幹東北部的瓦蕾琪亞 (Wallachia) 和波蘭南部的加里西亞 (Galicia) 等地。十三世紀初，匈牙利王國已是歐洲的大國之一，許多住在西歐的人也紛紛湧入，在肥沃的大平原上落戶。有一些被廣稱為撒克遜 (Saxons) 的日耳曼人，尤其喜歡外息爾凡尼亞地區。他們被認為是自由民，權益地位受到法律的保障。

　　在上述領域中，外息爾凡尼亞面積較大，後來成為匈牙利與羅馬尼亞兩國互相爭奪的焦點。羅馬尼亞認為該地是古代羅馬帝國所屬戴西亞 (Dacia) 省的一部分，所以應是羅馬尼亞的領域。而匈牙利則認為該地自 1003 年以來已為其佔有，且曾派遣人民前往

開墾，其中除了馬札爾人以外，還包括匈牙利王室邀集前去的塞克勒人 (Szeklers) 和撒克遜人，羅馬尼亞進入該區為時較晚，所以該區應屬匈牙利的領域。第一次大戰以後，巴黎和會將外息爾凡尼亞劃歸羅馬尼亞，1940 年希特勒將其劃歸匈牙利，第二次大戰以後又劃歸羅馬尼亞所有，如此反覆割讓，爭執不休。

貝拉三世的執政態度強硬堅決卻又不專制，把國家整治得完善有體制，財經也井然有序。不但對內牽制了各貴族和巨頭，外交政策也有聲有色。此時，匈牙利的國徽上添加了拜占庭的十字圖案，不過貝拉三世也同時放鬆對天主教區的控制。在婚姻外交策略上，首先娶了查特隆的安妮 (Anne de Châtillon, 1154～c. 1184)，她的姊姊是拜占庭帝國的皇后。第二任妻子瑪格麗特·卡沛特 (Capet Margit, 1157～1197) 則為英格蘭幼王亨利 (Henry the Young King, 1155～1183) 的未亡人。

但是，不過幾年的功夫，貝拉三世的繼承人便把匈牙利帶到滅亡邊緣。安德拉二世 (András II, c. 1176～1235; King of Hungary 1205～1235) 在位的時候，過著荒逸放蕩的生活，他把王室的房產轉贈給他的武士和一般權貴，增加賦稅，並把土地的特權高價轉租出去。社會上充滿著徇私不公，而其他沒有獲利的人、不滿的貴族、以及許多在軍中或教堂服事的百姓，便相繼起來反叛。1222 年，安德拉二世被迫頒定《金璽詔書》(*Golden Bull*)。這個憲章中規範貴族侯爵 (Magnates) 的權力，並制訂貴族階級和國王之間的關係。歷史學家將其媲美於 1215 年英國的 《大憲章》(*Magna Carta*)。這一道敕令讓侯爵們有權抵制君王不合法的行

為,有權推翻一個他們認定的「暴君」;而對於一個「履約」的國王來說,他有權召開國會 (national assemblies)。同時也規定,對於國土疆界以外的戰爭,參戰不再是必須的,出征的軍費概由王室負責。

《金璽詔書》對於後代的確有一些影響,奠定了議會的雛形,所有匈牙利的國王都必須依此宣誓。

1235 年,安德拉二世死後,貝拉四世 (Béla IV, 1206～1270; King of Hungary, 1235～1270) 即位。他勵精圖治,頗有祖父貝拉三世之風,是匈牙利最有名的君王之一。1213 年,年幼的貝拉四世目睹母親死於一場謀殺行動之中,一群貴族因為嫉妒母舅戚貴在宮廷的權勢益重,乃共謀趁機將之除去。由於父王僅處決首謀者,免除其餘人的死罪,因此埋下日後貝拉四世對父親不滿的主因。

他登基之後,揭發繼母和攝政大臣之間的不軌,並將之拘捕審判。他嚴定官箴,燒掉攝政大臣的座椅,要群臣晉見時只能佇立在面前,他的目的就是要壓抑群臣貴族的驕氣,恢復被削弱的王權。

第六節　蒙古人入侵

1235 年,國王貝拉四世登基,道明會四位修士出發東行。其中一位修士朱利安 (Julianus Barát) 勤於學習語言和閱讀古籍,通曉希臘語、阿拉伯語、日耳曼語等。他深信在遙遠的東方有一個

叫作「大匈牙利」(Magna Hungaria) 的地方，住著馬札爾的先民。傳說中部落的族長帶領族人西遷喀爾巴阡盆地的時候，剩下的一小支還留居原處。朱利安的信念，讓他想親自走一遭直探究竟。他的探險似乎是一項「不可能的任務」，因為只知道朝著遙遠東方前行，至於確實地點在何處則別無所知。

那的確是趟令人難以置信的旅程，歷時近兩年，跨越數千公里。他們刻意蓄髮留鬍喬裝成當地人，但是終究被識破，一行接二連三遭到拘捕折磨，唯獨朱利安倖存。儘管如此，朱利安仍堅持下去，終於到達了烏拉山和伏爾加河西岸之間，一個叫作巴什基利亞（Baskiria，今日俄羅斯境內巴什科爾托斯坦共和國 Bashkortostan）的地方。那裡有數十萬的匈牙利同胞，他們熱情歡迎朱利安，雖然距離先祖西遷分離 300～400 年之久，但是彼此說著熟悉的語言，朱利安的喜悅真是難以形容。1236 年 6 月 21 日，朱利安啟程回匈牙利，於當年的聖誕節返抵匈牙利當時的王都埃斯泰爾宮 (Esztergom)。

受到國王貝拉四世的激賞，朱利安修士次年再度展開旅程，同行的還有幾位修士。但是這趟行程的確成了不可能的任務。因為他們發現通往「大匈牙利」的道路已被蒙古大軍阻斷，而原來的那群部族已被攻破驅散了，貝拉四世原想帶領他們到喀爾巴阡盆地的願望也就落空了。這個悲劇其實是匈牙利之後遭受大災難的前奏。

朱利安見識到了蒙古軍西征的殘酷，立刻火速兼程趕回埃斯泰爾宮，報訊示警加以防範，他意識到「黃禍」的到來只是時間

的早晚而已。1241 年春天蒙古鐵騎第二次西征終於踏破匈牙利，有四十餘座修道院被夷平。史學家常稱蒙古人為「韃靼人」，始因於蒙古人的攻擊都是以韃靼部族為先鋒。因此，馬札爾人稱蒙古入侵為 “tatárjárás”，這個語彙迄今仍為匈牙利人所沿用。

　　1240 年，在拔都（Batu, 1208～1255；在位 1225～1255）統領蒙古大軍入侵的前夕，傳言似乎到處充滿了不祥之兆。畸形的新生兒數量增多、野狼成群出沒村莊的現象前所少見。最終的徵兆發生在酷夏，正午太陽從天空中消失，日全蝕發生了，頓時天昏地暗彷彿夜幕突然降臨，馬札爾人嚇壞了。此外還有，夏末夜晚的天空突然亮起拖著長尾的彗星，璀璨條紋狀的尾巴像極了伸向東方的五指。整個現象似乎像一把黃色大刀高懸在喀爾巴阡山脈頂上。在那個可怕的夜晚，驚駭的人們倉皇逃出家園。許多人認為末日在即。

　　很快地這個世界末日真的來了，黃禍吞噬了這個不幸的國家，不只一天而是整整一年。

　　1240～1241 年的冬天，很明顯的，敵人能夠攻擊的時間只有短短數月。國王貝拉四世也沒有閒著。他急向四方宣告，蒙古人要征服的不僅是匈牙利，還有歐洲，而整個歐洲的命運關鍵就在匈牙利。他迫切地向教宗、神聖羅馬帝國皇帝和鄰國的君主們求援，然而他的警告被置若罔聞。

　　如果不將國王拉斯洛抵禦庫曼人 (Cumanians, Kuns) 和佩欽涅格人 (Pechenegs) 的戰爭計在內的話，這是匈牙利史上對抗來自東方攻擊行動中，第一次發揮捍衛基督教世界的作用。

　　出其不意的援助突然來到，不是來自西方基督教世界，而是
1239 年從東方為了逃離蒙古大軍入侵而依附過來的四萬名庫曼
人馬。他們的王庫森（Khan Köten，匈語：Kötöny, c. 1155～
1244；在位 1223～1241）提供軍隊，協助國王貝拉四世抵擋蒙古
大軍的攻擊。貝拉四世允許庫曼人定居於多瑙河和提索河 (Tisza)
之間的平原上作為回報。不過卻引發了一些意想不到的難處。對
匈牙利人來說，庫曼人是異族且常滋生事端，因此對他們的同情
心很快地就被消磨掉了。

　　眾人對庫曼人的惱怒怨懟日益加深，睿智的貝拉四世於是把
庫森王和他的家人帶進王宮予以保護。貝拉四世畢竟不想疏離了
這個盟友。然而，匈牙利人懷疑庫曼人其實是蒙古人送來製造混
亂的間諜。輿論轉向反對國王貝拉四世，而國王發現他在最需要
團結的時候卻被孤立了。

　　國家於此危機之際，貝拉四世遵循古老的習俗，歃血舉劍號
召貴族武裝起來。但是並沒有帶來預期的效果，直到蒙古鐵騎輕
越喀爾巴阡山脈以及托馬親王 (Tomaj Dénes, 1235～1241) 命喪
遭遇戰的消息傳來，大家才猛然驚覺大事不妙。

　　起初他們以為，喀爾巴阡山脈的隘口堅不可摧，尤其是他們
用巨石和樹木建構了堅強的防禦工事。哪料到拔都大軍徵召了四
萬名斯拉夫樵夫組成先遣部隊，日以繼夜地清除那些堅不可摧的
險障。就在短短幾天之內，拔都的主力部隊快速越過了威瑞克隘
口 (Verecke Pass)，而其他部隊則通過外息爾凡尼亞隘口
(Transylvanian Passes)，蒙古大軍如潮水般湧入匈牙利大平原

(Alföld)，所經之處烽火連天。就在 1241 年 3 月底的時候，蒙古鐵騎抵達佩斯。

就在最關鍵的時刻，匈牙利部隊俘虜了一名蒙古軍人，他原先是庫曼人。匈牙利人不瞭解他是被迫加入蒙古軍隊的，反而藉此將認定庫曼人來是替蒙古人滲透的懷疑合理化。因此在激怒之下，他們刺殺了庫森王和他的隨從。

那些庫曼人也憤恨他們的王被謀害而逃離，大部分的人往南遷，有些則投靠蒙古軍，留下報復的仇恨。由於庫曼人的離去，貝拉四世原先匈－庫聯合對抗蒙古軍的希望落空了。

在這樣的情況下，關鍵時刻迅速來臨，貝拉四世的軍隊約有六萬五千人。從軍事的角度而言，這場兩軍對決是值得觀察的。如果匈牙利軍隊仍然沿用阿爾帕德時代裝備和戰術的情況下，蒙古人進擊得逞的機會到底有多大，結果是值得懷疑的。然而，現在貝拉四世的軍隊是經過完全西化，穿著厚重的鎧甲，不再像從前那樣靈活。

1241 年 4 月初，貝拉四世揮軍對抗入侵的蒙軍。拔都驚訝匈牙利軍隊數量之多，乃先行撤退，然後調集兵力，擇一有利的戰鬥地點。他發現一處為提索河環繞的丘陵地，乃隱藏於山上。成千上萬的匈牙利馬騎來到此處紮營，群聚在一個擁擠的空間裡，重裝備使得行動極受約束。馬車排列成環狀如柵欄般，讓他們無法迅速展開戰鬥隊形。

拔都居高俯視，說道：「我們必勝，匈牙利人簡直就像籠中鳥一樣！」於是他決定打頭陣，進行奇襲。

　　次日日出之前，就在匈牙利人還在睡眼惺忪之際，蒙古大軍
對準帳篷齊發箭雨。在極度慌亂之中，匈軍無法擺出陣仗應敵，
未幾匈軍幾乎盡被殲滅，此即著名的莫希之役 (Battle of Mohi)，
也稱作提索河之役。這中間有段英勇犧牲的故事：有個隨從侍衛
假冒國王，讓貝拉四世得以逃出，歷經三晝夜而安返。這個義舉
不單是救了國王的性命，也讓匈牙利得以長存。

　　在國王貝拉四世逃亡的同時，倖存的匈牙利人也逃散在沼澤
和叢林裡等待解救。蒙古人隨即施計，用擄獲來的國王印信，詔
告全國徵收莊稼作物。數以萬計的人信以為真投入採收，待收割
完後就慘遭屠殺。

　　1241～1242 年的嚴冬，絕望的匈牙利人試圖敲破冰封的多瑙
河以阻絕蒙古人的推進，但是冰層太厚而無功。蒙古大軍越河之
後，外多瑙河地區 (Transdanubia) 慘遭同樣的命運。但是僅有少
數地方如位於山丘上的帕農哈爾瑪 (Pannonhalma) 修道院和塞克
什白堡 (Székesfehérvár)，成功抵擋住蒙軍的襲擊而倖存下來。其
他地區都慘遭蹂躪，有三分之一的人口被殺。

　　此時的貝拉四世流亡到奧地利公爵腓特烈二世 (Frederick II,
1211～1246; Duke of Austria, 1230～1246) 之處尋求援助，豈料他
的昔日摯友竟然乘機勒索。迫於無奈，貝拉四世被迫交出珍藏的
寶藏。雪上加霜的是，腓特烈二世又奪走匈牙利邊境的莫雄
(Moson)，肖普朗 (Sopron) 和沃什瓦爾 (Vasvár) 三個城市。腓特烈
二世因背信棄義而付出巨大代價，終在 1246 年萊塔河之役
(Battle of the Leitha River) 被殺。

1242 年，蒙古人快速退兵而去。因為最高統治者窩闊臺
（Ogodei Khan, 1186～1241；在位 1229～1241）去世，大將拔都
得兼程趕回遙遠的東方，處理王位繼承問題。蒙古人雖離去，但
再也沒有人敢掉以輕心。貝拉四世返回後，即加強邊區如外息爾
凡尼亞等地之防禦，並請日耳曼人——當時稱為撒克遜人——屯
戍邊區，著手興建石塊碉堡防禦工事，以備不時之需。匈牙利虎
口餘生後，重建得相當快速。貝拉四世因而有「第二故鄉締造者」
(second home founder) 之譽。

第七節　王朝的結束

在十三世紀後半期的時候，侯爵們具有強大的權力足以決定
王位。貝拉四世的長子伊斯特凡五世 (V. István, 1239～1272)，自
幼即被封為外息爾凡尼亞公爵，於 1259 年被封為史泰利亞
(Styria) 公爵。1260 年，史泰利亞被波希米亞王奧圖加二世
(Ottocar II, c. 1230～1278) 佔有之後，伊斯特凡五世回到外息爾凡
尼亞，和庫曼公主結婚。1268 年伊斯特凡五世入侵保加利亞，獲
取了保加利亞國王的頭銜。他利用子女和那不勒斯 (Naples)、拜
占庭及其他政權的聯姻，以鞏固和他們的聯盟。1270 年，他正式
登基為匈牙利王，不久於 1272 年過世。經過了一段擾亂紛爭的攝
政時期，幼子拉斯洛四世 （IV. (Kun) László, 1262～1290；在位
1272～1290）登上王位。

拉斯洛四世娶了那不勒斯和西西里國王的女兒伊莎貝拉

(Elisabeth, 1261～1303) 之後，因為對母親的庫曼文化產生非常強烈的興趣，他威脅要將匈牙利的主教斬首，又將他的那不勒斯妻子囚禁起來，找來一群年輕庫曼族女子作為情婦。此外，他採用了許多蒙古人和庫曼人的風俗習慣，自己還換上庫曼的服飾，因而得到「庫曼人」的綽號。由於對庫曼的癡迷，使得他極度不獲民心。最後，他被一名曾經受惠的庫曼人刺殺，這宗謀殺案可能是由一群被激怒的權要們所策劃。

拉斯洛四世死後沒留下任何子嗣，他的姊姊——那不勒斯的皇后——將自己的兒子安德拉三世 (III. Velencei András, c. 1265～1301) 擁上王位。安德拉三世生長在母親的家鄉威尼斯，當他繼承王位時，這個國家已經差不多被劃分成十幾份了。雖然不曾擁有世襲的名號或者是封建體制的采邑，他們每一個都控制了大片自己喜歡的土地，而且還享有國家的資源與名氣。

由於安德拉三世的早逝，他還來不及解除諸侯們的權力。但是，在他短暫執政期間，建立了憲政體制所需的基礎。接受在波隆納 (Bologna) 的教士們，特別是埃斯泰爾宮的拉多美樞機主教（Archbishop Ladomér of Esztergom, ?～1298；大主教 1279～1298）的訓練，以因應諸侯們日漸增長的權勢。

在新的約規之中，有三項是徹底地改變了國家統治的方式。第一，每一位國王登基的正當性在於其獲得議會的允許加冕；其次，在加冕典禮上國王必須宣誓，保障領土的完整與自由；第三，也是最重要的，爾後經由議會通過的法律賦予編號，而君主只不過贊同罷了，真正具有影響力的還是在議會本身。

在安德拉三世統治時期，議會行使其新的權力通過了一些法律，例如，規定君主要得到議會的批准始得在元老院召開會議，同時也需要這些元老們提交他們的年度職責和開支給議會審查。這些法律一絲不苟地被遵行，建立起議會政體的原則。

這些改革達到了自 1267 年以來的高潮，當時在埃斯泰爾宮 (Esztergom) 裡，他們倡議減少貴族議員數至十名。侯爵們由於缺乏王室的約束，已經習於享有相當大的自由。由西元 1301 年阿爾帕德王朝終了起，至 1526 年以後受哈布斯堡王朝統治為止的三百年間，匈牙利王位改世襲為選舉，侯爵們為選舉人，入選者多為外國皇室。

1312 年，查理一世藉助於憤怒的貴族們，向驕縱的大貴族們開刀，顯示誰才是真正的領導人。他開始集權中央，從主教們當中挑選人才，形成了一批新的階級，這些人因為都是他親手挑選出來的，都對王室忠心耿耿。1323 年之後，匈牙利沒有再召開過議會，因此貴族們便得以全心為地方的建設及行政而努力。

第三章 | *Chapter 3*

中世紀的匈牙利和土耳其的入侵

第一節　王位的爭奪

　　阿爾帕德王朝最後一任國王安德拉三世死後，由於中央缺少一位權威人物，匈牙利的大權便移轉到侯爵貴族的身上。他們有權利和義務負責尋找、調查，並選出一位他們認為最適合接管執政大權的人。在當時的歐洲社會，這種選舉性質的政治系統還是首見。這種君主的選擇標準包括了：他要和阿爾帕德家族有血源關係，有貴族的頭銜，而且要有相當的能力可以勝任。

　　這些候選人本身也發揮一些力量，透過他們的朋友、財富，或是服從權貴要求的意願等，來影響權貴們的決定。

　　由權貴們從各個候選人中，來考驗甄選王位繼承人，為時七年。波希米亞的溫契斯勒三世 (Wenceslas III, 1289～1306) 當了四

年的匈牙利國王 (1301～1305)，由於無法維護自己在匈牙利的權威，而讓與巴伐利亞的奧圖三世 (Otto III)。奧圖三世當了三年的國王 (1305～1307)。最後，安茹王朝 (Anjou Dynasty) 的查理一世 (I. Károly, 1288～1342) 獲得教宗的幫助，成功地保有匈牙利的王冠，並開創了新王朝 (1307～1342)。他和兒子路易大帝 （Nagy Lajos, 1326～1382；在位 1342～1382）都是英明睿智的君主，父子統治的八十年，是為匈牙利國勢的全盛時代，國土擴及達爾馬提亞，巴爾幹半島和波蘭。

查理一世以封建制度的基礎，利用其個人貴族階層的身分，向中產階級課稅，組織了軍隊。他將金、銀礦場收歸國有，於 1338 年將黃金作為通用貨幣。他獎勵城市的貿易活動，促進工商繁榮。查理一世要其次子娶那不勒斯王國的公主瓊安娜一世 (Joanna I, 1343～1381)，而自己也娶了第二位王妃──波蘭王拉吉斯勞斯一世 (Władysław I Łokietek, c. 1260～1333) 的女兒伊莉莎白 (Elźbieta Łokietkówna, 1305～1380)。1339 年，他成功地讓其兒子路易一世繼承了波蘭卡西米爾大帝 （Kazimierz III Wielki, 1310～1370；在位 1333～1370）之王位。

路易大帝先後繼承其父親查理一世在匈牙利和叔父卡西米爾大帝在波蘭的王位。他延續父親的政策，支持城市的貿易活動以及教會。1351 年，他再度確定從前安德拉二世時代頒定的《金璽詔書》之效力，但是他運用貴族財產繼承的制度，以確保維持軍人階級的富庶，並且規定農奴階級須將農作物收成的九分之一繳交給其領主。他幾乎不會對議會施壓以便通過其資金，所以，議

會很少召開會議。

　　1345 年，在弟媳瓊安娜一世的授意之下，弟弟安德拉被謀殺，激怒了路易一世的復仇之火。因而破壞了匈牙利與安茹王朝西邊的聯盟關係，路易一世兩次攻入那不勒斯 (1357～1358, 1378～1381)，每次都讓瓊安娜一世給逃脫了，但是卻讓他獲得了達爾馬提亞和拉古薩 (Ragusa)。

　　直到 1352 年，瓊安娜一世才與匈牙利修好。瓊安娜一世的兩次婚姻裡都無子嗣，因此她收養了杜拉佐的查理 (Charles of Durazzo, 1345～1386)——也就是後來的那不勒斯國王查理三世 (1381～1386)、匈牙利國王查理二世 (1385～1386)。1380 年，教皇烏爾邦六世 (Urban VI, c. 1318～1389) 因為瓊安娜一世支持了一位僭位的羅馬教皇克萊蒙四世 (Clement IV, 1190/1200～1268; 1265～1268)，乃徵召查理去罷黜她的王位。瓊安娜一世遂聲明與查理斷絕關係，其王位改由安茹家族的路易 (Louis of Anjou, 1370～1384) 繼承。1381 年，查理征服了那不勒斯，拘禁瓊安娜一世，因而獲得教皇的賞賜，統領了那不勒斯，成為那不勒斯國王。後來，瓊安娜一世被查理下令處死。

第二節　土耳其人崛起

　　在 1370 年路易一世繼承王位之初，根據早期的和約，北方的波蘭也歸於匈牙利。1354 年，由於路易一世贏得了對韃靼人和立陶宛人的戰役，使得他成為波蘭家喻戶曉的英雄。路易一世對於

波蘭投注的精力與控制力甚少，當時他的注意力完全集中在巴爾幹半島上，塞爾維亞、瓦蕾琪亞、摩達維亞和保加利亞的統治者都臣服於匈牙利。但是，在他繼承王位之後，還不能阻止這些地區裡發生的反抗。巴爾幹半島上已產生許多影響深遠的變化，正逐漸威脅到匈牙利的統治地位。不過最令人引以為憂的還是日趨壯大的土耳其帝國。到了 1350 年代，土耳其帝國已發展到達歐洲，逐步和多瑙河下游沿岸的巴爾幹國家建立起軍事和外交的關係。

1377 年，路易一世擊敗土耳其蘇丹穆拉德 (Sultan Birinci Murad, 1359～1389)。由於路易一世的文治武功鼎盛，此時匈牙利的國勢正處於巔峰狀態。路易一世的法國背景和受了義大利文藝復興的影響，吸收培養了藝術和文學。在這場戰爭的同時，哈布斯堡 (Habsburg) 帝國也正在匈牙利的西側，企圖尋找歐洲的新土地，以擴充版圖。

路易一世之后為波蘭名王卡西米爾大帝的公主，卡西米爾死而無子嗣繼承王位，路易一世乃兼任波蘭國王 (1370～1382)。路易一世於 1382 年過世，為王室帶來一個重大的危機。路易一世亦無子嗣，僅有兩女，其在世時原先預定讓長女瑪莉亞 (Maria) 繼位，而且已經答應將女兒及王冠託付給盧森堡王朝的吉格蒙 (Sigismund of Luxemburg, 1387～1437)，也就是日後的神聖羅馬帝國的皇帝。可是波蘭人不做如是想，他們只願意讓年幼的雅德維格 (Jadwiga Andegaweńska, c. 1374～1399) 來當他們的女王 (Hedvig lengyel Királynö, c. 1374～1399)。而一般貴族階級又比較

圖 23：神聖羅馬帝國皇帝吉格蒙
（現藏於維也納藝術博物館）

喜歡拿坡里的安茹家族。

　　路易一世死後，其女瑪莉亞 (Mária, 1371～1385) 加冕為女王 (1382～1385)，王國因而混亂了一陣子。由於少數波蘭朝臣和人民反對吉格蒙夫婦聯合統治，於是起而反抗。1385 年瑪莉亞遭罷黜之後，查理二世繼而為王。對於查理二世來說，好景不常，他在位時間很短，次年就死了。瑪莉亞隨即復位，亦早逝，吉格蒙繼續統治至 1437 年逝世為止。是時，土耳其帝國正在巴爾幹向西擴張，1389 年蘇丹穆拉德一世 (Sultan Murad I, 1316～1389) 擊敗塞爾維亞和波西尼亞、蒙特內哥羅、保加利亞等國的聯軍於科索夫 (Kosovo)，從此這些地方就由土耳其一直統治到 1913 年為止。科索夫一地在九世紀的時候，即有大量的斯拉夫人移居於此；到了九世紀，讓給了保加利亞；十二世紀的時候，又讓給了塞爾維

亞。在密羅西歐畢立克 (Milosh Obilich) 戰役之前，一名塞爾維亞人冒充逃兵，被遞解到穆拉德一世的帳棚內，他乃趁機將穆拉德一世刺殺。當然，那名塞爾維亞人也犧牲了。科索夫一役，塞爾維亞和保加利亞的政權被擊潰，迅即淪入土耳其人的統治。

1395 年，鄂圖曼土耳其入侵匈牙利，國王吉格蒙乃率領一支歐洲十字軍南下與之對抗。但是，次年匈牙利人被土耳其蘇丹貝亞席一世 (Sultan Beyazid I, 1347～1403) 擊敗於保加利亞北方的大城尼科波 (Nicopol)。土耳其的勝利，排除了其進取基督教歐洲世界的障礙。然而，當 1402 年提姆擊敗貝亞席一世時，歐洲因此得以暫時喘息。不過，匈牙利原在巴爾幹各地之藩屬（波西尼亞、瓦蕾琪亞、摩達維亞等）均終止對匈之臣服關係。1403 年，吉格蒙敉平匈牙利境內擁護查理二世之子那不勒斯王蘭斯洛特（Nápolyi László, 1377～1414；在位 1386～1414）的一股勢力。

1411 年，吉格蒙當選為神聖羅馬帝國皇帝，並於 1419 年起兼任波希米亞國王，此為盧森堡王朝的全盛時期。到了 1417 年，土耳其人到達瓦拉赫亞。二十年之後，也就是在吉格蒙統治的末期，土耳其人成功地連續襲擊匈牙利。吉格蒙對於歐洲的事務非常積極，可是他的統治時期很受人爭議，他長期不在匈牙利國內，疏忽了內政問題，把國家大任交託給幾個可信賴的代理人，這種情形時常招致民怨。在逐增的不滿聲中，議會負擔了更多治理國家的責任。這時，貴族和巨頭也被要求提供傭兵。

波希米亞的胡斯派 (Hussite) 叛變蔓延到匈牙利境內時，吉格蒙將之擊潰，其殘忍強硬的手段嚇阻了許多人。在經濟方面雖然

很蓬勃而多產，但是佃農的生活卻沒什麼改善，這種情形恰好給胡斯派一個絕佳的機會來散佈叛變的思想。到了西元 1437 年，終於引起了農夫們的叛變。最後在撒克遜人和匈牙利貴族的合力之下，才把叛亂平定。

因吉格蒙亦無子嗣，王位乃由其女婿哈布斯堡家族的亞伯特二世 (Albrecht II, 1397～1439) 公爵繼承 (1437～1439)。他領導對抗波希米亞胡斯的宗教改革運動，但是失利，最後他死於一場對抗土耳其人的慘烈戰役之中。

亞伯特死時遺孀伊莉莎白已懷孕，但匈牙利議會為免王位虛懸，改選由波蘭國王拉吉斯勞斯三世 (Władysław III, 1424～1444) 繼任，稱作烏拉斯洛一世 (I. Ulászló, 1440～1444)。烏拉斯洛一世領導過兩次十字軍對抗土耳其人：1443 年，第一回的戰事打得很好 ； 但在 1444 年， 第二次卻被土耳其蘇丹穆拉德二世 (Sultan Murad II, 1403～1451) 打敗了， 死於保加利亞東邊濱海的瓦爾納 (Varna)。瓦爾納戰役是基督教世界將土耳其勢力排除於歐洲之外的最後一場重要戰爭。

第三節　匈牙利英雄胡涅迪雅諾斯

1444 年，匈人再推選亞伯特之遺腹子（拉斯洛，Utószülött László, 1440～1457）為匈王，是為拉斯洛五世 (V. László, 1444～1457)。經過一段混亂時期，因為拉斯洛五世年幼，所以由其表兄神聖羅馬帝國皇帝腓特烈三世 (Frederick III, 1452～1493) 擔任監

護人。1446 年，身兼權要以及軍人身分的匈牙利英雄胡涅迪雅諾斯 (Hunyadi János, 1385～1456) 被指派擔任匈牙利攝政的職責。波希米亞的部分，1452 年就交由波希米亞貴族波傑布萊德伊日 (Jiři z Poděbrad, 1458～1471) 攝政。但是，等到拉斯洛五世稍長，腓特烈三世卻拒絕將其送回，使得拉斯洛五世無法真正掌權。直到 1451 年，奧地利人發動叛變，要求釋放他們的年輕公爵。拉斯洛五世於次年才被釋放，交由其頗有權勢的叔父烏爾利（Ulrich，西西里的伯爵）看管，還是沒有實權，要到了 1453 年才正式登基。

波傑布萊德伊日和拉斯洛五世的關係友善，在拉斯洛五世統治期間，波傑布萊德伊日協助結束新王登基前空位期的無政府狀態，恢復朝廷的權利，收復王室故土，鞏固布拉格中央政府對莫拉維亞、西里西亞 (Silesia) 和路沙夏 (Lusatia) 的宗主權。1457 年，拉斯洛五世去世，波傑布萊德伊日於次年被推舉繼任波希米亞王。

胡涅迪雅諾斯得到教皇加里多三世 (Calixtus III, 1378～1458) 的支援，率領十字軍對抗土耳其軍。雖然胡涅迪雅諾斯打過兩次大敗仗，一次在 1444 年的瓦爾納之役，另一次在 1448 年的阿姆塞爾斐德 (Amselfeld)。可是，他還是能避開土耳其人的全面進攻。

1456 年，雅諾斯在南道白堡（Nándorfehérvár，即今日的貝爾格勒 Belgrade）打敗了佔領匈牙利領土長達七十年之久的土耳其人，並將之驅離。不幸，當時他染上了疾病。胡涅迪雅諾斯死

後，匈牙利因為內部的權力傾軋，四分五裂，王叔烏爾利繼而攝
政。後來胡涅迪雅諾斯的長子胡涅迪拉洛斯 (Hunyadi László,
1440～1457) 拘捕國王拉斯洛五世，殺了烏爾利。不過，很快地
拉斯洛五世重獲自由，乃將拉洛斯處死，隨即逃往布拉格，也將
胡涅迪雅諾斯的小兒子胡涅迪馬嘉斯 (Hunyadi Mátyás, 1443～
1490) 一併帶過去囚禁起來。

第四節　十四世紀第一位匈牙利籍國王胡涅迪馬嘉斯

　　1457 年拉斯洛五世去世，可能是被下毒而死。匈牙利朝中權
貴在幾乎毫無選擇的餘地之下，只好將年輕的馬嘉斯從布拉格迎
立為匈牙利國王 (1458～1490)，這是自從 1301 年以來的第一位匈
牙利籍國王。

　　也許權貴們都以為一個只有十六歲大的孩子很容易被擺佈。
當然哈布斯堡的腓特烈三世也是這麼想，所以馬嘉斯是在西方虎
視眈眈之下，獲得一些匈牙利貴族的支持而登基為王。到了 1463
年，他從腓特烈三世手中收回王冠。1446 年，與波希米亞王波傑
布萊德伊日作戰，攻克莫拉維亞、西里西亞和路沙夏等地之後，
於 1469 年馬嘉斯自封為波希米亞王。但是這個王位卻沒有得到波
希米亞國會的承認，因而這場戰爭就一直持續到雅蓋隆王朝拉吉
斯勞斯二世 (Vladislav Jagellonský, 1456～1516) 繼任波希米亞王
為止。1478 年，雙方議和，協定烏拉斯洛二世和馬嘉斯各自皆擁
有波希米亞王的頭銜，馬嘉斯保有其佔領地至其過世為止。

圖 24：國王胡涅迪馬嘉斯

　　1476 年，馬嘉斯與土耳其人作戰，凱旋而歸，聲名大噪。馬嘉斯分別在 1477 年和 1479 年，兩度與腓特烈三世作戰之後，又於 1482 年發動第三次戰役。結果，他在 1485 年攻佔了維也納，攻克史泰利亞、卡陵夏 (Carinthia)、卡尼歐拉 (Carniola) 等地。1490 年時，匈牙利已將奧地利、摩拉維亞和西里西亞併入版圖。

　　馬嘉斯國王是一位極為開明的君主，勵精圖治，獎勵學術藝術，文治武功盛極一時，極受人民的愛戴。馬嘉斯雖然忙於對外征戰，可是他仍能有效地透過代理人管理國內行政。他設法爭取各自由城鎮、大型農民社區，以及貴族們的向心力，使他們能與巨頭權貴們抗爭。此外，馬嘉斯在防衛薄弱易受敵人攻擊的邊境，興建了堡壘及防禦工事，他在軍事上的成就，主要的原因是建立了一支常備部隊，以供隨時徵用。

　　馬嘉斯籌集了鉅大經費來提倡發展藝術、美化裝飾城堡和教堂，讓匈牙利的王宮在歐洲閃耀一時，獨樹一幟。那個時代所留

圖 25：布達城馬嘉斯教堂牆壁上
馬嘉斯國王的國徽

下來的文學藝術遺產，的確令人留下深刻的印象。

　　馬嘉斯死後，那些貴族便想找個可塑性高、容易順服的國王。後來他們推選出波希米亞的拉吉斯勞斯二世來繼承匈牙利王位，是為烏拉斯洛二世 (II. Ulászló, 1490～1516)。於是國家大事都交給這位優柔寡斷而無法勝任的烏拉斯洛二世，而巨頭權貴們都藉機為爭權奪利而相互爭戰。

　　起初，爭奪王位者有二人，一為波希米亞雅蓋隆家族的弗拉吉斯拉夫 (Uladislaus II, 1490～1516)，一為哈布斯堡家族的麥西米倫 (Maximilian, 1459～1519)。匈牙利之大貴族擁立前者，後者除獲得已失之奧地利等地外，並簽訂〈普萊斯堡協定〉(*The Treaty of Pressburg*) 取得未來的王位繼承權，約定如弗拉吉斯拉夫死而無子，則匈牙利王位由麥西米倫或其子嗣繼承。

　　弗拉吉斯拉夫的皇后先產一女安娜 (Anne)，繼生一子路易 (Louis)。匈奧雙方在 1515 年另簽訂〈維也納協定〉，協議路易娶麥西米倫之孫女安娜 (Anne)，而路易之姊安娜則嫁給麥西米倫之孫斐迪南 (King Ferdinand, 1503～1564; Holy Roman Emperor, 1558～1564)，由是種下了日後哈布斯堡家族繼承匈牙利王位的因緣。

第五節　莫哈蚩之役

　　1516 年弗拉吉斯拉夫死，路易二世 (Louis II, 1506～1526; King of Hungary and Bohemia, 1516～1526) 繼承波希米亞和匈牙利的王位，卻於 1526 年死於莫哈蚩 (Mohács) 之役。

　　1526 年，土耳其大軍在蘇利曼大帝率領下由巴爾幹西進，匈

圖 26：莫哈蚩之役

牙利成為西方基督教世界抵禦異族與異教徒的第一道防線。匈牙利的路易二世因為需要盟邦的援助，娶了哈布斯堡家族的安娜公主，還設法說服意見分歧的議會，力諫重整軍隊。在緊急狀況下，他向每一位基督教國家的君主求援。等他向外息爾凡尼亞以及克羅埃西亞的貴族們求援時，為時已晚。路易二世只好鼓起勇氣，身先士卒，親自率領一支為數不滿兩萬人的軍隊迎戰，希望盡速集結以牽制土耳其人的攻勢。

　　由於匈牙利兵員組織散漫、裝備匱乏，且援兵未能及時趕到，乃於 8 月 29 日被土耳其軍大敗於匈牙利南方濱臨多瑙河的莫哈蚩一地。對於匈牙利軍隊而言，這真是一場慘烈的戰役。匈牙利幾乎全軍覆沒，路易二世逃渡一個高漲的急流時，溺斃河中，於是波希米亞雅蓋隆王朝在匈牙利之統治乃告結束。土耳其隨即攻佔布達，屠殺極為慘重，開始了長達一百五十年的統治。

第六節　雙重的君主制度

　　土耳其在莫哈蚩之役，摧毀了整個匈牙利國家的國防武力，在攻佔了佩奇和布達二地之後，繼續向前挺進。實際上，匈牙利除了在莫哈蚩有防衛之外，其他地區一無所有。

　　在存亡危急之際，外息爾凡尼亞親王扎波亞雅諾斯 (Zápolya János, 1487～1540) 被匈牙利的貴族們推舉為王，稱為約翰一世 (I. János, 1526～1540)，以對抗土耳其人的攻擊。但是，奧地利哈布斯堡家族的斐迪南亦以和安娜公主的婚姻即為有效繼承的協議

為由，提出繼承權。所以，斐迪南被選為波希米亞王 (King of Bohemia, 1526～1564)。不過在匈牙利卻碰到挑戰，因為匈牙利的約翰一世受到土耳其蘇丹蘇利曼大帝 (Suleiman I, 1520～1566) 的支持。

當初扎波亞為了增加其王位候選的資格，曾經想要娶弗拉吉斯拉夫國王的女兒安娜，攀龍附鳳，卻遭拒。雅諾斯乃被派往外息爾凡尼亞，後來他可能怨恨安娜公主嫁給了斐迪南，而沒有即時馳援路易二世，致其戰死莫哈蚩。1527 年，斐迪南擊敗了約翰一世，接受了匈牙利貴族們的擁護而登上匈牙利國王的寶座。匈牙利王室遷移到西方，並且以波佐尼－普雷斯堡－布拉吉斯拉瓦 (Pozsony-Pressburg-Bratislava) 為首府。約翰一世退位後，前往喀爾巴阡山中的城堡。匈牙利東南方的貴族推選約翰一世為領導，他為了交換在外息爾凡尼亞轄區的安定，而樂於與土耳其人談和。

斐迪南稱王之後，匈牙利成為哈布斯堡帝國之領地，他將匈牙利的西北方一帶奉獻給蘇丹蘇利曼大帝，以換取其擁有王位頭銜。1529 年，土耳其軍隊開始進犯匈牙利，圍攻維也納的時候，就代表了土耳其人的勢力已經正式到達中歐。約翰一世趁機突襲，擊敗了斐迪南，重拾王權。順便一提的是，若非土耳其害怕歐洲還有更具實力的軍隊迎戰的話，土耳其人還會更深入地攻擊。

約翰一世和斐迪南之間的爭戰，直至 1538 年方才結束。道明會的修士及樞機主教馬提奴茲 (Martinuzzi György, 1482～1551)，對於約翰一世和斐迪南都頗具影響力。西元 1538 年，馬提奴茲為兩位統治者安排了一個協定：如果扎波亞先去世，又沒有留下任

何子嗣的話，那麼斐迪南將成為外息爾凡尼亞的國王。那時，約翰一世還沒有子嗣，乃同意在其身後傳位給斐迪南。但是巧得很，兩年後在約翰一世臨終的幾個月前，他有了個兒子扎波亞雅諾斯吉格蒙 (Zápolya János Zsigmond, 1540～1571)，於是撤銷了原先的協議。1540 年，約翰一世死，扎波亞雅諾斯吉格蒙即位，就是約翰二世 (II. János, 1540～1551, 1556～1571)。樞機主教馬提奴茲也就成了攝政王。

第七節　天下三分

約翰二世繼任國王，少不更事，蘇丹蘇利曼大帝託辭為保障年幼國王利益，乃於 1541 年進兵匈牙利，佔領了匈牙利中心區域一大塊領土。約翰二世和其母親伊莎貝拉 （Isabella Jagiellon, 1519～1559，波蘭國王吉格蒙一世 Sigismund I the Old, 1467～1548 的女兒）在土耳其宗主權之下，得到外息爾凡尼亞的封邑。但是，實權卻握在樞機主教喬治·馬提奴茲的手中，他一直想要恢復匈牙利的統一。

1551 年，馬提奴茲完成罷黜約翰二世和其母親伊莎貝拉的行動，並將外息爾凡尼亞兼併，承認斐迪南為國王。未幾，馬提奴茲和斐迪南交惡，原因是斐迪南企圖暗殺馬提奴茲。

在蘇利曼大帝的壓力下，外息爾凡尼亞議會於 1556 年重新恢復約翰二世和伊莎貝拉的權位。1562 年，斐迪南和蘇利曼大帝議和之後，他也承認了約翰二世對外息爾凡尼亞的統治權。

　　所以，匈牙利被分成了三個部分，一個是西邊和北邊被奧地利哈布斯堡王朝斐迪南和其接班人魯道夫二世 (Rudolf II, 1572～1608) 所控制、再一個是中部平原一帶完全被土耳其軍統治、第三個是東南方外息爾凡尼亞成為匈牙利文化及民族思想的根據地。

　　在約翰二世的統治之下，外息爾凡尼亞議會於 1564 年通過將基督教的喀爾文教派訂為國教。約翰二世後來繼承外息爾凡尼亞大公。外息爾凡尼亞的貴族根據西元 1570 年的〈斯貝爾條約〉(The Treaty of Speyer)，正式承認哈布斯堡王朝。

　　外息爾凡尼亞親王博蚩考伊 (Bocskay István, 1557～1606; voivode [governor] of Transylvania, 1604～1606; Prince of Transylvania, 1605～1606) 試圖保障外息爾凡尼亞的獨立，他支持外甥外息爾凡尼亞親王巴托里 (Báthory Zsigmond, 1573～1613)，1594 年先是擊敗親土耳其者，之後再對抗親哈布斯堡者。1602 年，巴托里退位以擁護匈牙利國王——當時也是神聖羅馬帝國皇帝的魯道夫二世 (Holy Roman Emperor Rudolf II, 1552～1612; Holy Roman Emperor, 1576～1612; King of Hungary, 1572～1608)。博蚩考伊在 1604 年的時候，在土耳其人的支持下發動一場叛變，以反對魯道夫二世企圖將天主教的教義、儀式及習慣等強行實施於匈牙利。然後，博蚩考伊承認蘇丹阿賀默德一世 (Ahmed I, 1603～1617) 的宗主地位，但是拒絕接受其賜封為匈牙利國王。

　　1606 年，博蚩考伊和日後是神聖羅馬帝國皇帝的奧地利大公

馬嘉斯 (Archduke of Austria, 1608～1619) 在維也納簽訂〈維也納和約〉(*The Peace of Vienna*)，確定了匈牙利在哈布斯堡諸邦、蘇丹和外息爾凡尼亞親王之中的合法地位。匈牙利古老的「聖史蒂芬王冠」乃從維也納重回哈布斯堡王朝控制的匈牙利首都普萊斯堡（Pressburg，現在的布拉吉斯拉瓦 Bratislava），之後奧地利和蘇丹阿賀默德一世之間的和平，讓匈牙利保有憲法上的及宗教上的自由。博蚩考伊被確認為外息爾凡尼亞親王，但是沒多久就死了，很可能是被毒死的。

　　1607 年，吉格蒙·拉科齊 (Sigismund Rákóczy, 1544～1608) 被推舉為外息爾凡尼亞親王 (1607～1608)，而其子喬治·拉科齊一世 (I. Rákóczi György, 1591～1648) 於 1630 年繼位，仍秉持著嘉伯利·巴托里 (Gabriel Báthory, 1589～1613)、嘉伯利·拜特倫 (Gabriel Bethlem, 1613～1629) 等人反抗哈布斯堡王朝的政策。1644 年，喬治·拉科齊一世對神聖羅馬帝國皇帝哈布斯堡王朝斐迪南三世 (Ferdinand III, 1608～1657) 宣戰，但於 1645 年在林茲 (Linz) 一地締結和約，斐迪南三世許以匈牙利人宗教自由。

第八節　土耳其的統治

　　在土耳其直接統治的匈牙利中部地區，匈牙利人民所受之壓迫最重，佔領當局以布達 (Buda) 為中心，實行嚴酷之統治。賦稅苛重，大批土地配與土耳其將領為封地，但因土軍將領流動性大，對其封地並無妥善照顧，聽其荒蕪。劃歸土耳其政府之國有田地

(Khas)，因須以其產物供應軍需，反能維持正常的生產。成群的匈牙利人多被集體送往巴爾幹及小亞細亞半島，依據記載，在小亞細亞一帶旅行者，匈牙利語也是通用的語言之一。

史蒂芬‧巴托里 (Stephen Báthory, 1477～1534) 忠誠地支持匈牙利國王約翰一世，因而在 1529 年的時候，被任命為外息爾凡尼亞的大公。他的幼子也叫做史蒂芬‧巴托里 (Stephen Báthory, 1533～1586)，於 1571 年繼位，1576 年被封為波蘭王 (1576～1586)。史蒂芬‧巴托里讓其兄克里斯多夫‧巴托里 (Christoph Báthory, 1530～1581) 繼承外息爾凡尼亞大公的爵位。

克里斯多夫‧巴托里是哈布斯堡國王的忠誠附庸，1594 年他鎮壓了親土耳其派貴族，而被魯道夫二世冊封為世襲的親王。1597 年，他退位以支持魯道夫二世，但是於次年 8 月取得政權。1599 年 3 月，他退位以支持其堂兄安德拉‧巴托里主教 (Cardinal András Báthory)，但是後來又變卦了。他接受了博蚩考伊的協助，重拾政權，作為蘇丹穆罕默德三世 (Muhammad III, 1595～1603) 的附庸，最後於 1602 年退隱西里西亞。

克里斯多夫娶了博蚩考伊的姊姊伊莉莎白，生子巴托里。巴托里在對土耳其人作戰時，連續打了幾場勝仗，揚名國內外。

安德拉‧巴托里的姪子嘉伯利‧巴托里於 1608 年成為外息爾凡尼亞的親王。他嚴酷的統治作風激起貴族們的反叛，最後被暗殺。

第九節　土奧勢力的角逐

　　這個時期，戰爭斷斷續續地發生，外息爾凡尼亞的外緣地帶因戰爭而變成廢墟。巴托里主教將統治大權移交到哈布斯堡家族的魯道夫二世手中，魯道夫二世於是在 1599 年派遣由喬治‧巴斯塔 (George Basta, 1540～1607) 所率領的軍隊到外息爾凡尼亞。巴斯塔到了該地，對逆來順受的外息爾凡尼亞人大力推動日耳曼化，傳播天主教教義。

　　在巴斯塔的高壓統治之下，民眾的忍耐很快便達到極限。1604 年，博蚩考伊率領著一群由各族農夫、貴族、居民所組成的軍隊，痛擊巴斯塔的哈布斯堡軍隊。1606 年，博蚩考伊取代哈布斯堡家族，統治外息爾凡尼亞。他恢復宗教的自由，並且恢復和土耳其的外交關係。他去世之後，土耳其蘇丹推薦嘉博爾‧拜特倫 (Gábor Bethlem, 1613～1629) 繼任為親王，他非常熱中藝術活動。

　　為了與匈牙利王室結盟，拜特倫提供並擴大官方的保護給所有的匈牙利新教徒，還發動了一連串的軍事行動，使得哈布斯堡家族疲於奔命。在三十年的戰爭期間，雙方簽訂了好幾項條約。其中之一的〈尼可斯堡條約〉(*The Treaty of Nicolsburg*)，拜特倫得到「匈牙利王子」的頭銜，以及西里西亞的一塊土地。喬治‧拉科齊一世繼拜特倫之後為王，致力於實行土地擴張政策，在 1648 年的〈西發里亞條約〉(*The Treaty of Westphalia*) 中，贏得承

認外息爾凡尼亞是一個獨立的國家。

因為哈布斯堡帝國和土耳其人的力量正逐漸衰微，因而促使拜特倫欲與匈牙利王室結盟。然而，拜特倫的計畫卻被天主教彼得‧帕茲瑪尼樞機主教 (Cardinal Péter Pázmány, 1570～1637) 所破壞。帕茲瑪尼樞機主教因為外息爾凡尼亞和所謂的無宗教信仰者有所來往，於是讓大部分的巨頭及貴族們都重新接受天主教。

喬治‧拉科齊一世之子喬治‧拉科齊二世 (II. Rákóczi György, 1621～1660) 繼承外息爾凡尼亞王位。1657 年，喬治‧拉科齊二世幫助瑞典的新教徒國王查爾斯‧古斯塔夫五世 (Charles X Gustav, 1622～1660; King of Sweden, 1654～1660) 攻打波蘭。土耳其的蘇丹派遣一支由韃靼人組成的軍隊介入，很快地制止這場征伐，喬治二世由於軍事行動失利，傷重而亡。

喬治二世娶嘉伯利‧巴托里的姪女蘇菲亞 (Sophia Báthory, ?～1680) 為妻，生子弗倫茲‧拉科齊一世 (I. Rákóczi Ferenc,

圖 27：彼得‧帕茲瑪尼樞機主教像

圖 28：弗倫茲・拉科齊二世像

1645～1676)。1652 年，弗倫茲・拉科齊一世被外息爾凡尼亞議
會指定為王位繼任人選，但是始終沒有獲得承認。

　　弗倫茲・拉科齊一世娶了克羅埃西亞總督彼得・茲瑞尼伊
(Zrínyi Péter, 1621～1671; Ban of Croatia, 1665～1670) 的女兒伊
露娜 (Zrínyi Ilona, 1643～1703)，因而介入了彼得・茲瑞尼伊對神
聖羅馬帝國皇帝哈布斯堡王朝的里奧波德一世 (Leopold I, 1640～
1705; Holy Roman Emperor, 1658～1705) 的謀叛行動，結果失利。
弗倫茲・拉科齊一世之子弗倫茲・拉科齊二世 (II. Rákóczi
Ferenc, 1676～1735) 就成為匈牙利人反抗哈布斯堡王朝高壓統治
的領袖。

　　里奧波德一世趁著戰亂，贏得外息爾凡尼亞的主宰權，結束
了外息爾凡尼亞一百五十年來自主的日子。從這個時候起，大小
的戰爭陸續地發生，一直等到 1663 年，奧地利擊敗土耳其人為

止，戰爭才告一段落。里奧波德一世迫不及待地想盡快結束東邊的戰爭，然後才能恢復對法國國王路易十四的作戰。因此，在戰後的〈沃斯瓦爾條約〉(*The Treaty of Vasvár*) 中，土耳其不但用不著割讓土地，哈布斯堡王朝還答應給三萬個基爾德，只希望他們以後不要再插手歐洲的事務。

這件事激怒了匈牙利的貴族們，乃策動反抗土耳其和奧地利，並受到法國路易十四的支持，可是這個計畫很快地被發現，受到嚴厲的鎮壓。克羅埃西亞總督茲瑞尼伊米克洛什 (Zrínyi Miklós, 1620～1664) 也是一位著名詩人，1664 年擊敗土軍於聖高沙德 (Szent Gotthard) 而成為匈牙利人的領袖，後來死於一場狩獵的意外事件。1665 年，其弟茲瑞尼伊彼得 (Zrínyi Peter, 1621～1671) 繼為克羅埃西亞總督 (1665～1671)。彼得亦對奧帝國的專制反感，乃於 1671 年糾合同志，借助於法王路易十四，發動反奧戰爭，但亦事敗被處死。

奧政府加強對於匈牙利之迫害，取消憲政，參與反叛的人除了被處決和財產充公外，軍隊中的匈牙利人也被驅逐出去，而且匈牙利王室的統治權直接隸屬於里奧波德一世本人。大批匈牙利志士逃往外息爾凡尼亞，以游擊戰方式繼續抗奧。後來，外息爾凡尼亞的伊姆雷·特克伊王子 (Prince Imre Thököly, 1656～1705) 和弗倫茲·拉科齊一世共組「十字軍」(Kurucok)，繼續和哈布斯堡王朝對抗。1679 年利用奧法作戰的機會助法敗奧，迫使皇帝里奧波德一世再度回到談判桌上，1681 年恢復匈牙利的憲政權利。所謂「憲政權利」，即尊重議會，特別是貴族階級的特權，必須透

過議會允許，議會定期召開等。

　　1683 年，土耳其帝國二度西侵，奧京維也納再度被圍，形勢危殆，幸賴波蘭國王約翰‧蘇別斯基 (John III Sobieski, 1624～1696; King of Poland, 1674～1696) 及時馳援方得解圍。後來，真福教宗依諾增爵十一世 (Pope Innocence XI, 1611～1689) 亦決定撥出經費，支援對抗土耳其的侵略。土耳其的蘇丹原寄望特克伊軍隊的支持，在 1683 年發動了一次攻擊，卻遭挫敗，蘇丹和特克伊二者之間的聯盟也隨之瓦解。後來特克伊被封為國王，可是他的部眾卻背棄他，把他丟給奧地利。

第十節　卡洛維茲條約

　　奧軍的反攻逐有斬獲，1686 年佔領匈牙利中南部包括布達等地，並次第將外息爾凡尼亞以及塞爾維亞等地的大部分一一佔有。1687 年，奧地利哈布斯堡王朝查理五世 (Charles V Leopold of Lorraine, 1643～1690) 擊敗了土耳其，促使其結束在匈牙利的統治。最後於 1699 年 1 月 21 日，和土耳其、波蘭、俄國、威尼斯簽訂〈卡洛維茲條約〉(*The Treaty of Karlovic*)，使得戰爭得以結束。匈牙利、外息爾凡尼亞劃歸奧地利管轄。土耳其退出中歐，喪失了其在歐洲的大部分屬地，除了馬洛斯河 (Maros) 和提索河 (Tisza) 之間的一小塊領土還在其手中，亦僅保留勢力於巴爾幹半島。這是東西方勢力對抗史上重要的一頁，值得注意。從此以後，鄂圖曼帝國採取守勢，而奧地利帝國一躍成為中歐及東歐的強權。

圖 29：1686 年收復布達城激戰圖

然而，就匈牙利而言，土耳其的枷鎖已除，卻又淪入哈布斯堡王
朝的統治下。匈牙利人被迫臣服於帝國的武力，往後的一百五十
年，社會各階層都有人起來反對〈卡洛維茲條約〉所帶來的箝制
和束縛。

第四章 | *Chapter 4*

哈布斯堡帝國的統治

第一節　淪入哈布斯堡的統治

　　奧軍於 1686 年次第將匈牙利中南部、外息爾凡尼亞以及塞爾維亞等地一一佔領。1687 年擊敗了土耳其，使其退出匈牙利。1699 年〈卡洛維茲條約〉的簽訂，匈牙利及外息爾凡尼亞劃歸奧地利管轄，匈牙利就此又淪入哈布斯堡王朝的統治下。

　　經過土耳其人一百五十年的統治，再想把社會上被佔用的資源及土地重新分配給合法的所有人，還要應付其他不同的要求，是件何等艱辛的任務。何況此時腐敗、巧取豪奪、苛稅、土地財產轉賣給海外投機商人等事件層出不窮，整個匈牙利社會因之喧騰不已。

　　十八世紀初年，匈牙利再度發動反奧戰爭，是時「西班牙王位繼承戰爭」(1701～1714) 正在西歐展開。1703 年，匈牙利人──特別是喀爾文教徒──在外息爾凡尼亞親王弗倫茲‧拉科齊二世

(II. Rákóczi Ferenc, 1676～1735) 的領導下發動叛變，並與法國結盟，盼能藉法王路易十四之助擊敗奧地利，獲得獨立。1707 年，匈牙利國會宣告揚棄哈布斯堡王朝，成立了共和國。但法軍未能全勝，弗倫茲·拉科齊二世亦先後於 1708 年、1710 年遭受嚴重挫敗，以至於到 1711 年，簽訂〈薩特馬爾和約〉(*The Peace of Szátmar*)，總算給匈牙利帶來一段和平的日子。

　　奧匈雙方簽訂的〈薩特馬爾和約〉，奧方許以匈人宗教及憲法權利的自由，但是匈人須承認奧皇的宗主權。弗倫茲·拉科齊二世不從，乃逃遁波蘭，轉往法國。後來他客死異鄉，遺骸直至 1906 年運返匈牙利。

　　十八世紀中葉，奧地利控制下的神聖羅馬帝國中的普魯士等德意志邦國逐漸興起。由於奧地利擁有廣闊的版圖，而國力已漸趨衰落，因而引起歐洲大陸上新興強國的覬覦。1713 年，奧大公兼神聖羅馬帝國皇帝查理六世 (Holy Roman Emperor, 1711～1740; Charles VI, 1685～1740) 乃頒佈《國事詔書》(*Pragmatic Sanction*)，宣稱哈布斯堡帝國之領域不容分割，死後如無男嗣則由女兒瑪莉亞·德瑞莎 (Maria Theresa, 1717～1780) 繼承王位 (1740～1780)。匈牙利亦為其領域之一，於 1723 年經匈國議會（當時仍舊位於波佐尼 Pozsony）通過接受上述詔令，但新王必須前往布達佩斯宣誓加冕，並保證遵守匈牙利的憲法。

　　1723 年，匈牙利國會通過接受的《國事詔書》，其中建立了王室女性繼承人的合法地位，同時也聲明哈布斯堡帝國領土的完整及不可分裂。這道詔書影響所及，使得軍事和政府之間的關係

比以往更加密切。在當時，維也納吸引了許多匈牙利改革者，而一般貴族則仍繼續坐享其既得特權，而弗倫茲・拉科齊二世所提出來的有關釋放農奴的問題，也逐漸趨於緩和，匈牙利充滿一種精疲力竭的死寂。

第二節　奧地利王位繼承戰爭

奧皇查理六世於 1740 年 10 月 20 日去世，死後無嗣，其長女瑪莉亞・德瑞莎依據 1713 年《國事詔書》承襲父位的時候，剛即位不久的普魯士國王腓特烈二世 (Frederick the Great, 1712～1786; King of Prussia, 1740～1786) 卻不顧其父腓特烈一世 (Frederick William I, 1688～1740; King of Prussia, 1713～1740) 關於承認德瑞莎為奧地利王位繼承人的遺訓，以「要是必須進行欺詐的話，那麼最好是我們去欺詐別人」，要求德瑞莎用富饒的工業區西里西亞來換取王位的繼承。當時法國、巴伐利亞、薩克森、西班牙、皮埃蒙特、撒丁、那不勒斯王國也都拒絕承認瑪莉亞・德瑞莎的繼承權，而且，在德瑞莎拒不接受的同時，腓特烈二世命令軍隊越過西里西亞邊界。而奧地利、英國、捷克、匈牙利、荷蘭、西里西亞、俄國從其各自的既得利益出發，則全力支持瑪莉亞・德瑞莎的繼承權。於是兩大聯盟從而揭開了長達八年之久的「奧地利王位繼承戰爭」(War of the Austrian Succession, 1740～1748) 的序幕，這場戰爭是歐洲兩大聯盟為爭奪奧屬領地，因奧地利王位繼承權問題而引起的，以中歐為主要戰場展開。

　　奧地利王位繼承戰爭發生在十八世紀中葉，具有典型的中世紀後期戰爭的一般特點。其中最突出的表現是：

　　第一，具有明顯的消耗戰戰略特色。作戰雙方只侷限於將敵擊潰、擊退，並不重視是否將敵殲滅。在長達八年的戰爭中，僅進行兩次大規模的交戰。

　　第二，線式戰術已開始由鼎盛走向衰退。普魯士國王腓特烈二世發現舊有線式戰術運轉不靈，難以發揮機動性。乃嘗試以「斜式戰鬥隊形」提高機動性，使普魯士在以後的「七年戰爭」中大受裨益。

　　奧地利王位繼承戰爭既有中世紀後期戰爭的一般特點，又是新時代戰爭的啟蒙，其後，列強又再度發動「七年戰爭」(Seven Years War, 1756～1763)。普軍在戰爭中，體現了一種防禦中的進攻作戰思想，在集中兵力、各個擊破方面，也做了成功的嘗試，這一作戰思想被後來許多軍事統帥和軍事思想家加以利用和發展。

　　在這兩次戰爭中，奧地利數度形勢危殆，瑪莉亞‧德瑞莎得向其他國家求援。當時法國奉行其傳統的反哈布斯堡王室的政策，決定利用奧地利的困難處境。腓特烈二世向法國大使保證說：「如果打贏，將同法國均分。」法國人想稱雄歐洲，越過了萊茵河；巴伐利亞為了想爭奪地盤，也侵入了波希米亞；撒克遜人也參加了對奧地利的攻擊；而英國和荷蘭則準備進攻法國，以間接支援奧國。腓特烈在大敗奧軍之後，與法國締結同盟。可是普魯士國王腓特烈二世在同法國、西班牙、巴伐利亞締結了關於瓜分奧地

利遺產的協定之後，還同奧地利締結了秘密協定。腓特烈為了不使法國坐收漁翁之利，並不想在奧國人的身上尋求完全勝利，當瑪莉亞‧德瑞莎向普魯士求和時，奧普雙方簽訂了和約。

瑪莉亞‧德瑞莎為了爭取波佐尼匈牙利國會的支持，她穿上喪服，手抱嬰兒，泣求援助。那些匈牙利貴族們發揮了騎士精神，允應所請，慨然出兵助戰。戰後，女王為表感謝，在其四十年的統治中一直與匈牙利維持和諧友好的關係，且將濱臨亞得里亞海的一處良港——富姆港 (Fiume)，賜予匈牙利。

此外，外息爾凡尼亞被承認獨立，它和匈牙利之間還設有一道防線。可是其中比較認同匈牙利的塞凱伊人 (Székely) 卻群起反叛。1764 年在外息爾凡尼亞一個叫做麥迪法爾瓦 (Mádéfalva) 的地方潰敗之後，許多塞凱伊人便選擇移民到匈牙利去，因而改變了在外息爾凡尼亞匈牙利人口的比率，使得羅馬尼亞人口成為多數。二十年後，當匈牙利的一連串土地改革政策無法在外息爾凡尼亞實施時，羅馬尼亞人也開始叛變。

德瑞莎女王英明果決，以智慧化解危機四伏的情況，在位期間對促進商貿、改革教育有莫大貢獻，為奧地利奠定了民生富裕的基礎，她的一句名言是——「寧要中庸的和平，不要輝煌的戰爭」。因此，她有「奧地利國母」之稱。她那極具說服力的外交家手腕，為其丈夫弗倫茲‧史蒂芬大公 (Ferenc Stephen I of Lorraine, 1708～1765) 取得神聖羅馬帝國的皇位 (Holy Roman Emperor Francis I, 1745～1765)。她推行了一系列促進商貿、改良機構、普及教育的政策，同時大力宣揚文化藝術，開創了奧匈的

文藝黃金時期。對於匈牙利來說，她最重要的貢獻，就是使得飽受戰爭荼毒的匈牙利重獲和平，成為匈牙利最受愛戴的統治者。1765 年弗倫茲一世突然去世，瑪莉亞‧德瑞莎在長期悲痛中於 1780 年歿於維也納霍夫堡宮 (Hoffburg)。她執政四十年，為奧地利寫下了輝煌的一頁。

德瑞莎女王之長子 —— 約瑟夫二世 (Habsburg-Lorraine Joseph II, 1741～1790) 加冕繼位為王，成為神聖羅馬帝國皇帝 (1765～1790)。他是一個非常具有民主思想的皇帝，他將教堂與貴族專用的地方開放給一般百姓使用，降低教會與貴族的特權。有一次，他決定將貴族狩獵專用的普拉特森林開放給一般百姓使用時，一位侯爵抱怨說：「如果以後一般的賤民都能到只有貴族才能來的地方，那我們這些人應該到哪裡去？」約瑟夫笑著說：「如果只有同樣身分地位的貴族才能聚在一起，那我只能到皇家墓地裡散步了。」

他很排斥那些環繞在聖史蒂芬王冠四周象徵權力的虛飾，因此他不願戴這頂皇冠，把它封存在維也納。在宗教方面，他削減天主教主教權力，震驚了天主教會當局。他還把修道院改建為醫院，有系統地管制教會建築和教規儀式。在政治方面，他實行全國人口普查，以王室代理人替代原有的地方行政單位。並且根據產地所在的區域來課徵基本稅，廢除農奴制，這些革新使得匈牙利的貴族，約有十年的時間，都處於瀕臨叛亂的邊緣。後來，約瑟夫二世在臨終之前，撤回了許多改革主張。

德瑞莎女王之三子里奧波德二世 (Emperor Leopold II,

1747～1792) 繼位之後 (1790～1792)，也撤銷了其他的改革政策。
他在位期間，拉丁文仍然是官方的語言，貴族們重新獲得更大的
代表權。更重要的是，聖史蒂芬皇冠又重返布達城，而國會再度
擁有推選國王的權力。

里奧波德二世自立為匈牙利國王和波希米亞國王。普魯士國
王腓特烈二世一直希望阻止東邊奧地利的擴張，並且希望在對抗
俄奧的戰爭裡獲得土耳其的支持。1790 年，當他和普魯士國王腓
特烈二世達成協議之後，他放棄了和俄國女皇凱薩琳 (Catherine
II, 1729～1796; Empress of Russia, 1762～1796) 的聯盟關係。他是
一位具有外交和行政才能的君王。

1789 年，啟蒙運動 (The Enlightenment) 的革新潮流，衝擊著
歐洲的王國。法國大革命之火又蔓延到整個歐洲大陸。法國大革
命時產生的激進主義於 1790 年代中期，已經在匈牙利開花結果。
不過當拿破崙在 1809 年呼籲匈牙利人掙脫奧地利統治的枷鎖時，
並沒有得到什麼回響。

第三節　匈牙利社會的重建

匈牙利經過了土耳其長期的統治，人口銳減，十八世紀初的
人口，已由原來的四百萬減至二百五十萬。

土耳其退出匈牙利以後，一切亟待重建，奧地利政府制頒移
民法，鼓勵引進大量的移民，並於 1766 年設立「移民局」主其
事。大量的日耳曼人和斯拉夫人被引進，安頓於匈牙利放領的土

地上，改變了匈牙利民族的血統和社會結構。

到了十八世紀末，匈境人口約七百五十萬人，馬札爾裔約佔百分之四十。在百分之六十的非馬札爾裔當中，以日耳曼人居最多數，斯洛伐克人、羅馬尼亞及塞爾維亞人次之。在生產人口逐漸增加之後，匈牙利的經濟活動得以復甦，仍以農業為主，城市手工業與商業也漸次發展。

十八世紀中葉以後，匈牙利的思想界也開始發生劇烈的變化。十八世紀西方世界的變革，「知識革命」帶來了新的觀念，英法思想家提出反教條、反迷信、反迫害、反專制的學說，開始推動理性和民主革命的浪潮。1776 年的美國獨立革命，1789 年的法國大革命，不僅震驚西歐，匈牙利亦同受影響。

早在十七世紀間，西歐的思想即已傳入匈牙利。法國盛行的「沙龍」和英國式的「共濟會」(Masonry) 也透過維也納傳入布達佩斯，伏爾泰 （Voltaire, 原名弗朗索瓦─瑪莉‧阿魯埃 François-Marie Arouet, 1694～1778）和盧梭 (Jean-Jacques Rousseau, 1712～1778) 的作品及英國清教徒革命的理想和笛卡兒 (René Descartes, 1596～1650) 的理性思想大量湧入，變成討論的主題。匈牙利青年接受了上述思想的感染，也積極投入社會改革。

代表此輩的青年，以拜塞涅伊 (Bessenyei György, 1747～1811) 為先驅。拜塞涅伊為匈牙利著名思想家、詩人及劇作家，出生於中等貴族家庭，於 1765 年由匈赴奧進修，因而接受了法國思想，曾參加維也納的皇家禁衛軍。在匈牙利糾合同志，組成所謂「1765 年的一代」(Generation of 1765)，其後又建立「科學院」

(Academy of Sciences)。新一代青年崇拜的偶像為孟德斯鳩 (Baron de Montesquieu, 1689～1755)，他曾訪問匈牙利，並在其名著《法意》(*Esprit des Lois*) 中，以匈牙利反對奧地利之專制為例，藉以支持其論點。

這一批匈牙利青年日後當選為匈牙利議會的議員，他們深受美國獨立宣言和法國人權法案的影響，主張建立英國式的君主立憲國家。更有一批激進的雅各賓分子，於 1795 年發動叛亂，主張取消封建特權，農民與地主地位平等，其後為奧地利政府壓制，多人遇害。

匈牙利和奧地利間的緊張局勢逐漸昇高，幾乎到了一觸即發的地步。匈牙利人對社會改造的路線也抱持著兩種分歧的態度，一是主張民主共和，另一則主張自由平等。而瑟切尼伯爵 (Gróf Széchenyi István, 1791～1860) 則傾向於整合這兩股勢力。

瑟切尼進行改革時，在追隨他的許多人當中，有位相當卓越的政治家，那便是高舒特 (Kossuth Lajos, 1802～1894)。

第四節　民族獨立運動

瑟切尼和高舒特，是近代匈牙利史上的兩位重要人物，但彼此的作風和所致力的目標並不相同：瑟切尼主張發動由上而下的改革，高舒特則主張由下層發動革命；瑟切尼主張教育群眾，高舒特則主張鼓動群眾；瑟切尼是一位實際主義者，高舒特則是一位理想主義者；瑟切尼主張英國式的漸進政策，高舒特則主張法

國式的激進革命。

在動盪擾亂的十八世紀中，匈牙利已殘破不堪，國內種族除了馬札爾人以外，還有斯洛伐克人、魯森尼亞人、羅馬尼亞人、克羅埃西亞人和少數的塞爾維亞人。其民族獨立運動，在十九世紀的上半期並無顯著的發展。

1806 年，拿破崙於數敗普奧聯軍之後，宣佈解散神聖羅馬帝國，弗倫茲二世 (Emperor Ferenc II, 1768～1835) 不再擁有神聖羅馬帝國皇帝的頭銜，改稱奧地利帝國皇帝，仍兼匈牙利國王。1809 年法軍佔領維也納，建議匈牙利人放棄哈布斯堡王朝，改選一位本國籍的新君，但匈牙利議會此時仍由保守的地主貴族把持，對於拿破崙的新秩序並無好感，因此將法國的建議置之不理，失去了一次獨立的機會。

在當時的一群匈牙利領袖之中，比較開明而且具有代表性的人物，是瑟切尼伯爵。瑟切尼是個熱誠的愛國者，有「最偉大的匈牙利人」之譽。由於他在英國受教育，深受英國的影響。在他復興匈牙利的計畫中包括了社會、政治、文化和工業等方面的現代化，主張進行經濟與社會改革應居先，政治改革不妨列於次要地位，他忠於王室，反對脫離奧帝國而獨立。他利用自己所擁有的廣大財富，再加上徵集所得的資金，全力推動匈牙利的現代化建設，廣建工廠，修築鐵路、船塢，整治多瑙河及提索河的河道以通航黑海，成立輪船公司發展航業。他更促使議會通過決議，募集資金，興建一座跨越多瑙河，聯結布達與佩斯 (Pest) 兩個城市的鋼索大橋——今稱「鏈橋」(Chain Bridge)。瑟切尼還出版一

圖 30：跨越多瑙河的鏈橋

些刊物，進一步闡述其長遠的發展計畫。

　　瑟切尼可說是匈牙利國會中溫和改革派的領袖。1848 年革命時，他當時擔任革命政府的運輸部長，但是在和奧地利政府決裂的時候，他辭職了。他不贊同高舒特的民族主義主張。1859 年，瑟切尼針對當時奧地利首相巴赫 (Alexander von Bach, 1813～1893) 的專斷，寫了一篇諷刺作品。瑟切尼在自殺之前的最後時日裡，飽受心理上的煎熬。

　　在民族主義的衝擊下，匈牙利另有一批較為激進的政治人物，主張完全脫離奧地利帝國的統治，建立一個獨立的國家。此派之代表人物為高舒特，是 1848 年獨立革命的領導人。

第五節　1848 年光榮革命

　　對於這次在匈牙利醞釀而且逐日擴大的紛爭不安，維也納方面原先是抱著容忍的態度，後來變成派出警力壓制。在眾人中最活躍的是高舒特，他亦屬貴族階級，出席議會，將開會情形編為《議會公報》公開發行，觸怒了奧地利當局，因而被捕，監禁了四年 (1837～1840)。

　　1840 年高舒特出獄後聲名大噪，成為改革派的領袖。次年，高舒特創辦日報，鼓吹「取消封建特權，法律之前人人平等」。當時法國的狄耶 (Louis-Adolphe Thiers, 1797～1877)、雨果 (Victor Hugo, 1802～1885)、拉瑪丁 (Alphonse de Lamartine, 1790～1869) 和托克維爾 (Alexis de Tocqueville, 1805～1859) 等人的民主思想，在匈牙利極為流行，高舒特亦深受影響，故其奮鬥目標在於建立一個民主共和國。

　　到了 1848 年，法國二月革命爆發，推翻「七月王朝」，建立了「第二共和」。革命的浪潮就像野火般，立即蔓燒整個歐洲，引起連鎖反應。惟西歐與東歐之革命性質不同，西歐以社會革命為主流；中東歐則以民族革命為主流，波蘭、日耳曼各邦與匈牙利，均以爭取民族獨立為第一目標。換言之，東歐的革命只走到 1789 年法國革命的階段，比西歐遲了五十年。

　　匈牙利議會中的保守派與自由派議員，原本勢均力敵，不相上下，及至法國二月革命消息傳來，自由派席次增加。1848 年 3

月 3 日，高舒特對匈牙利國會發表演說，他以無比震撼及動人的
辭句向議會要求撤銷賦稅上的特權，要求讓非貴族也享有同樣的
公民選舉權，同時給予農夫們自由。並向奧政府提出一項備忘錄，
要求實行進一步的憲政，議會民選，出版自由。總而言之，就是
廢除封建制度。

　　由於上院的延擱，備忘錄尚未送達奧帝兼匈王時，維也納已
於 3 月 13 日又發生一次較大的革命活動，震驚維也納政府。奧地
利首相梅特涅 (Prince Klemens Lothar Wenzel Von Metternich,
1773～1859) 下臺，化裝潛逃至英國倫敦，奧地利皇帝斐迪南五
世 (Emperor Ferdinand V of Austria, 1793～1875) 被迫組織較具自
由主義的內閣，頒佈憲法。翌日，匈牙利在高舒特的領導下，也
頒佈憲法，建立了自由主義的君主立憲政體，允許言論和信仰的
自由。匈牙利議會上下兩院再以共同名義向國王提出備忘錄。同
時，匈牙利青年於 3 月 15 日在佩斯舉行示威，在皮爾瓦克斯酒店
(Café Pilvax) 舉行的一次討論激烈的會議中，提出十二點　（12
points，匈語：12 pont）要求，內容除了重申高舒特的要求之外，
還要求出版言論的自由、陪審團審訊，以及與外息爾凡尼亞統一，
並將愛國詩人裴多菲 (Petöfi Sándor, 1823～1849) 所寫的革命詩
篇──日後成為匈牙利的《馬賽進行曲》，散發至全國。從此，3
月 15 日成為匈牙利的國慶日。

　　佩斯示威事件發生後，維也納聞訊震驚，但反應並不一致。
佩斯大主教史蒂芬 (Stephen) 同情革命，要求國王接受革命分子的
主張。斐迪南五世同意接受，隨即於 3 月 17 日任命柏洽尼伯爵

(Gróf Batthyány Lajos, 1806～1849) 為匈牙利首相,議會於三週之內亦將改革法案一一通過,經斐迪南五世於 4 月 11 日簽署生效,匈牙利的不流血「光榮革命」終於在短期之內順利完成。

1848 年頒佈的改革法案,未改變奧匈之間的原有基本關係,對於 1723 年《國事詔書》中「奧皇兼任匈王」的條款並未取消。但匈牙利已由封建國家轉變為民主議會的憲政國家。憲法允許賦予具有相當程度教育水準,完成繳稅,年滿二十歲的公民以參政權。議員任期三年,內閣向議會負責,國王頒佈之命令須有閣員之副署方始有效。貴族特權作廢,納稅義務平等,農民獲得解放。

匈牙利新政府,在柏洽尼的領導下,由梅薩羅斯 (Mészáros Lázár, 1796～1868) 任國防部長、高舒特任財政部長、伊斯特哈齊 (Esterházy Pál, 1786～1866) 任外交部長、瑟切尼任交通部長、戴艾克 (Deák Ferencz, 1803～1876) 任司法部長、厄特沃什 (Eötvös József, 1813～1871) 負責教育部、賽梅爾 (Szemere Bertalan, 1812～1869) 負責內政部,這些菁英均為一時之選。新政府中,即使最激進的高舒特,此時亦未想要與奧地利完全切斷關係,大多數的人主張雙方和平相處。西方國家如英法等國均對奧地利的和平改革加以讚揚,認為已經走上革新之路。

第六節　民族法案

奧地利皇帝斐迪南的個性柔弱,在國事上沒有什麼準見。當反對變革的圈子中不斷傳出阻撓和騷動,一批極端保守分子準備

發動一次鎮壓行動，以高壓手段摧毀新憲時，他卻不為所動依然包容這些要求和變革。反對派也變得毫無選擇餘地，整個帝國都已經捲入革命的浪潮中。國會的不斷要求終於對帝國議會的決策發揮影響，1842 年國會通過匈牙利語成為官方語言。這是三百年來，這個國家首度被允許使用自己的語言。

匈牙利的阻力來自另外一個方向，因為受到革命事件及種種影響，匈牙利政府對於境內少數民族——如克羅埃西亞人、斯洛伐克人及外息爾凡尼亞的羅馬尼亞人與日耳曼人等——的要求都不得不應付，卻也感到應接不暇。

繼梅特涅出任首相的克勞拉特公爵 (Count Krakovsk von Kolowrat, 1812～1830) 決定利用匈牙利境內之少數民族打擊匈牙利的新政府。1848 年 3 月底，派克羅埃西亞裔的耶拉契吉 (Josip Jellačić, 1801～1859) 為克羅埃西亞總督。耶拉契吉向來敵視匈牙利，忠於維也納政府，乃以 1848 年改革法案損及克羅埃西亞的傳統自由為藉口而發動武裝叛亂。而塞爾維亞人也要求獨立自主，開始對於手無寸鐵的匈牙利人採取殘酷的掠奪與謀殺，匈牙利新政府乃與耶拉契吉進行磋商，允予克羅埃西亞人以自治權，8 月 27 日的匈牙利內閣會議中，甚至準備改採聯邦制度，以滿足克羅埃西亞人的要求。但所有努力均無效果，因耶拉契吉只是奧政府中保守集團所利用的一個工具。奧地利之目的，只在摧毀改革，恢復特權。在北方的斯洛伐克人和魯森尼亞人 (Ruthenes) 就不屑於南方少數民族的所作所為，事實上，他們還參加了匈牙利的國防軍去對抗奧地利。

　　奧地利政府除了鼓動克羅埃西亞人叛離匈牙利外，並掀動塞
爾維亞人自治，匈屬塞人定居匈境已歷一百五十年之久，但在塞
爾維亞人的代表大會中，竟決議要求完全獨立，這也超越了維也
納預設的範圍。

　　後來，匈牙利議會通過《民族法案》(*Nationality Act*)，承認
境內少數民族的民主權利，以反擊奧地利之挑撥。此一《民族法
案》，實為中東歐最早提出，也是最進步的少數民族權利法案，較
之威爾遜於第一次大戰後提出之主張，還要早七十年。

　　儘管主領內閣的柏洽尼竭盡所能想緩和情勢，卻仍陷於困境。
維也納指控匈牙利人破壞了詔書的協定，同時也撤銷在 4 月通過
的法律。瑟切尼和他的閣員們最後也陸續辭職，只剩下高舒特一
人掌管政事。

第七節　共和國的成立

　　1848 年 3 月 18 日至 22 日，義大利爆發「米蘭五日叛亂」，
欲推翻奧地利在北義大利隆巴迪 (Lombardy) 和威尼西亞
(Venetia) 之統治。威尼西亞宣佈共和，皮德蒙 (Piedmont) 王國 3
月 22 日對奧宣戰，皮德蒙與奧地利皆向匈牙利求援。匈牙利柏洽
尼政府依照《國事詔書》之規定，同意援助奧地利；而一般匈牙
利人民則同情義大利的革命分子。但是柏洽尼臨危相助的態度，
仍未獲奧地利諒解。9 月間，奧地利政府公開支持耶拉契吉對匈
攻擊。柏洽尼總理辭職，奧地利派蘭堡 (Count Ferenc Lamberg,

1791～1848) 將軍為特使前往匈牙利與耶拉契吉議和 ，而蘭堡將軍之任命匆忙中未及事先商得匈牙利議會的同意，成為「違憲」之舉，激憤的匈牙利群眾竟將蘭堡將軍在佩斯私刑毆辱，至此奧匈之間的關係已瀕臨破裂，戰爭幾乎無法避免。

　　1848 年建立的匈牙利新政府中，仍有少數的激進分子，並不以改革為滿足，進一步要求完全獨立。而維也納政府亦不明就裡，統將溫和派與激進分子相提並論，乃使激進派的聲勢壯大轉趨上風，所以之後爆發的獨立革命，實為奧地利所造成。

　　匈牙利在奧軍四面圍攻之下，決定武裝自衛。他們新成立了國防軍 (Honvéd)，這些生力軍是由從歐洲失敗的革命中出奔的義大利軍、波蘭軍、斯洛伐克軍、日耳曼軍所組成。9 月 20 日成立國防委員會，以高舒特為主席。匈軍首先將耶拉契吉之大軍擊敗，迫其退往維也納。維也納於 10 月 5 日又起革命，同情匈牙利的青年學生騷動示威，高舒特於是趁機進攻奧地利，最後在 10 月 30 日，他們推進到維也納附近時，為守軍擊敗，攻勢才被阻止下來。高舒特遂將匈軍指揮權交予三十餘歲之青年將領葛傑 (Arthur Görgey, 1818～1916)，葛傑畢業於日耳曼烏姆 (Ulm) 軍校，曾在奧地利皇家部隊服役，隨即成為匈牙利獨立戰爭的英雄人物。

　　匈牙利堅持其作戰目標為維護斐迪南五世簽署的法案，為合法之戰爭 。奧地利皇帝由斐迪南五世之姪弗倫茲・約瑟夫 (Francis Joseph, 1830～1916) 繼位，匈方視此為非法，戰事又起。奧軍於 1848 年底攻入匈境，次年 1 月 5 日首都布達佩斯失守，政府遷往德布勒森 (Debrecen) ，匈牙利議會於 1849 年 4 月 13 日通

圖 31：1848 年 9 月 24 日高舒特號召起義

過決議，發表獨立宣言，宣佈獨立，成立「匈牙利共和國」，高舒
特被選為總統，遂即展開反攻。5 月中，收復布達佩斯。

　　是時，歐洲之動亂局勢已告安定。法國二月革命之後，路易・
拿破崙當選為總統，義大利的亂事已為奧軍平定，如無事故發生，
匈牙利之獨立即可確保。不料奧地利在被匈軍擊敗之後，向俄求
援，俄皇尼古拉一世素有歐洲的「憲兵司令」之稱，深恐匈牙利
革命之成功，將會影響到俄屬波蘭之情勢，乃以維護「神聖同盟」
的新秩序為由，派大軍二十萬越過喀爾巴阡山攻入匈境，奧軍亦
由西向東配合反攻。

　　由於俄軍的參戰，使得匈牙利在戰備資源方面寡不敵眾。8

月 9 日，匈軍在德麥斯堡 (Temesvár) 為俄軍擊潰，13 日在維拉格斯 (Világos) 投降。提出獨立宣言的裴多菲戰死，高舒特逃往土耳其，其後再轉美英等國，繼續在海外宣傳鼓吹匈牙利之獨立。

　　匈牙利亂事平定後，奧政府即以殘酷手段展開報復，英法與俄之調停均告無效。1849 年 10 月 6 日，奧軍將被俘之匈牙利前任總理柏洽尼及高級官員十餘人送往羅馬尼亞境內的阿拉德 (Arad) 處死。匈牙利淪入 「巴赫制度」 (Bach System) 的統治之下，一段光榮而又悲劇性的歷史也跟著落幕。

　　巴赫是一個和梅特涅不相上下的奧地利保守分子，1849 年由司法部長轉任內政部長，1852 年升任首相。他認為匈牙利既已公開反叛，今後即不必再有所顧慮，可以放手施壓。奧政府把匈牙利看作一個軍事佔領區，另建臨時性行政體系，將其劃分為若干行政地區，由維也納直接管轄：

　　　1. 匈牙利本身劃為五個行政區。
　　　2. 外息爾凡尼亞為直轄省。
　　　3. 匈牙利東南部毗鄰塞爾維亞地方，另設獨立行政區沃伊佛狄那 (Vojvodina)。
　　　4. 匈牙利西南部毗鄰克羅埃西亞的地方，連同富姆港在內，劃為軍事區。

　　此外，維也納派令奧地利大公為匈牙利總督，大批奧地利和捷克的官僚們擁進，接替了原來匈牙利政府官員們的職位，原有

的匈牙利憲政權利一律停止，實施高壓統治。

第八節　高壓統治

　　奧地利將軍海瑙 (Julius Jakob Haynau, 1786～1853) 以高壓鐵
腕政策來管理投降後的匈牙利。在總理巴赫的治理下，專制獨裁
的高壓統治達到了最高峰，原先想要安撫匈牙利的目的並沒有實
現。奧地利對於 1848 年的事件做了少許的讓步，例如有限度的土
地改革及廢除貿易障礙等，但仍無法除去兩國之間的鴻溝。

　　由於流放中的高舒特，其影響力還時時在匈牙利出現，在
1850 年代，又有一股新的反對勢力形成，主要成員多半是在
1848 年幸免於難的保守派和溫和派人士，其中領袖是戴艾克・弗
倫茲。這批人經常公然抒發他們的政治觀點，尤其是在歷史性週
年紀念時更是如此。

　　1850 年代起，歐洲國際局勢動盪不安，為匈牙利帶來了復國
的機會。克里米亞戰爭 (1854～1856) 發生後，奧俄關係惡化，英
國參戰，維也納在國際間陷於孤立。當時旅居英國之高舒特與同
時旅英的義大利革命家馬志尼 (Giuseppe Mazzini, 1805～1872) 即
有所接觸，盼能推動義大利的反奧戰爭。但因維也納宣告中立，
遂使機會喪失。

　　1859 年爆發「薩奧戰爭」，薩丁尼亞王國之加富爾 (Count
Camillo Benso di Cavour, 1810～1861) 聯法對奧作戰。高舒特、德
列基 (Teleki László, 1764～1821) 及克拉普卡 (Klapka György,

1820～1892) 等在義組成 「匈牙利民族委員會」（Hungarian National Board，匈語：Magyar Nemzeti Igazgatóság），並成立一支 「匈牙利兵團」（Hungarian Legion，匈語：Magyar légió）協助義 軍之加里波第 (Giuseppe Garibaldi, 1807～1882) 作戰。奧軍在索弗里諾 (Solferino) 之役為薩法聯軍擊敗後，喪失北義諸邦，聲威大減。但因法國臨時退出戰局，與奧地利迅速簽訂和約，奧地利方得喘息機會。

奧政府由於在國外連遭挫折，乃自 1860 年起漸漸改弦更張，放棄原有的專制政策。1860～1861 年間，連頒詔令，恢復匈牙利之議會制度。匈牙利之自由分子在戴艾克領導下，仍堅持 1848 年憲法之立場，認為奧匈之聯合僅為君主共戴之王位聯合，匈牙利並非奧地利的屬地。奧皇拒絕接受，乃將議會解散。

在 1860 年所頒佈的 《十月憲章》（*October Diploma* 或 *October Chater*）中，奧皇弗倫茲提出建議，希望匈牙利和維也納之間組成聯邦政府的關係，以便處理帝國經濟和軍事問題，至於其他事務，則由帝國內各邦自行處理。可是匈牙利拒絕接受，他們不斷與奧政府抗爭，等待與奧皇做新一回合的商議談判。反對勢力的主導者戴艾克則更進一步地要求回復《1848 年四月憲法》(*April Laws*) 的條件，並且要求直接參與國家大事。

第九節 最後的妥協——雙元帝國成立

1865 年，戴艾克決定對奧稍做讓步，準備在涉及兩國的「共

同政務」——即國防、外交與財政方面,同意由雙方協調諮商。
1866 年「普奧戰爭」奧地利在薩多瓦 (Sadowa) 一役慘敗給普魯
士,匈牙利趁機再次要脅奧政府讓步,成立奧匈雙元帝國。戰時
俾斯麥同意匈牙利將領克拉普卡的匈籍兵團助戰,戰後奧地利在
日耳曼及義大利半島兩方面的勢力均被排除,領土縮小,匈牙利
遂一躍而成為土地最大、人口也最多的屬地。因此,奧地利不得
不對匈牙利讓步,以爭取其支持。

　　儘管戴艾克所握的籌碼已大為增加,其談判地位也隨之提高,
但戴艾克僅欲維持原議,不做更多之要求。

　　此時,奧屬斯拉夫人亦圖改變現狀,彼等推舉代表,1866 年
7 月在維也納舉行會議,建議將帝國改為「五元帝國」
(Pentarchy),下屬五個地位平等的自治邦:

　　　1. 日耳曼人之奧地利。
　　　2. 馬札爾人之匈牙利。
　　　3. 捷克人之波希米亞。
　　　4. 波蘭人之加里西亞 (Galicia)。
　　　5. 由克羅埃西亞人、塞爾維亞人及斯洛維尼亞人合組之南
　　　　斯拉夫。

如照此計畫實施,則斯拉夫人在帝國中所佔之邦國有三,形成優
勢。

　　奧皇弗倫茲‧約瑟夫衡量當時情勢,與其變成「五元」,不如

成為「雙元」，於是決定向匈牙利讓步。

　　1867 年 2 月，奧皇弗倫茲召集了一個以安德拉伯爵 (Gróf Andrássy Gyula, 1823～1890) 為首的匈牙利各部會議。經數月之談判，終獲致協議。奧皇弗倫茲表達了支持「1848 年四月憲法」的態度。1867 年 6 月 8 日，奧皇弗倫茲在布達佩斯的馬嘉斯教堂 (Mátyás Templom) 依照傳統加冕儀式成為匈牙利的國王 (1867～1916)。10 月，奧匈簽訂〈1867 年妥協方案〉(Ausgleich of 1867)。

　　奧匈〈1867 年妥協方案〉使歷時三百五十年 (1526～1867) 的奧匈敵對關係為之終止。其方案如下：

1. 奧地利帝國與匈牙利王國均為獨立主權國家，地位完全平等。奧地利版圖包括奧地利本土、波希米亞、加里西亞、卡尼歐拉 (Carniola) 及泰羅爾 (Tyrol) 等地。匈牙利領土包括匈牙利本土、斯洛伐克、克羅埃西亞、巴納特 (Bánát) 及外息爾凡尼亞等地。

2. 依照 1723 年《國事詔書》之約定，兩國共戴哈布斯堡皇帝，彼此有相互軍事援助之義務。

3. 兩國各自有內閣、議會和憲法。國防、外交與財政三者屬「共同政務」(Common Affairs)，設「聯合部」(Joint Ministry) 以主持其事，每年舉行聯席會議一次，地點在維也納與布達佩斯兩地輪流舉行。

4. 兩國間有關商務及關稅之協定，每十年修正一次。

5. 奧地利國家銀行改稱「奧匈銀行」，貨幣亦逐漸統一。

6.軍事最高統帥由皇帝（國王）擔任，徵兵、役期及相關
　國防事宜須經雙方議會之同意。

　　〈1867 年妥協方案〉是匈牙利民族主義的一大勝利，雖未能
實現 1848 年完全獨立的情況，但就當時之環境而言，實已達到比
較理想的目標。此一高度政治藝術之成就，為戴艾克之不朽貢獻，
因此匈人稱之為「祖國的賢哲」(Sage of the Fatherland)。奧匈兩
國即在此一妥協方案下，維持雙元關係五十二年之久，至 1919 年
才各自獨立為兩個國家。

　　妥協方案對兩國均有利益，而匈牙利獲利尤多。匈牙利歷經
長期的動盪不安，遂得以喘息開始復甦，發展其工商業，全國開
始顯現出興盛繁榮的景氣。匈牙利藉助奧地利的聲望與武力，維
護本身之安全，其領域已恢復從前的規模，馬札爾人以多數民族
之地位，統治境內的其他少數民族。

　　奧匈雙元帝國成立後，境內各少數民族不斷醞釀獨立自決。
1890 年代匈牙利政府機構以匈牙利文為主要的語文，而且為數不
少的人認為自己是匈牙利人。1918 年第一次世界大戰結束，匈牙
利正式宣佈獨立，雙元帝國方告結束。同時，奧匈境內各民族舉
行南斯拉夫會議 (Yugoslav Congress)，成立南斯拉夫。不過，東
歐和巴爾幹地區種族和文化的複雜依舊，南斯拉夫到了二十世紀
末，仍爆發了三次民族自決的衝突，至今還懸盪不已，仍須藉助
國際維和組織的援助，方得以維持區域性的和平與穩定。

第 II 篇

兩次世界大戰後的改變

第五章 | *Chapter 5*

奧匈雙元帝國與
第一次世界大戰

第一節　政體的蛻變

　　在匈牙利的獨立革命前後，政治體制歷經三變一妥協：革命之前的《1847 年憲法》，革命期間的《1848 年四月憲法》，獨立戰爭爆發後的〈1849 年獨立宣言〉和〈1867 年妥協方案〉形成的雙元帝國。這些變化所代表的思想，在 1849 年以後形成了三個政治集團。

　　一為主張匈牙利恢復《1847 年憲法》，仍然依附於奧地利帝國，實行自治的保守派。此派分子，既與革命無關，且與奧地利統治階層深具淵源，照理應該有所成就。但巴赫政府則一味堅持既定專制政策，拒絕與之做絲毫之妥協。

　　另為以高舒特為首，多由逃亡國外之匈牙利人組成，主張成

立獨立的匈牙利共和國的激進派。在 1849 年革命失敗後，有數以
千計的匈人逃往土耳其，依附高舒特，欲以土耳其之維丁 (Vidin)
為基地再度發動革命。俄國與奧地利聞悉後，即要求土耳其將高
舒特等人引渡，幸賴英法派艦在達達尼爾海峽示威反對，方未得
逞。西方國家雖同情匈牙利之遭遇，但未做進一步的實際干涉。

還有以戴艾克為首，既不贊同保守派，也不同意激進派主張
的中間派。認為《1848 年四月憲法》依然有效，並以恢復其所規
定之權利為目標。保守及激進分子雖一致反對，奧政府亦一再恐
嚇，但戴艾克則依其學術良知，傲然不屈，以消極抵制之方式，
為復國而努力，獲得「勇敢的悲觀主義者」(Courageous
Pessimist) 之名號。

第二節　獨立運動

匈牙利在〈1867 年妥協方案〉以後的發展，一般尚稱平順。
戴艾克雖為妥協案的建立者，但不願接受政府職位，寧願擔任幕
後政黨——所謂「戴艾克黨」(Deák Párt) 的領導人。新政府之總
理一職，則由安德拉 (Andrássy Julius, 1823～1890) 擔任。若干民
族領袖如克拉普卡、波柴爾 (Perczel Mór, 1811～1899) 將軍、史
學家郝爾瓦特 (Horváth Mihály, 1809～1878) 等人紛紛返國，襄佐
大業。

激進派不以〈1867 年妥協方案〉為滿足，另組「獨立黨」
(Independence Party)，以實現〈1849 年獨立宣言〉為奮鬥目標。

另有一批中間偏左的人士，以提索 (Tisza Kálmán, 1830～1902) 為首，另組「決議黨」(Resolution Party)，以 1861 年議會通過之決議案命名，主張建立獨立的武裝部隊，商務與財政亦與帝國分開。在 1872 年的議會大選中，戴艾克黨獲二百四十五席，提索黨獲一百一十六席，獨立黨獲三十八席。

1875 年，提索黨與戴艾克黨中部分分子合併，改稱 「自由黨」(Liberal Party)，以提索為領袖，提索並擔任總理一職達十五年之久 (1875～1890)。由是逐漸形成兩黨制，一為在朝之「自由黨」，一為在野之「獨立黨」。

自由黨之組成分子，代表中產階級地主及新興資產階級，提索的長期執政，雖為匈牙利帶來十五年的安定，但並未普受匈牙利人民之支持，尤以聯合部隊中規定以德文為公文書的唯一語文一節，更為匈人所反對，1890 年竟因此引起首都市民之示威而被迫辭職。提索雖辭，而自由黨之統治則持續不墜，又歷時十五年，至 1905 年大選時，情勢始改觀。自由黨退居少數地位，繼之而起者為獨立黨。

各政黨爭辯的主題，集中於奧匈之間法律地位的問題，但對極為重要的經濟社會問題，反而較少注意，是其缺點。匈牙利的經濟結構，十九世紀下半期仍以農業為主，穀類生產數量，僅次於美俄，居世界第三位，不僅可供匈奧自用，且有餘額輸出。但自 1890 年以後，受國際競爭影響，糧價低降，匈牙利小農破產，亟待救濟，於是自 1891 年起，農民社會主義運動開始發生，成立「農業工人聯盟」 (Federation of Agrarian Workers)，即為匈牙利

「農民黨」的前身。

匈牙利工商業於十九世紀頗有發展，紡織、麵粉、製糖、釀酒、製皮等工業均紛紛建廠，城市勞工人數增多，組織工會，接受奧地利「社會民主黨」之指導。由於工人數量之增加，影響到匈牙利社會結構的變化，故後來的民族主義亦有社會主義色彩。

1871 年爆發了一些罷工行動，而政府採用武力手段來壓制，匈牙利的社會情勢處於一種緊張的氣氛之中。到了 1880 年，曾經擔任巴黎議會議長而具有豐富經驗的弗蘭克爾 (Fränkel Leó, 1844～1896) 組成總工黨 (General Worker's Party)，要求每日工作十小時、廢除童工制、男女等職同薪等基本人權。最後，雖然弗蘭克爾被捕下獄，可是他所倡導的主張卻繼續傳揚下去。在 1890 年，匈牙利「社會民主黨」終於誕生。

在外交政策方面，匈牙利大致均能配合奧地利立場，合作無間。原任匈牙利總理之安德拉，於 1871 年起改任奧匈帝國的聯合外交部長，其外交政策亦兼顧匈牙利的利益。當普法戰爭爆發時，奧地利將領曾擬助法攻普，以報復 「七週戰爭」（Seven Weeks' War，又稱 Austro-Prussian War, 1866）失敗之恥辱，但在安德拉運用下，未曾參戰。安德拉有兩層顧慮：一為俄國可能出兵干涉，對奧匈帝國不利；二為如獲勝利，奧匈帝國必再度捲入爭奪日耳曼領導權的漩渦中，對匈反而不利。安德拉的另一活動，則為反對帝國郝亨瓦特 (Hohenwart) 內閣的擴大聯邦的計畫——給予捷克較大政權，因捷克地位提高後，匈牙利的權力就會相對受損。

第三節　第一次世界大戰的爆發

安德拉將其全部注意力集中於應付來自南方的俄國威脅，因俄國在巴爾幹的影響力劇增，塞爾維亞已成為「大斯拉夫主義」的核心。塞爾維亞亟思向西北擴張，伸入波西尼亞及赫澤格維納兩邦，甚至匈牙利境內。安德拉雖認清上述威脅，但不願與俄國正面為敵，於是採取和俾斯麥同樣手段，一方面與俄合作，一方面爭取本身的利益。1877 年，奧匈與俄商獲協議：俄取比薩拉比亞 (Bessarabia)，奧匈取波西尼亞及赫澤格維納兩邦。安德拉的目的，不在向外擴張，而在本身之防禦，藉以打破俄國對奧匈帝國的半圓形包圍圈。俄土戰後，簽訂〈聖史提凡諾條約〉(*Treaty of San Stefano*)，俄國兼併比薩拉比亞的目的已達，但對於波西尼亞及赫澤格維納兩邦問題則故意避而不提。當柏林會議繼之加開時，安德拉即利用英俄之對立而取得波西尼亞及赫澤格維納兩邦的管轄權。1879 年，安德拉接受俾斯麥之邀請，締結德奧盟約，形成「三國同盟」的基礎。1908 年，再趁土耳其革命的機會，將波西尼亞及赫澤格維納兩邦正式兼併。

1914 年 6 月，奧匈帝國王儲斐迪南 (Francis Ferdinand, 1863～1914) 夫婦遇刺於波西尼亞首府薩拉耶佛 (Sarajevo)，此一陰謀與十一年前傾奧地利的塞爾維亞王亞歷山大一世（Alexander I of Serbia, 1876～1903；在位 1889～1903）之被刺，如出一轍。幕後之主持者皆為親俄的大塞爾維亞主義者，他們的目的在於瓦

圖 32：奧匈帝國首相提索伊斯特凡

解奧匈帝國，奪取以斯拉夫人為主要居民的波西尼亞及赫澤格維
納兩個邦。當時擔任奧匈帝國外交大臣 (1912～1915) 的白克托德
(Graf von Leopold Berchtold, 1862～1942) 及參謀總長赫岑多夫
(Conrad von Hotzendorff, 1852～1925)，決定對塞爾維亞施加壓力，
以期徹底解除此一威脅。但匈牙利籍的奧匈帝國首相 (1903～
1905, 1913～1917) 提索伊斯特凡 (Tisza István, 1861～1918) 則反
對以武力方式解決，乃於 7 月 1 日上書奧皇要求審慎處理。

　　提索顧慮的是，俄國及羅馬尼亞可能參戰，而德國則必須全
力對付法國，無力分援，奧將處於不利地位。其後由於主戰派獲
勝，奧匈帝國乃在 7 月 28 日對塞宣戰，終於引發了第一次世界大
戰。

第四節　雙元帝國的瓦解

在第一次大戰期間，匈牙利動員三百八十萬，損傷數字高達百分之五十六。在奧屬波蘭及喀爾巴阡山一線，損失尤為嚴重，在巴爾幹方面，則將塞爾維亞等地佔領。1915 年義大利參戰後，匈軍在伊松左 (Isonzo) 河谷抵制其攻擊；1916 年羅馬尼亞參戰後，即向外息爾凡尼亞猛攻，後亦在德軍協助下，匈牙利將羅軍逐退，是年 12 月攻佔羅馬尼亞首都。同年 11 月 21 日，皇帝弗倫茲‧約瑟夫逝世，結束了六十八年的統治，其姪孫卡爾一世 (Karl I, 1887～1922) 隨即繼承奧匈帝國皇位，並於 12 月 30 日繼承匈牙利王位，即查理四世 (Charles IV, 1916～1918)。1916 年 11 月，德國及其同盟戰敗，卡爾一世（匈牙利王查理四世）11 日宣佈退位，並被迫於 1919 年 3 月流亡瑞士，數月後，奧地利政府亦罷黜其王位。1916 年 12 月 18 日，德奧匈等國首次提出和議，但為聯軍拒絕，聯軍在 1917 年 1 月 12 日的覆文中，要求將「外族統治下」之義大利、南斯拉夫、羅馬尼亞及捷克等一律解放。換言之，即宣告奧匈帝國之全盤瓦解。

1918 年 10 月 16 日，匈總理維克爾 (Wekerle Sándor, 1848～1921) 強力否決奧皇卡爾一世企圖保存雙元帝國的最後期望。維克爾緊接著在卡爾一世的政策被回拒之後，於 19 日向國會宣佈終結奧匈的雙元關係，匈牙利脫離奧地利而獨立，唯兩國仍共戴一君。不久，再宣佈切斷與德國關係。此時的卡爾一世運用其殘餘

的勢力，對維克爾極力施以報復，迫使他下臺。11 月 3 日，奧匈軍總司令與聯軍於巴杜 (Padua) 簽訂停戰協定。維克爾辭總理職，在國王尚未決定新任命之前，「獨立黨」領袖卡洛伊伯爵 (Gróf Károlyi Mihály, 1875～1955) 即於 10 月 23 日自行組成「全國委員會」(National Council)，在民族主義分子支持下，於首都發動所謂「紫菀花革命」(Aster Revolution)。之後，於 11 月 11 日，卡洛伊被國王任命為總理。

第五節　大戰後的調停

奧匈帝國於 1918 年 11 月 3 日停火，但是他們簽訂和平條約乃至於各自獨立的時間竟不相同：奧地利是 1919 年 9 月 10 日，匈牙利是 1920 年 6 月 4 日。從 1918 年 11 月到 1920 年 6 月，匈牙利甚至還沒有一個在國際上被明確認可的邊界，若干新的領土仍有所爭議，而且還被外國佔領著。甚至和約簽訂後，有的地方還拖了一年之後才有所改善。在 1918 年 11 月和 1919 年 11 月之間，協約國發現匈牙利接連幾個政府居然派不出一位夠資格的代表前往巴黎去簽署和約。匈牙利的情況相當複雜，和談會議花了很長的時間解決這方面的問題。

對抗協約國的戰爭期間，匈牙利仔細評估反德的秘密協議，從波羅的海到黑海之間將會誕生一系列的獨立國家。戰後中東歐地區欲根據西方民主國家詮釋的獨立原則進行重組，若僅解決奧匈帝國的雙元結盟關係的話，是還不足以實現的。

　　繼俄羅斯的布爾什維克革命之後，中、東歐的西方國家有兩個想法：其一是設法建構一個阻絕德國東擴的堡壘，孤立德國；另一個是設法孤立俄羅斯，阻止共黨革命西向蔓延到歐洲來。

　　這個問題不只困擾著匈牙利，也讓西歐國家嚴陣以待，關係緊繃將近兩年，甚至還影響日後深遠。1919 年春，匈牙利共產黨的領袖孔貝拉 (Kun Béla, 1886～1938) 就曾鞭辟入裡地描述當時匈牙利的情況：「這場戰爭是分別代表帝國主義者的資本主義和布爾什維克的社會主義兩個世界所爆發的衝突。」

　　在多瑙河流域的中歐諸國所遭遇的情況各有不同，民族主義的情結有的促使新政權的鞏固，像捷克－斯洛伐克一樣；也有像羅馬尼亞一樣的，讓舊有政權益形鞏固。然而，在匈牙利他們卻扮演著完全不同的角色。協約國具有敵意的政策，結合了匈牙利崩潰的震驚，形成了一種最不幸的結局。全國人民的不滿情緒，影響了匈牙利中產階級民主的崩潰，也帶來了日後綿延不斷的災難。

　　1919 年 1 月 18 日，巴黎和會召開，由美、英、法操縱，討論如何處置戰敗的德國。美國總統威爾遜的「十四點原則」，實為美為攫取戰後世界領導權所做的打算。英國要求削弱德國海軍，剝奪德殖民地，要求德支付戰爭賠款，其為制止法國的勢力過大，又不主張過多削弱德國。法國則要求盡量地削弱德國，重建法國在歐洲大陸的霸權。其主張除收回阿爾薩斯、洛林外，還要求索取盡可能多的戰爭賠款。義大利則要求按其與英法原先簽訂的密約，擴大領土。日本則要求把戰爭中取得的利益合法化，即佔有

德國在太平洋上的諸群島,以及德國在中國山東的權利。

　　和會經過許多波折,終於 6 月 28 日在凡爾賽宮簽訂對德和約——〈凡爾賽和約〉。內容包括:重新劃分德國疆界、德國承認奧地利的獨立、承認波蘭和捷克斯洛伐克的獨立,把原屬波蘭的領土基本上歸還波蘭。協約國除與德國簽訂〈凡爾賽和約〉外,還與其他戰敗國:奧地利、保加利亞、匈牙利、土耳其簽訂和約。

　　第一次世界大戰大大削弱了帝國主義的力量,摧垮了俄國、德意志、奧匈、土耳其等四大帝國。戰後新生的國家有:脫離俄、德、奧復國的波蘭,脫離奧國而獨立的捷克、匈牙利,脫離俄國獨立的芬蘭、愛沙尼亞、拉脫維亞、立陶宛,以及在戰後由塞爾維亞和蒙特內哥羅合併改名的南斯拉夫。

　　攸關匈牙利分割的領土因素不再是爭辯的問題,而土地得以被精確地劃分才是重點。根據 1915 年 8 月 18 日的一項秘密協定,英國、法國和俄羅斯同意將塞爾維亞、赫澤格維納 (Herzegovina)、達爾馬提亞的一部分、斯洛維尼亞、克羅埃西亞和匈牙利的部分領土,讓南方的斯拉夫人及其他種族居住。

　　羅馬尼亞也經過兩年的談判,在 1916 年 8 月 17 日締結了一項秘密協議。在協議中,英國、法國、俄羅斯和義大利同意將外息爾凡尼亞、帕提姆 (Partium)、布科維納 (Bukovina) 和多布魯嘉 (Dobrudja) 劃歸羅馬尼亞。由馬薩利克 (Tomáš Garrigue Masaryk, 1850～1937) 和貝尼斯 (Edvard Beneš, 1884～1948) 領導的捷克移民不相信這個秘密協議。在大戰的最後幾個月裡,協約國認為捷克是盟友,他們承認捷克的獨立權,並且同意捷克「恢復其歷史

上原有的疆界」。其實這種說法是極其不正確的，波希米亞和莫拉維亞組成捷克的領土，但是斯洛伐克人卻不曾擁有他們自己的土地，所以也就不曾有所謂的歷史上的疆界。結果，斯洛伐克是從匈牙利的北方被劃分來的。

第六節　列強的利益與主張

〈凡爾賽和約〉建立了戰後資本主義世界的新秩序，但其中隱含著許多矛盾：

1. 加深戰敗國和戰勝國之間的矛盾。
2. 是戰勝國之間互相妥協的產物，由於分贓不均，加深了戰勝國之間的矛盾。
3. 犧牲弱小民族利益，加劇了殖民地與帝國主義列強的矛盾。

戰爭結束時，列強們打算履行他們在戰時的承諾，只要戰後的環境符合他們自身利益的話。此外，每一個政府對於他們自己的利益都有不同的觀點，特別是牽涉到多瑙河流域的中歐地區，而要解決這些歧見可是相當不容易的。

美國一直到 1917 年才加入協約國的作戰行動，所以沒有參與秘密協定。雖然威爾遜總統 (Woodrow Wilson, 1856～1924) 底下參與戰後計畫的顧問群，對於秘密協議的原則予以背書，但是，

美國在多瑙河區域卻全然沒有政治和經濟上的利益。由於沒有既定的利益，美國威爾遜總統僅是根據其個人觀點的思考，讓美國在幾個問題上的立場對於匈牙利是相當有利的。舉例來說，美國的和平計畫主要強調在這個地區裡種族政策的原則和傳統的經濟關係。任英國代表團團長的首相勞合‧喬治 (Lloyd George, 1863～1945) 就同意威爾遜的若干觀點。英國外交部遵循其傳統的均勢外交政策，主要是力圖阻止法國增加其在歐洲本土的影響力。

在協約國之中，法國的政策相當明確：盡可能地削弱德國和其盟邦的力量。然而美國反對，而且也常受到英國的限制，法國全力支持每一個對匈牙利的權利要求。同時，義大利也打算將多瑙河區域劃入其勢力範圍，但是，義大利在協約國中的地位不強，所以它對多瑙河區域的政策就沒有辦法像法國那樣的強勢。

瞭解上述的關係，也就不難理解何以戰後卡洛伊政府的外交政策鎖定威爾遜和其「民族自決」的原則。這裡必須注意的是，雖然蘇維埃俄羅斯政權在 1917 年「十月革命」之後退出協約國陣營，並且沒有參加巴黎和會，但是，俄羅斯在和會中的影響力仍舊大大地存在。

1918 年 11 月 3 日的停戰協議，為匈牙利劃下一道疆界，一個相當符合義大利利益的界線。相對地，在匈牙利的傳統疆域上，根據停戰協議割讓克羅埃西亞的情況是匈牙利所情願的。但是這條界線維持不久，卡洛伊政府在 13 日和法國在巴爾幹的聯軍指揮官路易‧弗蘭克將軍 (Marshal Louis Franchet d'Esperey, 1856～

1942) 簽訂一項軍事協定。在這個新協議中，修改了先前在南方與東南方劃定的疆界，因為那是有利於南斯拉夫和羅馬尼亞。新協議沒有改變北邊既存的情況，因為那裡對協約國的利益沒有即刻性的影響。

1918 年 11 月 8 日，捷克斯洛伐克政府下令出兵進佔匈牙利的北邊，宣稱「斯洛伐克」歸其所有。經過幾場小規模的戰鬥，匈牙利敗退。到了 12 月，卡洛伊政府被告知新的疆界，大部分和之後〈特里濃條約〉簽訂的疆界相符。但是，羅馬尼亞政府對於 11 月份停戰協定協議的邊界甚為不滿，因為根據 1916 年和協約國簽訂的秘密協議，匈羅兩國的邊界以提索河為界，如果羅國的聲明得以實現的話，其影響將更為深遠。

除了協約國的承諾之外，羅馬尼亞還宣告擁有外息爾凡尼亞的主權，並任命羅裔人士擔任代表，以確保戰爭期間秘密協定有關領土主權部分的有效性。雖然在 12 月，羅國軍隊在法國路易·弗蘭克將軍的鼓勵下越界，2 月推進超越了外息爾凡尼亞。在羅匈兩軍血戰阿拉德 (Arad) 之後，聯軍被迫派遣法軍介入。至於巴納特 (Bánát)，自從羅馬尼亞和南斯拉夫各自宣佈對其擁有主權之後，武裝衝突就經常發生，直到法國的調停之後，方得罷休。

羅馬尼亞和捷克斯洛伐克進行軍事行動之後，罔顧先前的停火協議中已明確劃歸匈牙利所有的領域，各自併吞其所佔領的土地，納入版圖。數以萬計的匈牙利人，主要是行政官員、職員、教師和他們的家庭，因此被迫拋棄家產，離鄉背井逃至布達佩斯。

由於國內外情勢交迫，匈牙利的中產階級民眾發覺已經身處

於危急存亡之中，卡洛伊政府的聲望及政權因此而動搖。民眾和卡洛伊的「協約國情結」希望協約國能合理對待匈牙利。不用說，根本就沒有機會去實現由卡洛伊政府民族事務部部長，也是中產階級基本黨 (the Bourgeois Radical party) 的領袖耶西 (Jászi Oszkár, 1875～1957) 所倡議的，在多瑙河流域建立「東方瑞士」（Eastern Switzerland，匈語：Keleti Svájc）的和平計畫。卡洛伊政府的國家和平計畫，無法與由協約國倡議的計畫相抗衡。任何有關非馬札爾民族的協議到頭來都無法達成。

由於羅馬尼亞和捷克斯洛伐克的佔領，戰敗的匈牙利喪失了許多物資資源的供給地。除此之外，對匈牙利更大的打擊是，國際救援組織的援助計畫居然還把它排除在外。相反地，同是戰敗國的奧地利卻接收了相當多的食物和其他的救濟品。根據協約國的報告顯示，這些因素有助於強化極左派的力量。共產黨對著中產階級民眾，日日進行煽動，並攻擊富人和西方民主政體。關於大眾的感覺，社會民主黨的領袖伯卡尼 (Bokányi Dezsö, 1871～1940) 做了一個具有啟發性的說明：「我們對威爾遜總統的十四點訴求是相當的失望，高談闊論支持英國人和法國人是完全無益的，屆時只有俄羅斯的觀點。」

協約國對匈牙利的敵視行動持續著，他們在 1919 年 3 月 20 日宣稱籌備所謂的「匈牙利－羅馬尼亞中立區」，中立區的西線與 1916 年羅馬尼亞和協約國之間秘密協議所允諾的邊界類似。卡洛伊受到匈牙利政府全體一致地支持，不打算讓步。

匈牙利在 1920 年 6 月 4 日終於簽訂〈特里濃條約〉，國家被

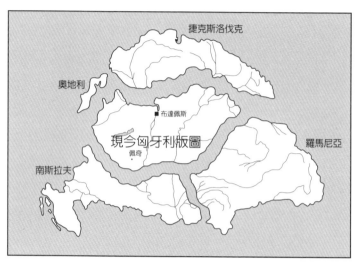

圖 33：〈特里濃條約〉簽訂後，匈牙利四分五裂

瓜分。領土只剩下戰前的四分之一（由二十二萬八千平方公里減至九萬三千平方公里），人口只有戰前的百分之四十（由二千萬人減為八百餘萬人）。

　　第一次世界大戰結束，奧匈帝國瓦解之際，匈牙利的少數民族在「民族自決」的原則下，紛紛脫離匈牙利，併入四周的新興國家。北部的斯洛伐克和魯森尼亞併入捷克，東部的外息爾凡尼亞併入羅馬尼亞，南部的克羅埃西亞等地併入南斯拉夫，甚至西面也被奧地利佔去一小部分。

　　匈牙利最大的損失是外息爾凡尼亞被割讓予羅馬尼亞，失去面積約為匈牙利原有疆域的三分之一，人口約有二百五十萬。

第七節　短暫的孔貝拉共產政權

　　第一次世界大戰期間的匈牙利，政局極不穩定，歷經三個階段的變化：第一階段是戰後短期的親西方民主政權（1918年10月至1919年3月）；第二階段是孔貝拉建立的共產政權（1919年3月至7月）；第三階段是以赫提伯爵 (Count Nagybányai Horthy Miklós, 1868～1957) 為首的右派政權 (1919～1941)。

　　第一次世界大戰結束前夕，奧匈帝國發表聲明，決定將政體改制為聯邦，匈牙利乃於10月23日組成「國家委員會」，「獨立黨」領袖卡洛伊伯爵發動獨立革命，凡參加革命者皆佩帶一束紫菀花以資識別，故稱「紫菀花革命」。奧匈帝國最後一任皇帝查理一世 (1887～1922) 兼匈牙利國王查理四世 (1916～1918) 遂任命獨立黨之卡洛伊為總理。11月13日查理四世進一步宣示不再兼任匈王，「匈牙利共和國」乃於1918年11月16日宣告成立。

　　卡洛伊伯爵雖出身貴族，但頗有民主自由思想，他所建立的聯合政府的成員，除了獨立黨之外，還有社會民主黨人。新政府隨即實施一連串的改革：頒佈選舉法，男女公民均有選舉權，依比例代表制選出制憲會議代表，建立「民主聯邦共和國」；實行土地改革，將大地主的田莊轉配貧農；教育脫離教會的控制；言論出版自由；實行司法改革，建立陪審制度；主張對少數民族實施較為寬大的政策。

　　但上述政策並未能滿足各方的要求，尤其久受壓迫的少數民

族,不滿意聯邦制度,而主張分別併入屬於同族的鄰邦各自獨立。當時各鄰邦也推波助瀾,趁機出兵,捷克攻佔斯洛伐克,羅馬尼亞攻佔外息爾凡尼亞,塞爾維亞攻佔克羅埃西亞。

　　卡洛伊為了討好協約國,先將匈牙利武裝部隊解散,以示愛好和平的決心。不料巴黎和會竟做瓜分的決定,同時也摧毀了卡洛伊的民主政權。1919 年 3 月,匈牙利的少數共產黨人,在猶太裔孔貝拉領導下奪取政權,建立了歐洲第一個蘇維埃共和國(Hungarian Soviet Republic;匈語:Magyarországi Tanácsköztársaság),由孔貝拉領導。

　　孔貝拉 1915 年春被俄軍俘虜,在俄國加入共產黨,與列寧及史達林等人相識,戰後被俄共送回匈牙利主編《紅色新聞》,暗中發展共黨組織。執政之後,即仿照俄共十月革命實施共產獨裁。將全國大企業、鐵路、銀行、礦山等一律收歸國營;土地亦由政府無償沒收,並向農民徵繳餘糧;建立紅軍,設置革命法庭;只准勞工無產階級享有參政權,建立各級地方蘇維埃。

　　1919 年春季的局勢有兩個截然不同的發展:就短期來說,匈牙利的共產政權在孔貝拉領導下,在沒有遭遇反抗的情況下逐步發展。事實上,初期匈牙利共產黨的活動是獲得社會上各個階層的支持,因為政權的更替顯示出匈牙利人民對於協約國政策的一種抗議。

　　但是,孔貝拉的共產統治,立即引起國內外的反抗與質疑。國內的保守分子和自由分子——包括大地主、資產階級、天主教會、中產階級、知識分子等合組「白軍」並且展開反擊,內戰乃

爆發。孔貝拉雖將私人土地沒收,但未立即轉配予貧農,也引起農民的反感,紛紛投入反共行列。

在國際方面,協約國極其不願在俄羅斯蘇維埃共產政權之外又出現一個中歐共產政權,乃決定加以干涉。東鄰的羅馬尼亞於 1919 年 7 月派軍攻入匈境,捷克與塞爾維亞也出兵助戰。當羅軍迫近布達佩斯時,短暫的孔貝拉政權卒告瓦解,孔貝拉於 8 月 1 日逃往維也納,其後轉往俄國。

第八節　少數族裔問題

1919 年巴黎和會處理匈牙利問題時,對於在多瑙河流域所形成的既成事實,戰勝國的態度是傾向於沒有必要改變和平的狀況。戰敗國沒有機會參與和平條約的簽訂,匈牙利代表團不被允許與會。另一方面,捷克斯洛伐克、羅馬尼亞和南斯拉夫的和平代表團則被允許提出他們的要求。

其中以對羅馬尼亞領土訴求的討論最為激烈,他們要求完全履行 1916 年戰間秘密協議的內容。義大利總理歐蘭多 (Vittorio Emanuele Orlando, 1860～1952) 和英國首相勞合‧喬治詢問外息爾凡尼亞、布科維納 (Bukovina)、比薩拉比亞 (Bessarabia) 和巴納特的居民是否真的有意加入羅馬尼亞,種族的複雜性依舊困擾著這些地區。然而,當英首相勞合‧喬治提出公民投票的想法時,羅馬尼亞總理伊布勞夏努 (Ion Bratianu, 1864～1927) 則持反對意見:「羅馬尼亞的參戰為的是以其民族意志用來對付外息爾凡尼亞

的匈牙利少數民族，所以，如果用投票的方式詢問匈牙利人是否願意加入羅馬尼亞，那是絕無可能的。」美國代表持續強烈地反對羅馬尼亞的訴求，並提議將幾個城市，如沙特瑪爾涅梅堤 (Szatmárnémeti, Satu Mare)、納吉瓦拉德 (Nagyvárad, Oradea) 和阿拉德 (Arad) 等交還匈牙利手中，但是無效。

　　捷克斯洛伐克的目標是將其邊界沿著多瑙河劃訂，因此深入匈牙利境內匈牙利人的地區，像瓦茲 (Vác)、密許柯爾茲 (Miskolc)。由於受到法國和英國的大力支持，捷克斯洛伐克的際遇似乎比羅馬尼亞要好。但是，美國和英國代表團先後表達異議，發揮了影響力。結果，瓦茲、盛產煤礦的薩爾戈塔揚 (Salgotarján)、匈牙利的重工業城密許柯爾茲、沙洛斯巴塔克 (Sárospatak)、沙拖拉耀赫 (Sátoraljaújhely)、托凱伊 (Tokaj) 和喬普 (Csap) 等地還留在匈牙利的掌握中。不過，儘管美國反對，在多瑙河上一個完全是匈牙利人居住的小島喬洛科茲 (the Csallókoz) 卻被劃歸捷克斯洛伐克。

　　捷克斯洛伐克對匈牙利在領土方面的訴求，部分原因是布拉格一心想填補多瑙河流域的權利真空。捷克斯洛伐克也想要尋找一條穿過奧匈的領土，連接亞得里亞海的通路。這個所謂的「走廊計畫」被協約國和南斯拉夫所反對。但是，捷克斯洛伐克還不死心。甚至在 1919 年 7 月，巴黎和會試圖準備軍事出擊匈牙利蘇維埃共產政權時，布拉格還再度提出「走廊計畫」，作為其出兵的代價。捷克斯洛伐克的如意算盤是在匈牙利的四周，除了一般傳統的疆界之外，加上這個走廊——由捷克斯洛伐克和南斯拉夫控

制，把匈牙利緊緊地圈住，將它和奧地利分隔。

　　捷克斯洛伐克要求在多瑙河流域的領導權，它希望得到位於匈牙利北方，被波蘭控制的泰辛 (The Tesin) 煤礦。因為捷克斯洛伐克相信，擁有煤礦將會增加對奧、匈、德的政治影響力。從這些因素不難理解協約國間在 1919 年春已然形成的發展輪廓。

　　匈牙利和南斯拉夫之間疆界的劃分較少有衝突，不論就領土的大小，或者是政治的影響力，都不能和外息爾凡尼亞和匈牙利的北方失土相比擬。當時的貝爾格勒政府比起其他的政府更處於艱難的環境裡，南斯拉夫的野心與羅馬尼亞及義大利的相互衝突，因為原先巴納特被允許交由羅馬尼亞和塞爾維亞，後來巴黎和會才決定將其交付羅馬尼亞和南斯拉夫瓜分。南斯拉夫還想獲得匈牙利西南方的佩奇 (Pecs) 和附近的煤礦，這些地方終究沒被允許割讓，但是一直到 1921 年夏季之前仍舊被南斯拉夫佔領著。

　　奧匈之間領土的劃分，並無炙熱化的衝突。奧匈邊境的問題發生在勃艮蘭 (Burgenland)：奧地利希望得到它全部的土地，並讓奧地利人遷徙該地。巴黎和會對奧地利寄以同情，設法防止它崩解，避免步入匈牙利的後塵，從民主政體掉進獨裁政權。然而，奧地利對於領土的訴求，部分是由和會執行的。甚至，在奧地利和約簽訂之後，索普朗 (Sopron) 和附近的地區經由人民公投，仍在匈牙利的手中，這是匈牙利經由人民公投決定新邊界的唯一例子。

　　還有少數幾個例子說明匈牙利領土的問題是被巴黎和會操控的。所有的議決都是便於行事，對於民族自決原則不是輕率帶過，

要不就是刻意抹殺。所以，在西部外多瑙河 (Western Transdanubia) 的某些地區被判給匈牙利，作為其喪失部分領土的賠償。

1919 年 5 月 8 日，隨著和平調停的結束，確定了匈牙利的疆界。疆界是由戰勝國單方面的決定，主要是滿足戰勝國在經濟上和戰略利益的考量。戰勝國以這種方式罔顧種族自決的原則，擴大版圖。人民憂心沒有機會利用公投的方式，表達他們對於民族自決的權利。以匈牙利為例，在那裡威爾遜的十四點民族自決原則完全被忽視。

多瑙河流域根據和平條約所成立的國家之中，只有兩個國家——奧地利和匈牙利，可以被認為是沒有重要少數民族的民族國家。捷克斯洛伐克、羅馬尼亞和南斯拉夫由於領域的擴大，增加了大量的少數民族，成為戰後中歐地區緊張關係與問題的根源。各個民族在歷史發展的不同層級上，有不同的傳統、文化和宗教信仰。甚至，有些少數民族比起統治他們的多數民族，具有較高的發展水準。所以，戰後這些新興多民族國家主要關切的是，慢慢地在經濟上、社會上和文化上結合他們。

那些協約國並不全然瞭解，危險潛存於他們決定的新狀況中。英首相勞合‧喬治就指出，早在 1919 年 3 月底的時候，協約國的議決就提供給德國－匈牙利－保加利亞－土耳其聯盟修訂和約的基礎。美國威爾遜總統也提議致力於保障少數族裔的各種條款，並納入和約之中。搭配少數族裔條約，這些條款被用來保障全國的少數民族應該享有和統治階層民族平等的公民權。

　　事實上，少數族裔條約的理想卻激起統治階層族裔的反感。在多瑙河流域的國家之中，反對最激烈的國家是羅馬尼亞。羅馬尼亞總理布勞夏努拒絕簽署，並聲稱其干涉了羅馬尼亞的內政。羅馬尼亞政府反對任何國際上對少數族裔的保障，導致締約國的工作延遲了數月之久。為了勸使羅馬尼亞簽署少數族裔的相關條約，又把比薩拉比亞贈與羅國。少數族裔條約的風暴將羅馬尼亞猶太人的問題浮現出來，一直到 1919 年，他們仍舊沒有享受到平等待遇，羅馬尼亞政府依然不願意給他們公民權。少數族裔條約的簽訂，並不能保證履約。一旦條約被批准，列強就不再關切少數族裔的問題。多年來，匈牙利政府在國際聯盟提出有關於周邊國家裡匈牙利少數族裔合法申訴的抗議，被看作是匈牙利為其收復故土的宣傳手段。

第二次世界大戰的來臨

第一節　右派政權

　　孔貝拉逃亡後，羅馬尼亞軍隊盤據布達佩斯及東部一帶，燒殺劫掠，使匈、羅兩國之間的仇恨加深。1919 年 11 月中旬，羅國軍隊在協約國壓力之下方始撤離，反對派政府國防部長兼國民兵總司令赫提率兵進駐首都，接掌政權，實行白色恐怖統治，殺戮慘重。次年初，赫提以「全國行政長官」(Administer of the Realm) 之名義執政，同年的匈牙利國會決議恢復王國，查理四世雖然名義上仍是匈牙利的國王，但協約國堅決反對匈王仍由哈布斯堡王朝擔任。因此在王位虛懸的情況之下，赫提擔任攝政 (Regent)。

　　查理四世雖曾兩度企圖返回布達佩斯復位，但均被赫提拒絕，匈牙利變成了一個「沒有國王的王國」，而赫提就成為這個王國的攝政。查理四世被放逐於大西洋的馬德拉島 (Madeira) 上，最後因

肺炎於 1922 年 4 月 1 日逝於該島。

　　赫提是一強烈的民族主義者，擁有至高權力，下議院由他主導的「國家聯合黨」(National Union Party) 控制，上議院的議員多數由其任命。在其攝政之下，仍設內閣，內閣總理自 1920 至 1932 年間，先後由德萊奇 (Gróf Teleki Pál, 1920～1921, 1939～1941)、貝特倫 (Gróf Bethlen István, 1921～1931) 和卡洛伊 (Gróf Károlyi Gyula, 1931～1932) 等三位伯爵擔任。

　　1921 年貝特倫組成匈牙利政府，依靠的是代表工廠業主、金融資本和地主利益的民族統一黨，並得到社會民主黨右翼領袖的支持。1921 年 12 月 21 日，社會民主黨右翼領袖同貝特倫政府締結了保證維護政府血統的白色恐怖政策，共黨組織被迫轉入地下活動。

　　貝特倫政府對內實行了法西斯化的政策。首先，他剝奪了人民最基本的民主權利。1922 年政府宣佈取消普選權和議會選舉時秘密投票法。為保證他創立的政黨──民族統一黨取得必要多數，不惜在選舉時使用恐怖手段。

　　為擴大統治集團的社會基礎，1922～1924 年間貝特倫政府曾實行「土地改革」。根據土地改革法令，只沒收了大地主百分之十的土地，教士、憲警和其他一些激進的法西斯分子分配了被沒收的土地。貧農和無地僱農的狀況幾乎毫無改變，土地使得富農階層的陣容更形擴大。1926 年恢復了由高級將領、高級法官、貴族和工廠主人的代表及赫提指定人員組成的上議院，宣佈取消社會保險和其他工人立法，剝奪工人組織工會的權利。

　　1924 年，共黨領導人之一拉科齊秘密回國，他在恢復和鞏固匈牙利共產組織方面發揮了重要作用。1924 年地下中央委員會成立，實施清黨，改進了秘密工作方法，加強同工人民眾的聯繫。1925 年 8 月在維也納舉行的第一次代表大會並通過了臨時綱領，號召為爭取工人和勞動人民的切身利益，推翻赫提的統治。在地下共產黨組織恢復的同時，1925 年 4 月又成立了公開的匈牙利社會主義工人黨。黨的臨時綱領要求實行國家民主化，宣佈成立共和國，把地主土地分給農民，並在各地建立組織。

第二節　法西斯化

　　匈牙利的經濟結構，在 20 年代中期國際聯盟的協助下，一度漸趨安定，工業也快速發展。但好景不常，1931 年 7 月，蔓延於資本主義世界的經濟危機嚴重地影響了匈牙利的經濟和財政狀況，由此導致匈牙利政局動盪，工人運動再度興起。匈幣亦隨之大幅貶值，匈牙利的貨幣財政體系幾近崩潰。

　　危機的加劇使得執政十年的貝特倫政府於 1931 年 8 月倒臺，以卡洛伊為首的新內閣為了克服危機採取了舉借外債和增加稅收的辦法，把勞動的稅捐加重了一倍，降低公務員薪水，削減保險支出等等，使全國怨聲載道。在布達佩斯和其他城市舉行了聲勢浩大的示威遊行。卡洛伊解決不了經濟和政治上的困難，於 1932 年 9 月宣佈辭職。

　　接著上臺 (1932～1936) 的是龔伯斯 (Gömbös Gyula, 1886～

1936) 將軍，其所領導的政府代表中產階級勢力。龔伯斯在貝特倫政府 (1921～1931) 和卡洛伊政府 (1931～1932) 時代擔任國防部長一職。他擔任總理之後，採行獨裁統治，並且通過排猶法案。龔伯斯提出了一個匈牙利民族復興綱領，富有民族沙文主義，企圖以此煽動民族復仇情緒。同時，龔伯斯政府企圖撲滅人民的最後一點民主自由，完成全國的法西斯化。儘管他採行親德的態度，他還是反對納粹德國勢力的擴張，因此之故，他緊緊地和義大利及奧地利靠在一起。

自德國法西斯勢力 1933 年初在德國奪取政權後，全力發展與東歐諸國的經濟關係，匈牙利的農產品與工業產品，同受其惠，納粹德國在匈牙利的勢力和影響開始強化，但匈牙利的經濟也因對柏林的倚賴日深而受其控制。

匈牙利統治集團的復仇企圖得到德國的全力支持，德國的用意是通過滿足匈牙利統治集團的復仇慾望，把它變成自己擴張的工具。希特勒為了把匈牙利徹底變成自己的附庸，不擇手段地挑撥匈牙利與鄰國關係，籠絡匈牙利官員，無所不用其極。

龔伯斯政府的內外政策遭到工人階級和農民日益增長的反對，統治集團內部也發生矛盾，以貝特倫為首的資產階級和地主集團曾指責政府採取了對匈牙利格格不入的統治方法，提出「保護匈牙利憲法」的口號，因此，1934～1936 年間，匈牙利發生激烈的罷工浪潮。

1936 年龔伯斯病歿，時年五十。其實赫提早就不滿龔伯斯的親德政策，所以此時就任命達蘭尼 (Darányi Kálmán, 1886～1939)

來接替龔伯斯的職位 (1936～1938)。達蘭尼政府於 10 月開始運作，在內政外交的政策上採行中間路線，並且牢牢地控制左、右派的激進分子。

那時，第一個國家社會主義分子出現在匈牙利的政治舞臺上。他們組織了各種小黨派，但是卻沒有組織聯合陣線。像提倡「匈牙利主義 (Hungarizmus)」（一種匈牙利國家社會主義意識型態）的哲學家沙婁希 (Szálasi Ferenc, 1897～1946) 首度出現在政壇上，他數度被捕拘禁，因而聲名大噪，增加了其個人的政治魅力和追隨者。

達蘭尼政府為了緩和社會的動盪和輿論的壓力，雖然宣佈要實行某些社會改革，包括要實行不記名投票的選舉等措施，但是卻大大縮減選民人數，如 1937 年通過的選舉法剝奪了一百多萬工農民眾的投票權。1938 年又通過排斥猶太人的《第一部猶太法》(*The First Jewish Law*)，同年還通過關於擴大赫提獨裁權力的法令。由於法西斯和納粹在義、德兩國興起，匈牙利迅即受到感染，法西斯及納粹組織紛紛成立，尤以親德勢力為強，其中像「雙箭黨」(Arrow-Cross Party) 這樣與希特勒納粹黨密切聯繫的法西斯組織活躍起來。

匈牙利在對外關係和國內政治方面也日益唯納粹德國馬首是瞻。德國吞併奧地利之後，便成為匈牙利的強鄰。因此，達蘭尼政府制訂了大規模的軍備重整計畫，並且提出對斯洛伐克和外喀爾巴阡烏克蘭的領土要求，得到軸心國的支持。

由於赫提對於達蘭尼的政策亦感到疑慮不安，乃要求他辭職

下臺。後繼人選伊姆雷狄 (Imrédy Béla, 1938～1939) 是著名的親
英派人士，他是個虔誠的天主教徒，似乎是最佳的總理人選。他
的任命案由國會提出，當時正逢聖史蒂芬辭世九百週年。這一年
的 8 月，希特勒邀請赫提和伊姆雷狄一行到德國訪問。希特勒遊
說他們，建議匈牙利應該採取行動攻擊捷克，德國才有藉口插手
干預並將其瓦解。但是，赫提和伊姆雷狄拒絕希特勒的建議。赫
提與外交部長卡紐 (Kánya Kálmán, 1869～1945) 反倒是勸阻希特
勒和理本托 (Joachim von Ribbentrop, 1893～1946) 關於德國欲發
動戰爭的政策，雙方可說是不歡而散。

　　1938 年 9 月 29 日，四國總理在慕尼黑舉行會議。其間只有
解決德國對捷克提出的要求，而匈牙利與捷克談判卻失敗了。匈
牙利乃轉而訴諸法國和英國，但是這兩強建議德國和義大利應該
參與斡旋。所以，匈牙利請求德國和義大利的協助，並且接受他
們的建議，於 10 月 30 日簽署「第一次維也納仲裁」(First Vienna
Award)。該仲裁同意將斯洛伐克南方的匈牙利人居住地帶、捷克
最東方的魯森尼亞和喀爾巴阡烏克蘭南部領土歸還匈牙利。

　　英、法政府認可這種領土的改變，這是西方強權勉強介入中
歐政治，卻也勸服了伊姆雷狄認清此地區的命運是受納粹德國支
配的事實。於是，他改變了反德的態度。之後，有人發現伊姆雷
狄的先人有猶太血統，而面對這一指控，伊姆雷狄只好辭職。

　　赫提轉而求助老友——前總理德萊奇 (Teleki Pál, 1879～
1941) 伯爵接任 (1939～1941)。1939 年 2 月 24 日新上任的德萊奇
政府，更倒入希特勒的懷抱。3 月，匈牙利配合德國的軍事行動，

同時進兵捷克，佔領了魯森尼亞。親匈的魯森尼亞人相當高興，波蘭人也很高興和匈牙利這個友邦比鄰。

　　當第二次世界大戰爆發的時候，匈牙利維持其非交戰國的立場，但是援以非官方的志願人員，並且接納約二十萬的流亡人口（其中包括許多猶太人）。德國在進攻波蘭之前，曾向匈牙利借道，但是遭到赫提拒絕。

第三節　德國的陰影

　　在兩次世界大戰期間匈牙利的外交政策，主要是爭取修改或廢棄〈特里濃條約〉，收復失土，重建古代「聖史蒂芬王冠」的領地。而捷、南、羅三個獲益國，為了維護既得的利益，防範匈牙利的報復，乃在法國支持下，結為「小協約國」集團，匈牙利陷於敵國包圍與孤立之中。

　　由於匈牙利和義大利都對戰後各種條約有所不滿，而匈牙利又為了要打破孤立狀態，於 1927 年 4 月首先與義大利簽訂友好條約，目的在於共同反對「小協約國」。其後，再於 1934 年與義大利和奧地利簽訂〈羅馬議定書〉(Rome Protocol)，防阻德國兼併奧地利，因此布達佩斯與柏林之間也隨之處於敵對形勢。其後不久，義、德關係改善，匈牙利受到德國的威脅。赫提政府和沙婁希領導的「雙箭黨」雖意圖接近納粹，但關係並未改善。慕尼黑危機發生時，匈牙利透過墨索里尼的居中斡旋，方能取得捷克南疆的土地。

　　捷克危機以後，匈牙利有感於西方民主國家勢力的衰微不振和軸心集團勢力的逐漸抬頭，決心投入軸心陣營，1939 年 3 月簽署〈反共公約〉，因此匈牙利得與北方的波蘭接壤。

　　1939 年 3 月，匈牙利佔領了外喀爾巴阡烏克蘭的全部土地，並和希特勒德國一道滅了捷克。1940 年夏天，德萊奇政府提議和羅馬尼亞談判以修訂外息爾凡尼亞的疆界，但是遭羅國拒絕。匈牙利乃動員進兵羅馬尼亞，然後請德國居間幹旋。所以，德國和義大利在 8 月 30 日做了「第二次維也納仲裁」(Second Vienna Award)，將〈特里濃條約〉中被劃入羅馬尼亞領土的北外息爾凡尼亞歸還給匈牙利。

　　1940 年 9 月，匈牙利按照軸心國的要求，簽訂〈柏林條約〉(*The Berlin Pact*)，加入「德—義—日」協約國，宣佈參加「反共產國際協定」，成為軸心集團之一員，也變成了德國的農業附庸和進攻巴爾幹與蘇聯的基地。之後，德萊奇和南斯拉夫締結友好條約，南斯拉夫也被說動加入了協約國陣線。在簽字當天，南斯拉夫首都貝爾格勒發生了政變，新政府聲明和德國斷絕關係，並且得到英國的承認及保證。希特勒乃決定教訓南斯拉夫，並建議匈牙利應該率先進兵施以顏色。

　　赫提和德萊奇拒絕德方提議，決定不介入德國與南國之間的衝突，除非是南斯拉夫面臨分裂或者境內的匈牙利少數族裔陷於危機。

　　德萊奇將匈方立場傳達至倫敦，英方答覆如果匈牙利允許德國越界，則雙方斷交；如果匈牙利出兵參戰，則英國將宣戰以對。

在這個時候，德軍準備跨越匈境進擊南斯拉夫。1941 年 4 月 3
日，德萊奇收到英方的聲明和德軍行動的消息，當下就舉槍自盡，
抗議匈國的無奈。

德萊奇死後，外交部長巴多西 (Bárdossy László, 1890～1946)
繼任總理 (1941～1942)。德國進攻南斯拉夫，擊潰南國武力，克
羅埃西亞於 4 月 10 日宣告獨立。南斯拉夫遂告瓦解，匈政府派遣
部隊進入匈民居住的巴蚩卡區。蘇聯政府當即發表聲明嚴厲譴責
匈牙利對南斯拉夫的侵略。

1941 年 6 月 22 日，德軍進擊蘇聯，匈牙利宣佈保持中立。
幾天之後，匈牙利的卡夏城 (Kassa) 被轟炸，據說是蘇聯空軍所
為。巴多西在經與赫提多次磋商之後，向國會及全民宣稱「匈蘇
之間處於戰爭狀態」，並派遣少數的機械化部隊開往蘇聯邊境。
1941 年英國對匈宣戰，而匈牙利亦於 6 月 26 日和其他軸心國一
起對蘇聯及英、美宣戰。

1942 年春，德國要求匈牙利在俄境戰場上提供更多實質的援
助。德國還暗示說，羅馬尼亞已應允派遣兩支部隊前往，而德國
可能將北外息爾凡尼亞歸還給羅國。如此一來，匈牙利就趕緊派
遣了十個步兵師到前線去，另加派幾個師擔負佔領的任務。

在匈牙利佔領的巴蚩卡區有若干的南斯拉夫黨派活動。匈牙
利的指揮官是一名親德的將領，個性急躁衝動，未經授權即採取
殘酷手段鎮壓那些黨團活動。後來布達佩斯政府展開調查，結果
那位將領和其他涉案的軍官立即潛逃至德國。

匈牙利的參戰實在出於無奈與不得已，因此國內的各界領袖、

教士、政治家及知識分子強烈的反德及反戰情緒，也就逐漸形成無言的抗議。他們尋求和平暨合法的方式挽救祖國，免於陷入對德承諾的泥沼中。

　　匈牙利雖然是軸心國家之一員，但透過靈活的外交運用，並未在二次大戰初起時就捲入戰爭漩渦。當德軍攻擊波蘭時，匈牙利婉拒德軍假道，並宣佈自身為非交戰國。1940 年 6 月，蘇聯向羅馬尼亞提出最後通牒，欲乘機兼併羅屬比薩拉比亞。匈牙利立即掌握機會，不顧德、義勸阻，逕向羅馬尼亞要求割讓外息爾凡尼亞，後來透過德、義的居間仲裁，於 1940 年 8 月迫使羅國簽訂所謂「第二次維也納仲裁」，同意將外息爾凡尼亞的北部（約佔全境的五分之二）割與匈牙利，這是布達佩斯加入軸心集團的另一收穫。

　　當時最大反對黨 （小農民黨） 的領袖艾克哈德 (Eckhardt Tibor, 1888～1972) 於 1941 年前往美國，籌組流亡政府，準備一旦匈國無法承受德方壓力時好生應變。赫提知道了這群人的目的後，很慎重地答允支持他們。

　　當赫提七十五歲時，曾考慮過繼承的問題。國會推選他的兒子赫提伊斯特凡 (Horthy István, 1904～1942) 任 「攝政代表」。赫提伊斯特凡是匈牙利空軍的儲備軍官，就在這項任命之後不久，參加對俄戰役，1942 年 8 月，在一次攻擊任務中墜機身亡。

　　1942 年春 ， 赫提任命卡雷 (Kállay Miklós, 1887～1967) 繼任總理 (1942～1944)，委以拯救匈牙利脫離戰爭以及恢復國家獨立的大任。卡雷採行精明的平衡外交手腕，一方面假裝親德，虛與

委蛇，同時進行恢復匈牙利自由的準備工作。匈牙利人以其一貫的幽默批評此一政策為「卡雷的雙重舞步」。

卡雷的親德做法是，首先頒佈《第四部猶太法》(*The Fourth Jewish Law*)，當然他已經暗中與猶太人領袖商議。當時除了國內七十萬的猶太人之外，差不多還有十多萬的猶太人從其他國家流亡到匈牙利。幸虧有赫提和卡雷的幫助，這些猶太人雖然有些受限，但是他們在 1944 年 3 月德國佔領匈牙利以前都還算安全。

另外卡雷也暗中在海外倡議秘密和平協議，但是西方國家的反應卻是閃爍不定。1943 年在摩洛哥召開的卡薩布蘭加會議上已經提出「無條件投降」的要求，同時在德黑蘭會議上就把匈牙利劃歸在蘇聯的勢力範圍內。這兩項決議強化了親德的成分，也讓尋求和平的努力受挫。

由於口頭承諾和協議的模糊不清，造成爾後英美的爽約。1943 年元月，匈牙利陸軍的九個輕裝師被牽制在二百公里之外俄境內的頓河防線上。匈牙利的重裝部隊和空軍均受德軍指揮，派遣至其他的地方。而且匈國軍隊在缺乏重型武器，彈藥也不足，沒有冬季裝備抗禦零下四十五度嚴寒的情況下，儘管德國答應提供一切援助，但是到頭來什麼都沒有。

元月 13 日，俄軍配以坦克部隊進攻匈牙利。匈軍有二十萬人，傷亡數達十五萬。雙方激戰達三週，匈方一個軍被圍，指揮官被俘，其他的部隊被殲滅或擊潰，能逃的還得強忍零下四、五十度的酷寒，在沒有交通工具的情況下徒步而行，當時少數能通行的道路和掩體都被德軍佔用。

第四節　德軍的盤據與俄國佔領的始末

　　到了第二次世界大戰的末期，軸心集團由勝轉敗，匈牙利政府亟欲擺脫軸心，投向西方集團。最後希特勒瞭解了卡雷的真正企圖之後，乃於 1944 年 3 月邀請赫提前往德國，並當面向其提出最後通牒：「除非赫提重新任命一親德的總理以取代卡雷，並且確保匈牙利全力支持德國；否則，德國將讓羅馬尼亞、斯洛伐克和克羅埃西亞等國的軍隊佔領匈牙利。」3 月 19 日，就在雙方對話的當時，德軍佔領了匈牙利的若干重要據點。

　　匈牙利已無軍隊可做抵抗，赫提在別無選擇的情況下，於 10 月提出休戰協議，宣告投降。並改任命斯托約 (Sztójay Döme, 1883～1946) 為總理，安插了若干親德的部長級人物。此時，德國強迫赫提辭職。德國秘密警察逮捕了溫和派和左翼政客、反德的知識分子。整個匈牙利政府的領導階層和部隊，都充斥著親德人士。

　　納粹要求匈牙利的猶太人統統都住進「猶太人街」，甚且在內政部親德官員的默許下，將猶裔居民送往德國集中營「勞動」。當獲知猶裔人士被放逐的消息時，赫提對德國相當反感，乃免除斯托約和那些同納粹合作的涉案官員的職務。

　　之後，赫提任命洛克托斯將軍 (Lakatos Géza, 1890～1967) 接任總理，並要他著手準備結束參戰。

　　就在 1944 年 8 月羅馬尼亞突然抽身退出軸心國陣線的時

候，蘇聯軍隊開始朝外息爾凡尼亞移動，匈國部隊無法阻止大軍的進犯，而德國又不同意調派駐防匈境的裝甲部隊去對付蘇軍。就這樣，到了 10 月份，蘇軍已接近德布勒森。

赫提派遣代表團赴莫斯科要求停戰，10 月 11 日簽字達成初步的協議。10 月 15 日，在最後一次的王室會議之後，赫提正式宣佈要求停戰，並且責成所有部隊立即停火。

匈牙利第一軍指揮官米克羅仕 (Miklós Béla, 1890～1948) 將軍在收到赫提的停戰命令之後，就向俄軍投降。他和赫提派赴莫斯科停戰代表團的成員被解送至俄軍佔領的德布勒森。新的「國會」匆匆地在那裡成立，米克羅仕被任命為總理。新政府的組織成員由停戰代表團之成員、溫和派或者是左派人士，及位居要津的三名共產黨共同組成。

這個臨時政府和蘇聯簽訂停戰協議，並且在沒有實際戰鬥成員的情況下正式向德宣戰。臨時政府後來遷往布達佩斯，接受蘇聯紅軍指揮官沃羅希洛夫 (Kliment Yefremovich Voroshilov, 1881～1969) 元帥的指揮。

隨後發生的情形就不甚清楚，有好幾種不同的說法，但是結果就是：赫提遭德方逮捕，首都布達佩斯被德軍和匈牙利國家社會主義分子佔領，城內所有的戰略據點都在德方掌控中。赫提被迫取消他原先的宣告，並且任命「雙箭黨」領袖沙簍希為總理，洛克托斯將軍則被德國拘禁起來。不久，赫提退位，被帶往德國巴伐利亞。他和家人都被監禁起來，一直到大戰結束為止。他在 1946 年紐倫堡戰犯大審時，曾出庭作證。1949 年，他遷居於葡萄

牙，最後客死該地。

沙婁希籌組了一個右翼的聯合政府，他在 11 月份被國會推選為「國家元首」(Leader of the Nation)。匈國軍隊重新整編，許多軍文職領袖被逮捕並送往德國的集中營，或者被處決。這一批人都是由拜茲－日林斯基 (Endre Bajcsy-Zsllinszky, 1886～1944) 所領導的反德「自由委員會」組織的成員。

德軍撤退時，帶走所有的牲畜、能夠拆除的裝備和機具。所有的匈牙利部隊還是持續對俄作戰，由於俄軍所到之處的擄掠暴行，反倒加強了匈牙利的抵抗。同樣地，成千上萬的逃亡人潮伴隨著撤退部隊朝西走。

12 月，俄軍包圍了布達佩斯。當時城內駐防的匈、德軍隊由匈牙利將領亨第 (Hindy Iván, 1890～1946) 指揮。在佩斯城陷落之後，德軍將多瑙河上的橋樑全都炸燬，但是布達城的抵抗仍舊進行。圍攻慘烈地進行七週，皇宮城堡也遭摧毀，在這兒死守的時間比史達林格勒還長些。1945 年 2 月 13 日，布達城被攻陷，匈牙利淪入鐵幕之中。次年，匈將領亨第被處死。

在匈牙利西線作戰的匈德聯軍抵擋優勢的俄軍，英勇地戰至兵竭力盡，譬如在塞克什白堡 (Székesfehérvár) 的戰役，這個城市就易手了七次，其攻防的慘烈實難以想像。戰事至 1945 年 4 月 4 日結束。

對於匈牙利軍民在戰爭中的傷亡數，始終無法獲得一個精確數字。差不多有一百萬的匈牙利人投入服役，傷亡及失蹤之人數保守估計約二十萬。也差不多有二十萬的平民百姓死於轟炸、暴

行及逃亡中，另外還有十二萬至二十萬的猶太人死於德國集中營裡。

　　總之，在大戰期間匈牙利的死亡人數約在五十五萬到六十五萬之間。逃亡國外的軍人和平民，加起來約有一百萬。而物資的損失亦是不可計，若干城市、大量的工廠、運輸設施及工具全毀，農作物和私有財產的損失亦不可估。

圖 34：1945 年元月布達佩斯鏈橋被炸毀後的殘景

第七章 | *Chapter 7*

社會主義的演變

第一節　匈牙利陣線的建立與臨時政府

在第二次世界大戰爆發前，匈牙利政府依附納粹德國下。賴德之助，於 1938 年從捷克手中奪得斯洛伐克南部一條形地帶，又於 1940 年從羅馬尼亞手中奪得外息爾凡尼亞北部的一大片領土，於 1941 年得到了南斯拉夫一塊面積約一萬多平方公里、人口約一百萬的土地。

1941 年，匈牙利政府積極參加納粹德國進攻蘇聯的準備工作，把領土和各種資源都提供給準備東進的德軍支配。德國發動德蘇戰爭後不久，匈政府乃於 6 月 27 日對蘇聯宣戰。實際上在希特勒向蘇聯發動突擊的當天，匈牙利已經參與了反蘇軍事行動。在整個德蘇戰爭期間，匈牙利的武裝力量和國家經濟都納入了納粹德國的動員體系之中。

史達林格勒戰役是第二次世界大戰德蘇戰場的轉折點，這次

戰役使德軍傷亡人數高達七十多萬。同時，進行反蘇戰爭的匈牙
利軍隊也大部分被殲滅。當蘇軍轉入進攻戰略之後，以赫提為首
的匈牙利統治集團，顧慮到蘇軍有朝一日會逼近，於是開始尋求
脫離戰爭的出路。在太平洋戰爭爆發後，赫提力圖與對匈牙利宣
戰的美、英國家單獨媾和，以便借助英美軍隊的佔領來防止人民
起義，挽救自己被徹底推翻的厄運。

　　但是，納粹德國絕對不允許匈牙利背離而投靠英美集團。
1944 年 3 月 19 日到 21 日，德軍佔領了匈牙利全部國土。希特勒
軍隊所到之處，對於群起反抗的匈牙利愛國人士大肆屠殺，引起
了抵抗運動。1944 年 3 月，共產黨、社會民主黨、全國農民黨和
小農民黨 (Kisgazdapárt) 等組成了「匈牙利陣線」。

　　1944 年，蘇軍在蘇德戰場上節節勝利。這年 10 月，著名的
「十次打擊」已進行到第九次，史達林明確要求，蘇軍這次打擊
的目標是「把匈牙利打出戰爭並使其倒戈去反對德國」。因此，蘇
軍進入了匈牙利。

　　面對蘇軍的強大攻勢，赫提在 10 月 15 日宣佈匈牙利退出戰
爭。就在這一天，赫提被希特勒逼退，交出政權。赫提不曾有所
任何的抗拒，便把政權交給雙箭黨首領沙婁希。沙婁希秉承希特
勒的意圖，動員匈牙利「志願軍」協助德軍進入匈牙利之後，匈
牙利共產黨立即恢復了公開活動，積極地領導著「匈牙利陣線」。
到 1944 年底，匈牙利共產黨就組織了約有二千五百人的武裝游擊
隊，積極展開破壞活動。在匈牙利的德國部隊被蘇軍打得潰不成
軍。1944 年 12 月，蘇軍和匈牙利游擊隊包圍了首都布達佩斯，

沙婁希政府垮臺。

　　稍後，「匈牙利陣線」改組為「匈牙利民族獨立陣線」。大戰末期，當蘇軍於 1944 年攻入巴爾幹半島，羅馬尼亞和保加利亞相繼於 8 月和 9 月分別向聯軍投降後，匈牙利也在 10 月 15 日向聯軍投降。聖誕節前夕，紅軍攻佔布達佩斯，匈牙利在德布勒森召開了由解放區居民選舉的臨時國民大會。之後，匈牙利共產黨旋於 12 月 12 日在紅軍的支持下，組成匈牙利臨時政府。

　　這個臨時政府仍屬保守性的多黨聯合政府，主要政黨為共產黨、小農民黨、社會民主黨與國家農民黨。總理一職由米克羅仕 (Miklós Béla, 1890～1948) 擔任，國防部長由原任參謀總長瓦勒西 (Vörös János, 1891～1968) 將軍擔任，農業部部長是當時匈共的領袖納吉 (Nagy Imre, 1896～1958)。

　　臨時政府一成立，就積極展開反對德國的行動。1944 年 12 月 28 日，臨時政府對納粹德國宣戰。1945 年 1 月 2 日，在莫斯科又和蘇、美、英三國政府簽訂了停戰協定。2 月 13 日，布達佩斯在被包圍了一個半月後終於被蘇軍攻克。到 4 月 4 日，匈牙利全境被蘇軍佔領。臨時政府於 1945 年 1 月與聯軍在莫斯科簽訂正式的休戰協定，同年 4 月 14 日匈政府還都布達佩斯。經英美一再催促，蘇聯始同意於 1945 年 11 月間舉行國會大選。

　　當時駐紮在匈牙利境內的聯軍部隊，只有蘇聯紅軍，因此一切政務均由蘇聯一手把持，「聯軍管制委員會」(Allied Control Commission) 雖有英美代表參加，但毫無地位，英美屢提抗議，蘇聯均置之不理。紅軍司令沃羅希洛夫元帥對於國會大選掉以輕

心，以為紅軍既然控制全局，匈共必操勝算，因此未加干涉，任其自由選舉。及至大選結果揭曉，在全數四百零五個席位中，匈共只獲得百分之十七的選票，而「小農民黨」則獲得百分之五十七的選票。經過此番教訓，蘇聯在東歐各國再也不敢舉辦自由選舉。

「小農民黨」在大選中獲得最多席位，新政府仍是多黨聯合政府，總理由提爾迪 (Tildy Zoltán, 1889～1961) 擔任，入閣的共黨領袖，一為副總理拉科席 (Rákósi Mátyás, 1892～1971)，一為內政部長納吉。

1946 年 1 月，匈牙利改名「人民民主共和國」，結束了自 1918 年以來「沒有國王的王國」的局面。

匈共領袖拉科席自此以後即嶄露頭角，成為匈牙利的主要人物。他為了消滅其他民主黨派的勢力，首先與小農民黨合作，聯手打擊保守分子，得手之後就再聯合社會民主黨與國家農民黨共同對付小農民黨，此時聯合政府的總統和總理均為小農民黨人。拉科席製造了一連串的「叛國陰謀」，並誣陷為均受小農民黨幕後所鼓動，因此該黨秘書長考瓦契 (Kovács Béla, 1908～1959) 乃以破壞紅軍之罪行，於 1947 年 2 月 25 日被捕，送往西伯利亞勞改。然後乘總理納吉弗倫茲 (Nagy Ferenc, 1903～1979) 赴瑞士渡假時，捏造事由加以抨擊，並拘捕領導者，迫使納吉請辭，小農民黨因而瓦解。匈共的頭號敵人已除，乃在 1947 年 8 月的大選中獲得全勝。各個民主黨派均被解散，社會民主黨則併入共黨之中。國會選舉的候選人名單，均由共黨把持的「愛國人民陣線」

（Patriotic People's Front，匈語：Hazafias Népfront）提出。到了1948 年，匈共已成為匈牙利最有權力的政黨，改黨名為「匈牙利社會主義工人黨」（Hungarian Socialist Workers' Party，匈語：Magyar Szocialista Munkáspárt, MSZMP)。此時，匈牙利已經成為百分之百的共產國家。在新的內閣中，除總理一職暫由殘存的小農民黨人都比 (Dobi István, 1898～1968) 擔任 (1948～1952) 外，其餘重要部會首長均為共產黨人，計有內政部長卡達 (Kádár János, 1912～1989)、外交部長雷克 (Rajk László, 1909～1949)、國防部長法卡斯 (Farkas Mihály, 1904～1965) 等。

第二節　拉科席時代

自 1948 年起至 1956 年止，這八年時間是拉科席當政的時代。拉科席的權力，一方面來自蘇聯的支持，一方面來自匈共和秘密警察的擁戴。他以匈共總書記兼任政府總理，集黨政大權於一身。

此時匈牙利一切施政完全仿照蘇聯的模式，以史達林主義為依歸。在 1947 年開始的「三年計畫」和第一個「五年計畫」(1950～1954) 當中，全力推行工業國有化和農業集體化，工業建設以重工業為優先，希望先把以農業為主體的經濟結構轉變為農工業各半的平衡，然後再變為一個「鋼鐵國家」(Country of Iron and Steel)。實行結果，反而造成經濟衰退，農業減產，民生消費品供應不足，生活水準下降，引起人民強烈的不滿。

　　匈牙利在 1949 年宣佈國號為 「匈牙利人民共和國」
（Hungarian People's Republic，匈語：Magyar Népköztársaság）。
共產黨統治下的匈牙利憲法，於 1949 年 8 月 20 日頒佈，是日原
是紀念匈牙利王國開國君主的「聖史蒂芬日」(Szent István napja)，
此後即訂為「行憲紀念日」。

　　匈牙利憲法的內容仿照蘇聯的《史達林憲法》，不過它的國會
(National Assembly) 只設一院，共約三百五十個席位，為國家權
力最高機關，實施單一的國會選舉制，有權制訂法律、國家經濟
發展計畫、預算，並監督政府行政。國會選出二十一位委員組成
「總統委員會」(Presidential Council)，相當於蘇聯的最高蘇維埃
主席團，兼具立法、行政乃至部分司法的權力，委員會設主席一
人，地位相當於總統，另設副主席二人及秘書長一人。內閣稱為
「部長會議」，由總統委員會提名，經國會通過後任命，向國會負
責。部長會議亦設主席團，主席團主席即內閣總理，其下設副總
理四人與各部會。所有高級行政主管均由匈共中央委員或政治局
委員兼任，匈共總書記仍為一切權力的主宰者。

　　史達林於 1953 年死後，蘇聯改行集體領導，匈牙利亦同受此
影響，拉科席兩度被召喚前往莫斯科，被迫將兼任的內閣總理一
職讓由納吉接任，拉科席仍任匈共總書記。納吉為一比較開放和
自由化的共黨領袖，在其執政期間，對於僵化的工農業政策、言
論出版的限制、秘密警察 （AVO，其後改稱 AVH） 的活動、天
主教會的迫害，均曾大事改革。這些改革，統稱為 「新路線」
(New Course)。新路線實行的結果，消費物資增加，人民生活改

善，集中營撤銷，政治犯獲釋，很多農戶退出集體農場，匈牙利
全國呈現一片祥和景象。

「新路線」實行的時間極為短暫，因為納吉的靠山蘇聯總理
馬林可夫 (Giorgi Maximilianovich Malenkov, 1902～1979) 失勢下
臺，同時匈共內部的史達林派分子也全力反擊，拉科席於 1955 年
重掌政權，將納吉的總理職位撤去，並將其排除於政壇之外，最
後甚至開除黨籍，一切又恢復舊時狀態，進入所謂「沒有史達林
的史達林主義」(Stalinism without Stalin) 時期。這一年，匈牙利
參加了「華沙公約組織」。

拉科席的八年統治，是一段令人震驚的恐怖時代。這種現象
和在波蘭、捷克共產黨奪得各國政權以後的初期階段大致相同。
在國家安全部的協助下，對反共的「階級敵人」和共黨內部的異
己分子，進行大規模的整肅屠殺行動。在 1952 年的整肅行動中，
被殺害者估計高達二十萬人。

第一波的整肅運動，發生於南斯拉夫共黨領袖狄托 (Josip
Broz Tito, 1892～1980) 脫離蘇聯陣營及俄南分裂以後。史達林唯
恐新的狄托再度出現，乃動員東歐附庸大舉清黨，清除的對象就
是本土主義者和修正主義者。曾任匈牙利內政、外交部長的雷克
慘遭殺害就是一個鮮明的事例。雷克為德裔匈牙利人，曾參加西
班牙內戰，二次大戰時未曾離開過匈牙利，屬於本土派的共黨領
袖，不像拉科席及納吉等人是來自俄國的莫斯科派。雷克於 1946
年出任聯合政府的內政部長，俄南分裂後兩月即被免職，改任外
交部長，翌年 6 月被捕入獄，繼之舉行大審，罪名為狄托分子及

托派分子。依據匈牙利政府發表的審判紀錄,雷克供認在西班牙內戰時期先後,曾與法國、南斯拉夫及美國情報機關聯繫合作,企圖不利於共黨運動和蘇聯,是狄托集團埋伏在匈牙利的一個棋子,遂遭判處死刑。雷克的整肅產生雙重影響,一是蘇聯以此為藉口,斷絕了它與南斯拉夫的同盟關係;二是由此引發了捷共的大整肅,其規模之大,尤甚於匈牙利。

第三節　反俄革命

1956 年 2 月 14 日及 24 日,赫魯雪夫在俄共第二十屆代表大會中連續發表兩次演說,強烈抨擊史達林的個人崇拜和「史達林主義」的種種錯誤,展開所謂「去史達林行動」(Destalinization)。此一行動,立即對東歐附庸政權發生嚴重影響。

第一個反應是波蘭的叛亂。6 月 28 日,工業大城波茲南(Poznan) 工人舉行示威,與警察發生衝突。稍後,騷亂蔓延到華沙及克拉科等大城。在示威群眾中,出現由「麵包與自由」、「自由選舉」到「結束俄國佔領」和「波蘭獨立萬歲」的標語。軍警鎮壓,多人傷亡。在一片混亂中,具有濃厚本土色彩、一向反對史達林主義的波共領袖戈慕卡 (Władysław Gomułka, 1905～1982)由幽禁中獲釋,並有接任波共總書記的可能。赫魯雪夫親往處理,紅軍也蠢蠢欲動,但經折衝之後終獲妥協,蘇聯讓步。

第二個反應便是匈牙利的反俄革命。波蘭和匈牙利這兩個運動,背景相同,原因相同,目的也相同,而結果則互有差異。前

者以妥協結束，後者則發生流血衝突。其關鍵在於，波蘭之所以
能夠獲得俄方讓步的原因：一是波共本身具有較大的凝合力，且
深受人民的支持；二是波蘭所提要求，和蘇聯的基本政策並不違
背；三是波蘭堅定表示，在外交關係上仍然完全依附蘇聯，並無
脫離華沙公約組識之意。反之，匈牙利之所以引起武力干涉，是
因為匈共內部並不團結，以拉科齊為首的保守勢力仍強，蘇聯足
可個別擊破。再則匈共所要爭取的目標過高，諸如欲退出華沙集
團、欲成立包括其他黨派的聯合政府等，均非蘇聯所能接受。

　　匈牙利悲劇的開始，是拉科席的反應過度。當波蘭的波茲南
暴動發生後，匈牙利立受傳染，7 月初街頭出現示威行列，高呼
「我們要向波蘭學習！」拉科席立即對自由派施壓，利用工人打
擊知識分子，並於 7 月 12 日將自由派領袖納吉逮捕。17 日，蘇
聯乃派米高揚 (Anastas Ivanovich Mikoyan, 1895～1978) 及蘇斯洛
夫 (Mikhail Andreevich Suslov, 1902～1982) 前往布達佩斯，迫使
拉科席辭去匈共總書記職，改由另一個「史達林主義共產黨員」
(Stalinist Moscovite) 吉羅 (Gerö Ernö, 1898～1980) 繼任。吉羅亦
為保守分子，繼續排斥納吉，反而提高了納吉的聲望，各方紛紛
要求將其復職。

　　在 7 月初到 10 月 23 日之間，匈牙利政情不穩，匈共之中的
保守分子與自由改革派互相猜忌傾軋，在群龍無首缺乏領導中心
的情況下，群情激盪，逐漸不可收拾。9 月初，作家聯盟
(Writers' League) 要求寫作完全自由，「裴多菲俱樂部」 (Petofi
Clubs) 和大學之中的討論會不斷舉行，鼓吹自由思想。匈共應輿

圖 35：納吉

論要求，將 1949 年被整肅處死的前外交部長雷克平反，並為其舉行國葬。10 月 6 日國葬之日，布達佩斯街頭有三十萬人遊行，群眾之中除了知識分子、學生、工人之外，尚有黨政官員在內，納吉走在隊伍的最前方，擁抱雷克遺孀，顯示他已成為反對陣營的領袖。

　　吉羅此時如能出面與國人溝通，情況可能趨於和解，但吉羅及其左右卻滯留莫斯科，與赫魯雪夫、米高揚等人磋商大計。赫魯雪夫甚至將他介紹給狄托，吩咐其妥善解決自己的問題。吉羅訪問南斯拉夫後，於 10 月 14 日返回布達佩斯，此時波蘭危機正在高潮，戈慕卡的勝利使匈牙利受到鼓舞，認為蘇聯不願動用武力來打擊由人民支持的革新運動，他們盼望匈牙利也可以像南斯拉夫和波蘭一樣，有一條「通往社會主義的匈牙利路線」。

　　10 月 22 日，「裴多菲俱樂部」提出「十項計畫」，要求另組「愛國人民陣線」、實行工廠自營、排除拉科席、公審前國防部長及國家安全部負責人法卡斯，與蘇聯依絕對平等原則建立更親密的關係。而學生所提要求，則較「裴多菲俱樂部」更加激烈，要求紅軍撤出匈牙利、准許各黨參加大選、修改現行經濟制度等。

最後，更呼籲於 10 月 23 日舉行大示威，以示與波蘭團結一致。

　　最初由內政部下令禁止 10 月 23 日的大示威，「裴多菲俱樂部」、作家聯盟及學生代表趕往匈共中央要求取銷禁令，當雙方爭執不休時，遊行群眾已在街頭集結。是時，吉羅方自貝爾格勒訪問歸來，原擬強硬對付，但經勸阻，示威乃得解禁進行。參加民眾愈集愈多，萬人空巷群聚於貝姆 (Józef Bem, 1794～1850) 銅像廣場之前，高呼口號。最初秩序井然，並無騷亂，稍後行動逐漸不可控制，群眾佔領廣播電臺，摘下人民共和國國旗，改懸舊時國旗，並焚燒史達林像。此時吉羅發表廣播演說，一再強調匈牙利獲得解放，多賴蘇俄援助，示威反俄是匈牙利沙文主義的表現。演說之中，並未提出解決危機的具體方略，局勢更加惡化，乃爆發革命運動。

　　入晚，廣播電臺附近發生槍聲，安全警察多人同情改革，無法將群眾驅散。匈共中央委員會緊急集會，通過兩項相互矛盾的決議案：一方面推舉在 1953～1955 年間一度組閣的納吉重新擔任內閣總理，一方面又要求紅軍協助恢復各地秩序。紅軍坦克於是開入首都街頭。

　　10 月 24 日晚，蘇聯代表米高揚及蘇斯洛夫到達布達佩斯與納吉協商，表示調動紅軍為一錯誤，並將匈共總書記吉羅免職，改由卡達接任。作家聯盟見有轉機，於是要求示威群眾放下武器和旗幟，等待納吉與卡達會商解決之道。但首都的騷動已經蔓延到城鄉村鎮，到處發生巷戰，黨已分裂，政府也已癱瘓，示威演變成全國性的總罷工。各地政權落入「工人委員會」手中，他們

發出呼籲，表示支持納吉的領導。

此時，納吉陷於左右兩難的困境當中。一方面，他是一個久受莫斯科訓練的忠實共產黨員，所以極願維持與米高揚等之協議；但在另一方面，他又承受來自全國人民團體和黨內自由分子的壓力，要求自由與獨立及紅軍離境。由於後者壓力過大，使其逐漸向反抗陣營屈服。

10月27日納吉宣佈新政府成立，30日宣佈新政府將是一個像1945年時代的聯合政府，容許非共黨派參加。同日，蘇聯發表聲明，仍強調與其他社會主義國家的友好合作，尊重對方領土完整，主權獨立，對各國內政絕不干涉。繼又表示願考慮撤出各國境內之紅軍。由此可見蘇聯態度此時尚在猶疑未定之中。

依照赫魯雪夫在1969年的陳述，蘇聯政治局中意見並不一致，部分主張和平解決，部分主張動用武力。所以匈牙利的領導集團此時如能妥善應付，或可獲致和波蘭同樣的結果。

但在此關鍵時刻，突起變化。納吉於10月31日發表聲明，表示匈牙利即將退出華沙公約組織，11月1日又正式宣告外交改採中立路線，並訴請聯合國援助。至此，莫斯科始決定出兵干涉。另一促使蘇聯決心干涉的原因，是此時中東發生危機，英法及以色列突然攻擊埃及，蘇聯認為在此世局緊張之際，西方國家對東歐事務不會積極干預。

11月4日清晨，俄軍向布達佩斯集結，坦克開入市區，匈牙利部隊受制於保守派軍官，拒不迎敵，匈牙利人民赤手空拳對抗坦克，死傷累累，革命迅即敉平。部分匈人渴盼西方國家能予支

援，但希望終成泡影。

匈共總書記卡達，立場原本曖昧，因其過去亦曾被拉科席政府囚禁，有人認為他是改革派分子。大局激變前夕，卡達曾秘密應召前往烏克蘭與俄方洽商，返國之後即於 11 月 4 日發表廣播，指斥納吉的作法已危及國家生存，決定另組革命工農政府，並向蘇聯求助，打擊「反動的邪惡勢力，恢復秩序與安寧」。納吉及其革命夥伴見形勢危險，逃往南斯拉夫大使館，南國允予庇護。稍後卡達表示願將納吉等人無條件釋放，並派員護送回家，但當其離開南國使館之後，即被解往羅馬尼亞，1958 年被處死。

當時參加革命的死難者二萬五千人，送往西伯利亞者六萬餘人，另約有二十萬人逃亡出國。

匈牙利革命的失敗，表示蘇聯絕不容許已被納入牢籠的東歐國家脫離控制，南斯拉夫的舊例不容重演。十二年之後的捷克「布拉格之春」自由化運動發生時，莫斯科依然採取武力干涉的方式。所以蘇聯 1956 年匈牙利革命時所採的政策，正是「布里茲涅夫主義」的前奏。

第四節　卡達時代

卡達生於 1912 年，其父務農。1932 年，他參加了那時尚屬違法的共產黨。大戰期間均在國內活動，並未接受莫斯科的訓練，所以算是一個本土派的共黨。在 1948 年擔任匈共副書記長，當共產黨奪取了匈牙利的控制時，成為內政部長。卡達事實上深受赫

圖 36：卡達

魯雪夫的影響，也頗贊成修正主義。1951 年，卡達被控親狄托主義而下獄直到 1954 年。獲釋之後，他很快地取回了權力，成為「社會主義工人黨」中央委員會的委員和第一位秘書。

在 1956 年的匈牙利革命中，卡達起先參加了納吉的內閣。然而，在 11 月他運用蘇聯的支持，在烏克蘭境內的烏日格羅德 (Uzhgorod) 另建親俄組織，形成反政府的力量，叛離納吉，邀請紅軍鎮壓革命，遂在蘇聯支持下接掌政權，以匈共總書記身分兼任總理。

1958 年，他辭去總理的職位，但是在 1961 年到 1965 年重新復位。1962 年，他實行激烈的整肅運動。卡達是蘇聯外交政策的忠實支持者，他在 1968 年支持了蘇聯鎮壓捷克的行動，而且許多匈牙利人從不原諒他在 1956 年革命時期的角色。然而，從 1960 年代早期起直到 1988 年被驅逐為止，按照蘇聯集團的標準來說，卡達的社會和經濟的政策是相當自由的。在他的統治之下，匈牙利變成東歐國家中最自由的、最現代的國家。

卡達政府在執政初期，全力整肅自由派和所謂「民族共產主義」(nemzeti kommunizmus) 分子，但將保守僵化的拉科席和吉羅

派分子亦予清除。1962 年匈共第八屆代表大會之後，卡達改變作風，小心翼翼地逐漸推行實際性的改革。官方自稱是走「中間路線」(centrizmus)，是「雙線奮鬥」(The struggle on two fronts)，即一方面不再重犯拉科齊等人的舊式教條主義的錯誤，另一方面也不再重蹈納吉等人修正主義的覆轍。

　　卡達的目的是先求內部的安定，緩和人民的敵對心理，聲稱今後將放棄史達林主義，不再堅持思想的正統，以合乎人性與人情的原則，確定「社會主義的合法性」(Socialist Legality)，於是大赦 1956 年革命時期的政治犯，放逐出國的史達林派分子吉羅等人亦准其返國，另在政治局中任命了一批新人，包括經濟計畫專家涅爾什 (Nyers Rezsö, 1923～1988) 等人在內。在 1970 年代的匈共政治局中，真正代表城市或農村無產階級的委員只有二、三人，其他均為各種專家和中產階級的技術人員（匈共黨員人數，1970 年代中約有五十萬人，佔全國人口百分之五，其中知識分子佔百分之四十，工人亦佔百分之四十）。拉科席時代惡名昭彰的國家安全部被撤銷，改由內政部主管，秘密警察的活動受到約束。言論自由的尺度大幅放寬，准許人民對現實問題就不同觀點進行辯論，甚至政府全力推行的新政，也可成為嘲笑的對象。

　　在經濟政策方面，革命之後的十年之間，卡達不聽經濟專家的勸阻，一度恢復過去的保守政策，工業生產計畫由中央統籌制訂，農業又加強集體化。但實行結果並不理想。集體農場的面積雖又增加（佔全國耕地百分之八十以上），而產量的增加則微乎其微，反而是農民私有土地的產量大幅提升，成為農產品出口的主

力。

　　1968 年起，卡達改弦更張，開始實行所謂「新經濟策略」
(New Economic Mechanism，匈語：Új gazdasági mechanizmus)。
「新經濟策略」由一批匈牙利的經濟學者設計，並由計畫專家涅
爾什主持推動。

　　「新經濟策略」將生產計畫、工業投資和市場控制的責任，
由中央轉移到地方，由地方轉移到企業經理人手中，由他們依照
市場需要及價格來擬訂本身的計畫。物品價格採三重制 (Three
Tiered Price System)：一為由政府規定的價格，二為定有最高上限
的價格，三為自由市場價格。其目的在逐漸開放，達到自由貿易
的目的。企業的主管人員改由學有專長的技術或管理專家擔任。
企業或工廠在繳納捐稅及再投資之後所得的剩餘利潤，即以獎金
方式分配給工作人員。新的「勞工法」制訂後，工會的權力提高，
工會對於工廠的工作環境、生產運轉、乃至經理人員的任免，均
有否決權。

　　在農業方面，集體農場的基本形式雖仍維持不變，但賦予農
場較大的自治權，將「價格三重制」也行之於農場，准許部分產
品以自由市價出售。農戶私有土地的面積較從前增加，政府並提
供更多的輕便農業機器供應農民利用。

　　為了加強在國際貿易上的地位，匈牙利提出了一套改善「經
濟互助委員會」(COMECON) 內部貿易的計畫：

　　1.透過商品品質與價格的關係，使共產集團之間的國際分

工更加有效。

2.擴大各國工業市場互相競爭的範圍。

3.准許各國企業之間直接合作。

4.建立東歐集團可以互相折換的貨幣制度,增加貿易的數
量和範圍。

但是,「經濟互助委員會」的貿易關係,由於缺乏多邊付款和可以
互相折算的貨幣,一直無法順利展開。

在政治結構方面,卡達已將黨與政府分開,1965 年將總理職
務讓由卡萊 (Kállai Gyula, 1910～1996) 接任,擴大並提高政府機
能,國會不再只是扮演消極角色,而是表現民意的場所。對於信
徒眾多的天主教會和羅馬教廷也設法和解,1956 年革命時逃入美
國大使館避難的樞機主教敏岑提 (Mindszenty József, 1892～
1975),在幽居十五年之後終於獲得釋放,於 1971 年聽其出亡羅
馬,之後定居於維也納。1974 年,教宗保祿六世 (Paul VI, 1963～
1978; Giovanni Battista Montini, 1897～1978) 任命他為匈牙利的
樞機主教。敏岑提樞機主教在第二次世界大戰時,因反德立場而
被匈政府拘禁數月,戰後陞任埃斯泰爾宮大主教和匈牙利的樞機
主教,1946 年晉陞為紅衣主教。由於他強烈地反共,所以在
1948 年底被匈牙利政府以叛國罪和擾亂國家金融之罪名拘捕,判
處無期徒刑。1955 年,因健康理由獲釋出獄,但仍遭受監視,直
至 1956 年革命時逃出匈牙利。

1988 年 5 月,卡達政府因經濟政策失敗而崩潰,首先將匈共

總書記職務讓予格羅斯 (Grósz Károly, 1930～1996) 接任,僅保留黨主席名義,數週之後,此一榮譽職位亦被取消。卡達時代至此終結,總計卡達的統治,歷時三十二年,是狄托以外執政最久的東歐領袖。經過近年以來的開放性政策,經濟情況及國民平均所得僅次於東德與捷克,是東歐比較自由的共產國家。

在匈共新領袖格羅斯和新總理涅米特 (Németh Miklós, 1948～2018) 等人的領導下,匈牙利的政治、經濟正積極展開自由民主化的改革。亦將繼波蘭之後,走向聯合政府和多黨政制。最令世人注目的變化,是外交政策的大膽改革,將毗鄰奧地利邊境的「柏林圍牆」式的鐵絲網拆除,並將其中一段剪贈與前往匈牙利訪問的美國總統布希 (George Herbert Walker Bush, 1924～2018)。1989 年 7 月,將匈奧邊界開放,准許前往匈牙利探親的東德人民穿越邊界,經奧地利、西德而返回東德。這似乎象徵著兩德的統一,一個月之間,投奔自由的東德人民數以萬計。1945年起建立的東歐「鐵幕」,首先在匈牙利出現缺口。投奔自由的東歐人士,並不限於東歐,其他各國的逃亡分子,也把匈牙利視為通往天堂的孔道。

1989 年 10 月 7 日,匈共代表大會以壓倒性多數,決議更改黨名,由原來的「匈牙利社會主義勞工黨」(MSZMP) 改稱「匈牙利社會黨」(Magyar Szocialista Párt, MSZP)。改名的原因,是為了應付預定於 1990 年舉行的全國普選。匈共希望藉此掃去令人厭惡的醜惡形象,改以新的政綱,新的面目爭取人民的支持。這是第一個更改黨名的東歐共黨。

第五節　共產世界的匈牙利少數族裔問題

在多瑙河流域國家發生一連串衝突的主要原因之一，是匈牙利鄰國裡的「匈牙利少數族裔」遭受到不平等待遇。

由於第一次世界大戰後匈牙利被分割，使得四分之一的匈牙利人流落在海外，而「匈牙利少數族裔」成為一種特殊的問題。特別是在第二次世界大戰之後，歐洲差不多有一半淪入了所謂的「東歐」，使得問題更為複雜。

由於匈牙利在戰爭中押注錯誤，投靠軸心國，因此背負了「罪惡國家」的污名，國際環境讓其淪為次等地位。和德國人比起來，匈牙利人在蘇聯統治時期所承受的壓力還要多。在匈牙利，每一個有關國家立場的官方聲明都必須經由蘇聯的嚴格檢查，即便在1945～1947年聯合政府的過渡期也是一樣。

匈牙利在被共產黨佔據之後，匈牙利人發現他們在蘇聯集團的陣營中處於一種特別的地位。在史達林時代，匈牙利人民不只被禁止思考其少數民族的命運，甚至於還不准承認他們的存在。

在從前，國家戰敗了頂多也只是怪罪戰敗的後果。在歷史上，從未有過一個戰敗的國家被剝奪其發牢騷的權力，而蘇聯統治者就是嚴格地禁止匈牙利人民的這種權力。另一方面，蘇聯剝奪了其權力，而當配角的匈牙利共產黨則不曾被其人民要求自我檢討。共產主義的意識型態特別不會進行這樣的反思，對於過去的罪過只有在口頭上予以譴責。

　　「非斯拉夫族裔匈牙利人」的這個概念對於匈牙利的影響，實在難以評估。在蘇聯強權擴張的時候，若干斯拉夫國家失去了領土。然而，斯拉夫人的損失，卻由斯拉夫人從另外的兼併得以補償。所有疆域的改變，和人口的被驅逐都是非斯拉夫民族主義的代價——主要是日耳曼人、匈牙利人以及在比薩拉比亞和多布魯嘉 (Dobrudja) 裡相當少數的羅馬尼亞人。

　　匈牙利鄰近的「小協約國」對於匈牙利人，特別地表現出幾近吹毛求疵的責難。捷克人和斯洛伐克人認為在 1938～1939 年國家的分裂上，匈牙利扮演著一個重要的角色；南斯拉夫人則更是不忘 1941 年匈牙利在與其簽署永久友好條約數週之後，卻加入德國，對他們發動攻擊；羅馬尼亞人則畏懼有朝一日匈牙利會再搞個像 1940 年「維也納的賞賜」一樣的花樣，再度進入外息爾凡尼亞。

　　匈牙利在面對周邊國家的這種情緒性反應，是很難探查匈牙利裔在鄰邦的真正處境。在赫提執政期間，匈牙利人和其僑民的利益在參與領土修正時，很少有被提及的。相對地，匈牙利對於鄰國諸邦的猜忌亦揮之不去。所以，在這錯綜複雜的心境中，雙方又存在於一種「小協約國」的複雜情緒之中。

　　然而，影響匈牙利的最大負面因素是，蘇聯欲維持其領土現況的利益。而且，匈牙利又介入了羅馬尼亞和蘇聯之間領土的衝突。羅馬尼亞和蘇聯政府交涉外息爾凡尼亞和比薩拉比亞的領土問題，雙方持續著進行一種近似滑稽的談判遊戲已經好幾年了。如果羅馬尼亞提及喪失比薩拉比亞領土的問題，蘇聯就暗示羅馬

尼亞併吞了外息爾凡尼亞；一旦蘇聯暗示在外息爾凡尼亞有「違反馬列主義原則的民族政策」的情形，那麼羅馬尼亞就提起比薩拉比亞也同樣地犯了「違反馬列主義原則」的錯誤。如此一來，匈牙利所提的任何有關匈牙利少數族裔在外息爾凡尼亞的議題，都免不了要和「羅馬尼亞－蘇聯關係」糾結在一起。

1950 年代，在蘇聯的壓力下，羅馬尼亞勉為其難地給外息爾凡尼亞的匈牙利人一些自治權。不料在 1956 年匈牙利爆發革命事件，羅馬尼亞對莫斯科輸誠，蘇聯因而撤出軍隊以還報，之後羅馬尼亞就廢止了那些自治權。羅馬尼亞甚至採取了更為激進的民族主義路線，清算整肅匈牙利人，將他們送進集體農場去。

至於在捷克，斯洛伐克人對待匈牙利人的方式和羅馬尼亞人差不多。斯洛伐克人一直對於他們在第二次世界大戰的時候沒能夠將匈牙利人驅逐出去而感到遺憾。因此，斯洛伐克人努力地將匈牙利人同化。他們採行的方式是「少數族裔文化的貧窮化」，也就是現在所說的「文化滅絕」手段。

第六節　重修版圖的迷思

匈牙利共黨政府和人民之間的緊張程度，受了「可以為少數族裔提供什麼」觀點的影響。嚴格地說來，當大部分的人們相信，無論外界環境怎麼樣，總是有些事可以做，而且也是應該做的。相對地，共黨政府表現的卻是一種消極的態度。

為了要分析共產黨與人民之間，這種二分關係的發展，人們

必須對於戰後匈牙利政治現象的三個主要階段有所瞭解。第一個
階段是，1945～1947年的聯合政府，長期模仿蘇維埃式的意識型
態和用字遣辭；第二個階段是，拉科席執政開始，除了1956年革
命的爆發，到1960年代初卡達政權的統治；第三個階段是，
1960年代中葉起，意識型態的鬆解和卡達政權的後革命整肅。但
是，嚴格地說來，真正的開放還是在1970年代開始的。

聯合時期和其他兩個時期大為不同，某些國民的訴求和不滿
在高層政治活動中自由地傾吐著。那時甚至是共產黨，無論是基
於什麼樣的策略理由，偶爾也會對匈牙利人民所關切的問題感興
趣。

那個時期匈牙利人民關切的主要問題是，政府對於巴黎和會
的態度與立場。另一個重要問題是，匈牙利人遭受到被逐出捷克
斯洛伐克的威脅。匈牙利輿論對於巴黎和會的看法，極表悲觀。
被標榜為「希特勒的最後一個衛星國」，匈牙利幾乎不能夠表達任
何意見，甚至於對最起碼的領土主權的訴求也必須是採取低姿態。
對於在停戰協議及波茲坦會議 (Potsdam Conference) 中，被要求歸
還在1938年慕尼黑危機時所取得的土地，匈牙利只能期望在
1946年的和會中提出解決。

必須要認清的是，蘇聯和匈牙利之間的疆界被認為是不可侵
犯的，而且，匈牙利和南斯拉夫的疆界也是不可能改變的。由於
斯洛伐克有過擁護納粹主義的紀錄，匈牙利和捷克間的疆界可能
也被認為是較不可能被侵犯的。但是，捷克總統愛德華·貝尼斯
和捷克共黨領袖哥特瓦 (Klement Gottwald, 1896～1953) 在和會

之前，就已經盡力保證任何領土的變更不會對匈牙利有所影響。匈牙利周遭的疆界，僅存和羅馬尼亞之間關於外息爾凡尼亞主權的歸屬最有問題，事實上，也是匈牙利人認為最有勝算的唯一議題。畢竟，羅馬尼亞是匈牙利唯一的競爭對手，藉著出其不意地變更立場從希特勒陣營轉變到戰勝的同盟國一方，而獲取了大量土地。

　　在聯合政府中，沒有共產黨特質的群體敦促政府在羅馬尼亞的事務上，採取果決行動。共產黨員保持緘默，可能是因為還沒收到莫斯科方面的明確指示。在巴黎和會上，蘇聯嚴拒對戰前的疆界有所變更，即使是對於遷往羅馬尼亞的鄰近匈牙利人極其合適的小部分改變也是不可以的。

　　在和會之前，匈牙利共黨意識到這種不利的決定，就抱持一種相當有技巧的誇張態度。據說，匈牙利期待適宜的或者不利的處置，完全依賴其國內「左派」或「右派」的發展路線而定。所以，當和會之後不利的情況來臨時，他們辯稱是「反動派力量」——暗指小農民黨——造成的，他們戰略的主要目的是破壞聯合政府。

　　就匈牙利人被逐出捷克斯洛伐克而言，共產黨的反應偶爾是積極而活躍的。他們之所以如此，或許是因為倡議驅逐行動的初始是發生在布拉格，而不在莫斯科。無論如何，這是匈牙利共產黨在戰後對於激起全國義憤事件表達支持的唯一場合。而且，匈牙利裔事件也是唯一一次被匈牙利媒體充分報導的主題。偶爾有謠言流傳著，說在外息爾凡尼亞北方發生了羅馬尼亞人屠殺匈牙

利人，或者事後在沃伊佛狄那 (Vojvodina) 的狄托派游擊隊對匈牙利人施以報復。甚至於在今日，大部分的匈牙利民眾對於這些恐怖事件仍舊是不甚清楚。

在戰後的那段不幸歲月裡，由於戰敗所帶來的一切恥辱包括了：被佔領的苦難、禁止發牢騷、不准發抒民族情緒、領土疆界分裂、以及幾乎斷絕和鄰國匈牙利裔的一切接觸。當共產黨還沒能完全統治的時候，對於使匈牙利人遭受打擊的〈新特里濃條約〉(*The New Trianon Treaty*) 至少表現出若干的敏感態度。一旦匈牙利共產黨以蘇聯共產黨的模式鞏固政權之後，就喪失了對民眾的興趣。在 1948 年之後，匈牙利被迫參加蘇聯集團反西方世界的「和平」運動，以及譴責狄托的「背叛」罪行。一般說來，蘇聯模式對匈牙利的影響一如蘇聯集團中的其他國家。在過去共產黨時代所謂的「新愛國主義」的唯一希望是，一旦社會主義轉型完成的時候，多瑙河流域的少數族裔問題將會在社會主義平等和共產主義友愛的旗幟下自動地得到圓滿解決。至於這種美好的結局將如何達成，其細節卻從來不曾詳加說明。

共產黨的「新愛國主義」政策，是對匈牙利人灌輸以蘇聯為核心的忠誠，取代匈牙利人的國家意識。在蘇維埃意識型態的精神裡，這就被無產階級的國際主義認為是社會主義者的愛國情操。這種國際主義的本質，是要對莫斯科報以無條件的忠誠、對於蘇聯的政策不斷頌揚、無限地引用列寧和史達林的教條，徹底達到俄羅斯化，甚至還包括將匈牙利的歷史竄改為：當 1848～1849 年奧地利對付匈牙利大革命時，俄皇尼古拉一世 (Emperor Nicholas

I, 1796～1855) 同情匈牙利，乃派遣軍隊介入，幫助匈牙利人。

在匈牙利，共產黨所謂的「愛國主義」只不過是對這個國家感到興趣，它將整個人民視為其禁臠。這一點，匈牙利共產黨領導人肯定是戰後東歐國家中的翹楚，即使是東德也不像匈牙利那樣。

在匈牙利共產黨的領導階層之中，唯一例外的人物就是納吉。他不只在 1956 年革命時擔任總理，而且也是 1953～1955 年間政府的領袖。他在 1953 年主政時，以其個人風範贏得廣大匈牙利群眾的心，讓匈牙利人民清楚地瞭解到，相信史達林主義不只在社會生產方面，而且對於國家的自尊都有不良的後果。所以，在 1956 年發生人民推舉納吉為領袖，要推翻當時政府的事件，也就不足為奇了。雖然納吉曾流亡蘇聯多年，被稱為「莫斯科共產黨員」(Muscovite Communist)，但是匈牙利人卻還是認同他。

在 1948 年，匈牙利的史達林式政權由拉科席領導，他建立起絕對的領導，完全不尊重民意。人民飽受驚懼，甚至在自家中談論國事都視為畏途。匈牙利人和海外的親朋的聯繫都完全阻絕，國家被徹底地瓦解了。散居在外息爾凡尼亞、斯洛伐克、南斯拉夫和烏克蘭境內的匈牙利僑民的命運，就乖舛多變不為人知。匈牙利祖國對於國外的族裔同胞，不論在個人方面，或是在文化方面都沒什麼接觸。事實上，列寧和史達林的社會主義完全不廢除種族上的界線，反而是築起一道高高的藩籬。在匈牙利邊界的兩邊，同時成長的同胞竟然彼此完全不認識對方。

在史達林死後，由於蘇聯、南斯拉夫間的關係解凍和赫魯雪

夫的 「去史達林化」，才使得蘇聯集團中的這種封閉現象逐漸鬆解。當然，匈牙利 1956 年的革命，對被剝奪國家主權的匈牙利人來說，已經成為恢復團結的另一種強而有力的因素。

參加革命的年輕一代，其主要訴求就是「歸還領土主權」。那場革命是整個社會的集體經驗，除了極少數的人──包括秘密警察，還對蘇聯政權效忠之外，全國的民眾都投入了起義革命。匈牙利人民再度尋回他們自己的言論和行動的自由，納吉的革命政府表達了人民的心聲與意願。數天後，卡達也以改組後的共產黨發言人的身分，支持那場革命。

1956 年短暫而悲慘的革命事件，無法讓所有匈牙利人民的熱血在短時間內凝聚起來。匈牙利周遭的共產國家都紛紛起而指責匈國，因為他們唯恐匈牙利政府極有可能挑起少數族裔的不滿情緒，而導致疆界的重新修訂。事實上，匈牙利的少數民族也在屏息靜觀 1956 年的革命事件，期待祖國對他們的態度會有所改變。

卡達政權統治的頭十年裡，共產黨的行為無甚改變，重新掌權的執政黨完全擷取了拉科席的精髓。如果硬要從其間有所區分的話，主要就在卡達政權對於一般老百姓關心的事務，抱持著許多荒謬的態度。卡達政權將 1956 年的革命事件標示為「法西斯主義者的反革命運動」，把自己和人民區隔開來。匈牙利共黨對於邀請蘇聯軍隊前來鎮壓革命一事引以為傲，蔑視國內外輿論，厚顏稱鎮壓革命行動是「第二次解放」。

蘇聯入侵的結果，造成全國性的大規模流血事件。人民的心破碎了，舉國癱瘓。然而在 1960～70 年代，卻有著極大的改變。

尤其是 70 年代，匈牙利的國民意識以一種前所未見的力量和活力
爆發出來。隨之而來的三十年，匈牙利國民對於重振昔日雄風的
意志再度飛揚起來。

第八章 | *Chapter 8*

匈牙利政體的轉變

第一節　東歐的崩解

　　狄托死後，多元民族的南斯拉夫終將崩解的預測即時有所聞。而波蘭共黨政權對民主團結工聯的鎮壓，亦是普遍為人所預見。1980 年代即驗證了這些事實，但是在 80 年代結束之前，發生了一件始料未及的大事——就在東、西歐分裂四十四年之後，蘇聯共黨竟然崩解了。這促使繼承沙俄政權長達七十四年之久的蘇聯也宣告解體，在整個二十世紀對於民主西方造成威脅的共產黨敵人突然消逝了。

　　隨著蘇聯的瓦解，自從第二次世界大戰結束以來主導世界局勢的東西方冷戰，也就出乎意料地結束。這一切震驚世界的歷史性大事，在時間點上相當諷刺。1975 年的〈赫爾辛基緩解協議〉(Helsinki Final Act) 的目標，就是要將東西方冷戰的緊張關係予以調和，處於安全的狀態之中。

　　但是，80 年代初的和解遭逢了若干的挫折。蘇聯的入侵阿富汗和美國總統雷根的反共辭令，使得冷戰的氣氛更形凝重。一直到了 80 年代中期，戈巴契夫 (Mikhail Sergeyevich Gorbachev, 1931～) 登上權位的高峰之後，〈赫爾辛基緩解協議〉的精神才開始興旺起來。武器裁減談判根據〈赫爾辛基緩解協議〉的規定而展開，使核武競賽得以休止，成功地抑制了蘇聯的威脅。世界亟待維持穩定，但是在二十世紀的 90 年代以前還看不出有何明顯的改變。

　　出乎意料地，二十世紀竟然以一個令人難以想像的事件結束，改變了冷戰世界的整個結構。基本上說來，成就整個事功的重要人物就是戈巴契夫。他的功績在於改變世界，然而對於改革其國內事務卻失敗了。1991 年 12 月，他被對手葉爾欽 (Yeltsin Boris Nickolaevich, 1931～2007) 擊敗。戈巴契夫為蘇聯及全世界開啟了一個難以轉變的時代，他不只被俄國人牢記著，也被東歐人民永遠紀念著，因為他把那些從史達林手中剝奪而去的自由還給了他們。就其在蘇維埃共黨體制的背景而言，戈巴契夫可稱得上是一位民主改革者，而且也跌破了歐美研究蘇聯事務專家們的眼鏡。

　　戈巴契夫推動改革，師法西方，本來是想減緩蘇聯的生活水準降至第三世界的程度，反而加速了蘇聯經濟的惡化。在他的改革路線上，戈巴契夫贏得了自由世界的同情與支持。基本上，西方世界認為蘇聯在東歐的統治是東西方冷戰的主因，而東歐的自由化一直是西方，特別是美國長久以來所期望的。畢竟，到了戈巴契夫時代的來臨，這個驚天動地的變化才得以發生。沒有任何

西方勢力的推波助瀾和壓力，就只是戈巴契夫而已，推動了東歐的自由化。

由於戈巴契夫的政策，東歐的局勢開始改變，此時西方才開始真正地憂慮世局的「不穩定」。諷刺的是，西方世界的反應和蘇聯集團的共黨保守分子一樣，擔憂俄羅斯老大哥會棄絕他們而去。

在蘇聯這方面來說，早在布里茲涅夫時代就已經暗示莫斯科對東歐國家援助的侷限。1981 年，莫斯科提醒波蘭共黨要注意「團結工聯」的危機，而不要期望蘇聯的介入。同時，布里茲涅夫也公開地讚揚捷克能主動而有效地維持其社會秩序。

戈巴契夫起初似乎要東歐國家自動地加強對莫斯科的忠誠度，他推動「改造」政策，絕無意要瓦解蘇聯在東歐的領導。1986 年 7 月，他在華沙召開的波共黨代表大會上嚴詞譴責西方所謂的「從社會主義陣營中挖走一個國家」的企圖。戈巴契夫在華沙的言論隨著那年美國獨立紀念日慶典，刊登在《紐約時報》上，標題是：「蘇聯宣告東歐不獨立！」

1989 年神奇的轉變，不論東西方都不曾預測得到。即便是戈巴契夫本人也不曾期望自己的政策有這麼樣的結果，更遑論大多數西方學者專家的看法了。在著名的《美國外交事務》期刊上有一篇文章這麼寫的：「現在很難想像戈巴契夫或者未來的任何一位蘇聯領袖會溫和地對待匈牙利人，更不用說那些要獨立的亞美尼亞人和愛沙尼亞人了。」

1989 年成為世界史上的分水嶺，可以說肇始於 1988 年 12 月戈巴契夫在聯合國大會的演說。戈巴契夫清晰有力地說明他對「新

世界秩序」的構想,並表達將絕對尊重各國自決及獨立的權利。
他敦促在聯合國的最高權力之下進行全球合作。

1989 年 7 月,戈巴契夫進一步宣揚其「共同的歐洲家園」的
理念,並重申其對於「所有國家均有同等的自由與獨立的權力」
的一貫信仰。緊接著在布加勒斯特召開的華沙公約組織會議上,
戈巴契夫直截了當地表明蘇聯決不干預蘇聯集團國家的內政事
務。不知是有意與否,戈巴契夫為每個國家要進行革命做好準備。
東歐共黨政權一個接著一個垮臺,其速度之快令人驚訝。

在 1989 年之前,共黨陣營中對於戈巴契夫的「改造」政策就
有正反對立的兩種意見。波蘭和匈牙利提早進行自由化,而東德、
捷克、羅馬尼亞和保加利亞則堅守共黨教條,並希望「改造」政
策失敗。

第二節　卡達時代的結束

整個東歐從共產黨統治下的政治冷漠症解放出來,轉型到資
本主義自由市場經濟的問題,繼之而來也帶給人們窒息的壓迫,
東歐人民對於新時代的來臨並未如預期般地歡喜。

東歐社會主義國家中,除南斯拉夫外,匈牙利是進行改革較
早的國家。而且,由於卡達採取循序漸進的發展步驟,所以匈牙
利改革的步調較穩,逐漸摸索出一套比較有效的方法,形成「匈
牙利模式」。國際輿論曾認為是社會主義國家改革比較成功的範
例。然而,匈牙利的改革不是一帆風順的,匈牙利在 1989 年的改

革中得到了自由與解放，其路途亦是崎嶇不已。

1956 年改革失敗，卡達共產政權的成立，讓匈牙利人民驚悸猶存。布里茲涅夫時代蘇聯一直反對匈牙利的經濟改革，特別是在 1968 年蘇聯出兵鎮壓捷克斯洛伐克後，卡達不能不更加小心從事。在卡達的妥協之下，匈牙利成為蘇聯集團中最自由的國家。

匈牙利雖然進行了長達二十餘年的一系列的經濟改革，但從根本上來說，並沒有徹底改變蘇聯模式的基礎，或者說，沒有觸動蘇聯模式的根本機制，都沒有解決市場機制的建立問題，國家部門新經濟體制始終沒有能夠有效運轉。

匈牙利受了蘇聯經濟學者李伯曼 (Evsel Liberman, 1897～1983) 的新經濟理論的影響，於 1968 年曾實行 「新經濟策略」(New Economic Mechanism)。「新經濟策略」還談不到走向自由企業，只是不再堅持傳統的制度而開始有所更張。要點是將生產計畫、工業投資和市場控制的責任，由中央轉移到地方，由地方轉移到企業經理人手中，由他們依照市場需要及價格來擬訂本身的計畫。採行逐步開放的方式，達到自由貿易的目的。

由於新經濟體制不能有效運轉，而使狀況惡化，經濟狀態惡化又使改革放慢，難以邁出大的步子。經濟體制不能較快建立和發揮作用，又使經濟難有明顯的改善。有人認為匈牙利局部改革雖然可以取得一定效果，但當局部改革潛力用盡之後，如不進行全面徹底的改革就不能解決匈牙利的問題。不少匈牙利人認為，政治改革不能遲滯，而經濟改革的成功取決於政治體制改革的成功。

　　在過去共黨時代，卡達在進一步改革中面臨著內外壓力和自身的侷限。蘇聯對匈牙利改革一直持懷疑態度，卡達每走一步都不得不看看蘇聯的臉色，使改革限制在蘇聯可以容忍的範圍之內進行。在內部，卡達面對的是習慣於舊體制的保守勢力和長期形成的種種弊端，例如高度集中的體制在 50 年代初已形成，造成管理機構臃腫，管理效率低下，各種指標越細、越多，手續日益繁瑣，機構越來越大，非生產人員越來越多。再者，在所有制的問題上，匈牙利始終沒有建立起社會主義所有制的財產利益制度和分配制度。全民所有制實際上是「它屬於每個人，但又不屬於任何人」，「人民是社會主義國家的主人，只不過是通過國家行使其主人權利罷了」。

　　卡達受命於 1956 年匈牙利事件後的危難之秋，他穩定了局勢，逐步提高了人民的生活，贏得了人民的信任和國際輿論的好評。但是到了 80 年代中期，匈牙利改革已失去優勢，隨著經濟危機的擴大，導致匈牙利黨內分歧加深。各種矛盾的激化，卡達的地位也日益削弱。

　　在東歐，卡達是首先響應戈巴契夫推動「改造」運動 (perestroika) 的領袖人物。但是，匈牙利人民對於他為虎作倀當個蘇聯政府傀儡的印象，始終難以忘懷。所以，1988 年 5 月舉行的匈黨全國代表會議上，卡達未能進入政治局。格羅斯當選為黨的總書記，取代了擔任這一職務長達三十二年之久的卡達。卡達雖被選為黨主席的榮譽職務，但已無實權，這標誌著卡達改革的結束。會議上，著名的激進改革派波日高伊 (Pozsgay Imre, 1933～

2016)、被稱為經濟改革設計師的涅爾什和經濟學家涅米特被選入政治局。匈黨高層領導力量對比發生了重大變化。

第三節　匈牙利社會主義工人黨的改組

如果說經濟危機是匈牙利劇變的起因，那麼 1956 年匈牙利事件和納吉問題則是劇變的導火線。長期以來匈牙利共黨將 1956 年事件定為反革命暴亂。隨著卡達失去實權，匈牙利共黨內部圍繞這一問題的爭論公開化了。

1989 年 1 月 28 日，匈共政治局委員波日高伊對電臺記者發表談話時說，他所領導的一個匈黨委員會研究得出結論，1956 年發生的人民起義，是反對當時正在使國家蒙受恥辱的寡頭政治。兩天後，即 1 月 30 日，匈黨總書記格羅斯在回國途中說，波日高伊的談話事先未知會他，並批評政治結論不是由某一個人或一個委員會做出的，而應由中央委員會議訂。匈黨內部的分歧公開暴露出來。

引起爭論的另一問題是關於實行多黨制。新的共黨政權為表民主改革的態度，容許反對黨的成立，因此有兩股新興政治勢力產生：一為右派勢力的民族主義派，另一為代表國際勢力的左派。這兩派勢力處於對立的狀況，而改革派共黨政權和反對勢力的和諧政策是相當成功的。

1988 年 3 月 15 日，反對陣營在布達佩斯示威。青年民主聯盟 (FIDESZ)，自由民主聯盟 (SZDSZ) 成立，獨立小農民黨

(FKGP) 重新展開活動。4 月，倡議民主改革之學者畢浩利 (Bihari Mihály, 1943～)、蘭傑爾 (Lengyel László, 1950～)、畢羅 (Bíró Zoltán, 1941～)、奇拉伊 (Király Zoltán, 1948～) 退出「匈牙利社會主義工人黨」。

　　6 月，匈牙利國會選舉無黨人士布魯諾 (Straub Ferenc Brunó, 1914～1996) 為共和國主席團主席 (Chairman of the Presidential Council) (1988～1989)。他在當年 9 月 15 日對記者說，他認為匈牙利最終實現多黨制是一條根本的真理。第二天，波日高伊說：「匈牙利現在進行的社會和經濟改革是要徹底打破過去的蘇聯式神話主義的社會機構，在政治上和經濟上實行多元化，確立三權分立的西歐議會民主。為推行多黨制，準備推進尊重黨內少數派意見的黨內多元化。」11 月 22 日，波日高伊再度表示實行多黨制是不可避免的，兩年之內應當實行多黨制。

　　格羅斯等人則認為，在當時的情況下，實行多黨制會產生黨的分裂，造成黨派之間的鬥爭，強調要在一黨制條件下發揮作用。

　　1989 年 2 月 10 至 11 日，匈黨中央舉行全體會議，會上中央委員對造成 1956 年事件的原因看法不一，差一點出現分裂，最後在重新評估時採取了一種折衷方案，把這一事件說成既有群眾起義的因素，也有反革命的因素。波日高伊說：「黨必須對過去的事情更加公開，以防止國民和黨之間的裂痕進一步加深。」會議發表公報表示，決心深化體制改革，在特定的情況下，政治體制多元化可以在多黨制的範疇內實現，但必須「逐步過渡」，強調匈黨在實行多黨制過程中應在社會上起決定性作用，並說變革的目的

在於建立基於多黨制基礎上的代表民主制，克服社會和經濟危機。

1989 年是個大和解的年代，整個國家重新感到自由的氣象，也適逢兩件最具戲劇性的歷史事件，在此期間政治紛爭不斷上演，社會開始動盪。第一個戲劇性事件是，3 月 15 日匈牙利民族節日，紀念 1848 年匈牙利反抗奧地利統治的日子，布達佩斯三十一個社團和政黨組織集會遊行，要求為 1956 年事件平反，要求蘇聯撤軍。4 月 4 日，匈牙利國慶日時，五十萬人越過邊境到奧地利搶購東西，外匯流失達四千萬美元。5 月 2 日，匈牙利當局開始拆除匈奧邊境上的鐵絲網和電網，匈內務部官員稱，這標誌著一個時代的結束。5 月 8 日，匈黨召開中央全會，卡達以健康原因為由被解除中央主席和中央委員職務，並決定當年秋天召開黨代表會議。

第二件重大的戲劇性事件是，在 5 月 30 日的時候，匈共黨中央就重新安葬納吉一事發表公報表示，納吉是社會主義改革的象徵。6 月 14 日，匈牙利政府重新安葬納吉等人，並發表聲明表達哀悼納吉和 1956 年人民起義和民族悲劇的所有犧牲者，讚揚納吉是傑出的國家領導人。匈牙利政府堅決同過去錯誤的政治決定劃清界線，同 1956 年以後的報復性措施劃清界線，決心結束曾帶來許多痛苦的時期。匈牙利政府於 6 月 16 日為納吉舉行了隆重的重新安葬儀式，參加弔唁的群眾達二十五萬人，許多西方國家的大使都參加了葬禮。

6 月 23 至 24 日，匈黨中央舉行全會，進行重大的人事變動。全會選舉涅爾什為黨的主席，決定 10 月 7 日召開匈黨第十四次

全國代表大會，並選舉涅爾什、格羅斯、涅梅特和波日高伊四人組成中央主席團，在十四大召開以前集體主持黨的工作。

7月11日，美國總統布希一行抵達布達佩斯進行正式訪問。布希對群眾發表演說：「美國人民深信，我們必須同匈牙利人民合作，使正在不斷發展的變革繼續下去。」在匈牙利黨政領導人為布希舉行的宴會上，布希說：「匈牙利人正在進行一個史無前例的試驗，即努力把一個共產主義制度向一個更加開放的經濟，更加公開和多元化的政體的方向發展。」

布希在匈牙利政治轉折關頭的這次訪問大大鼓舞了匈牙利的反對派，並且支持匈牙利的改革。

8月29日，「匈牙利社會主義工人黨」、反對黨及社會組織三方圓桌會議經過兩個多月（從6月13日開始）的會談，達成協議。協議規定：從有關的政黨合作法通過之日起，各級法院的政黨組織就要停止活動；國家行政機構中的政黨組織今年12月31日停止活動。三方圓桌會議還同意，今後法官不得參加任何政黨，從而保障司法獨立。9月5日，圓桌會議就修改憲法達成協議，內容是：取消憲法序言，將憲法第二條第一款改寫為：「匈牙利共和國是獨立、民主的法治國家，在這個國家中，資產階級民主和民主社會主義的價值觀都可實現。」

10月6日至16日，匈牙利社會主義工人黨舉行第十四次（非常）代表會議，會中意見分歧，匈黨主席涅爾什主張改建新黨，總書記格羅斯則認為，黨不應該放棄共產黨的理想，應該繼續保留「工人黨」的名稱。10月7日，代表大會以一千零五票同意，

一百五十九票反對和三十八票棄權的結果通過了決議，決定匈牙利社會主義工人黨改組為「匈牙利社會主義黨 (MSZP)」。這是東歐第一個更名的共黨政權。決議文說：「在我國歷史上，以匈牙利社會主義工人黨的名稱為標誌的時代已經結束。迄今的社會主義概念和史達林主義制度已耗盡其一切社會、經濟、政治和道德上的潛力，已不適於趕上世界發展的步伐。這樣，作為國家黨的匈牙利社會主義工人黨的歷史業已結束。為了全面、徹底地進行社會、經濟和政治復興，在其基礎上建立新黨是必不可少的。」

10 月 10 日，「匈牙利社會主義黨」選出了中央領導機構，涅爾什票選為社會主義黨主席。社會主義黨大會通過了黨章，並就社會黨綱領發表了聲明。

10 月 17 日，匈牙利「馬克思主義統一綱領派」在布達佩斯召開「黨的活動分子」大會，要求保留「社會主義工人黨」，並公佈了這個黨的「臨時組織委員會」名單。該組織委員會號召保持原來社會主義工人黨的黨籍，保持黨的組織，重新選舉領導班子，繼續進行活動。

10 月 17 日，原「匈牙利社會主義工人黨」的部分黨員重新召開第十四次代表大會，原總書記格羅斯發表談話。他強調社會主義工人黨沒有解散，還在活動。代表大會強調堅持馬列主義和社會主義目標。18 日，大會閉幕，格羅斯當選社會主義工人黨的黨主席。

10 月 18 日，匈國會通過憲法修正案，對憲法做了重大修改，並將國名改為匈牙利共和國，確定國家實行議會民主，宣佈取消

共和國主席團，改行總統制，建立獨立、民主、法治的國家。

　　10 月 19 日，匈國會通過了《政黨活動和經營法》、《憲法法庭法》，使反對黨的活動合法化。20 日，匈國會通過《選舉法》。23 日，臨時總統徐勒仕 (Szűrös Mátyás, 1933～　) 宣佈新的共和國誕生了。

　　「匈牙利共和國」成立，並且宣示「政體變革的精義」是：恢復國家獨立主權、採行自由市場經濟體制和多黨民主制。

　　「匈牙利社會主義工人黨」的改革者，在這一序列的改革進程中扮演了重要的催化作用。他們在最後階段才決定，解散一黨專政，聯合其他左翼黨派共組新黨「匈牙利社會主義黨」，推動社會民主進程。

　　在 1989～1990 年的轉捩點上，整個匈牙利在初次民主大選的熱潮中沸騰，左翼與右翼的各種黨派在政治的舞臺上馳騁競奪。

　　東歐各地風起雲湧地從共黨統治的桎梏中解放出來，匈牙利亦不例外，那是一種民族主義運動，但是它卻相當溫和。1989 年匈牙利人的獨特異行影響了全世界，並觸發了鄰國的兩場革命，其中一個是直接受其影響的羅馬尼亞，另一個是間接受影響的東德。

第四節　政體的轉變

　　根據 1989 年 9 月圓桌會議的協定，匈牙利實行總統制，由全國公民直接選舉。國會決定 11 月 5 日為選舉日。由於總統既是國

家元首，又是武裝部隊總司令，權力很大。但反對派此時羽翼未豐，深恐直接選舉對己不利，堅決反對全民選舉總統，而主張由新的國會來選舉。自由民主聯盟徵集二十萬人簽名，迫使國會就選舉總統等問題實行全民公決。11 月 26 日，全民投票的結果是多數贊成先改組國會，再選總統。

匈牙利宣佈政治多元化，各種黨派紛紛建立。到 1990 年 3月，登記註冊的政黨組織已達五十二個。這些黨之間雖有矛盾，但建立西歐式「福利社會」、實行市場經濟和私有化等問題的立場基本上是一致的。

新國會推舉作家協會主席、自由民主聯盟委員根茨 (Göncz Árpád, 1922～2015) 為國會議長 (Speaker of the National Assembly of Hungary, 1990 年 5～8 月)。匈牙利民主論壇的紹鮑德 (Szabad

圖 37：根茨

György, 1924～2015) 等三人當選副議長。根據憲法，在總統未正式選出前，由國會議長根茨任臨時總統。

1990 年 8 月 3 日，匈牙利選舉總統，由國會選舉產生。結果根茨當選，成為匈牙利民主改革之後第一位非共產黨員身分的國家元首。他的任期於 1995 年屆滿之後，競選連任至 2000 年 8 月 4 日。

改革開放之後，聯合政府的帶

領與運作之下，匈牙利面臨來自各方面的困難和挑戰。最主要的
是多年來形成的經濟問題不是短時間內能解決，向市場經濟過渡
也非一帆風順。各種國是議題引發黨派勢力之間的激烈角逐，如
同波濤翻騰般地投射到社會的各角落。

　　1989 年匈牙利從一黨專政的共產主義國家，轉變為多黨制議
會民主國家。1949 年，匈牙利制定了第一部成文憲法——《匈牙
利共和國憲法》 (*Magyar Köztársaság Alkotmánya*)。2011 年 4 月
18 日修頒為《匈牙利憲法》(*Magyarország Alaptörvénye*)，並於次
年元旦生效，這是在民主架構下通過的首部憲法。這部新憲法宣
告廢除 1949 年的《匈牙利共和國憲法》，「因為它是殘暴統治的基
礎」而不被承認。

　　1990 年，匈牙利舉辦了四十年來第一次的民主自由多黨制的
國會大選。三十餘個政黨參選，結果有十二個黨列名國會，而有
六個黨贏得席次 （括弧內的數字是 1990 年 5 月 2 日國會第一次

圖 38：國會大廈

會期各黨的席次）：

匈牙利民主論壇 (Magyar Demokrata Fórum－MDF) (165 seats)

自由民主聯盟 (Szabad Demokraták Szövetsége－SZDSZ) (94)

獨立小農民黨 (Független Kisgazda Párt－FKGP) (44)

匈牙利社會主義黨 (Magyar Szocialista Párt－MSZP) (33)

青年民主聯盟 (Fiatal Demokraták Szövetsége－Fidesz) (22)

基督民主人民黨 (Keresztény Demokrata Néppárt－KDNP) (21)

其他黨派 (7)

　　1990 年的全國大選，匈牙利民主論壇 (Magyar Demokrata Fórum－MDF) 和獨立小農民黨 (Független Kisgazda Párt－FKGP)、基督民主人民黨 (Keresztény Demokrata Néppárt－KDNP) 共組聯合政府。安托 (Antall József, 1932～1993) 擔任匈國總理，直至 1993 年 12 月 12 日去世為止。其未滿之任期，由內政部長伯洛煦‧彼得 (Boross Péter, 1928～　) 繼任。

　　第二次大選在 1994 年舉行，有十五個黨進入國會。選後，6 月 28 日國會第一次會期，各黨的席次分別為：

匈牙利社會主義黨 (209)

自由民主聯盟 (69)

匈牙利民主論壇 (38)

獨立小農民黨 (26)

基督民主人民黨 (22)

青年民主聯盟 (20)

　　1994～1998 年間的政府是由匈牙利社會主義黨 (Magyar Szocialista Párt－MSZP) 和自由民主聯盟 (Szabad Demokraták Szövetsége－SZDSZ) 聯合執政。總理由匈牙利社會主義黨的黨主席宏恩·鳩勒 (Horn Gyula, 1932～2013) 擔任。

　　第三次大選在 1998 年 5 月 10～24 日舉行，有二十個黨參選，結果六個黨派贏得國會席次。根據 6 月 18 日國會第一次會期，各黨的席次分別為：

匈牙利社會主義黨 (134)

青年民主聯盟－匈牙利公民黨 (Magyar Polgári Párt) (113)

青年民主聯盟－匈牙利民主論壇聯合參選 (35)

獨立小農民黨 (48)

自由民主聯盟 (24)

匈牙利民主論壇－青年民主聯盟聯合參選 (15)

匈牙利民主論壇 (2)

匈牙利正義生活黨 (Magyar Igazságés Élet Pártja－MIÉP) (14)

圖 39：國會大廈內部景觀

圖 40：國會大廈內部圓頂

獨立黨派(1)

1998 年大選之後，由青年民主聯盟－匈牙利公民黨 (Fidesz
Magyar Polgári Párt)、獨立小農民黨和匈牙利民主論壇共組聯合政
府，總理為歐爾邦 (Orbán Viktor, 1963～)。

第四次大選在 2002 年 4 月 7～21 日舉行，有廿一個黨派參
選，結果四個黨派贏得國會席次，分別為：

青年民主聯盟－匈牙利民主論壇 (188)
匈牙利社會主義黨 (178)
自由民主聯盟 (19)
匈牙利社會主義黨－自由民主聯盟聯合參選 (1)
青年民主聯盟－匈牙利民主論壇 (188)
匈牙利社會主義黨 (178)
自由民主聯盟 (19)
匈牙利社會主義黨－自由民主聯盟 (1)

2002～2006 年間的聯合執政由匈牙利社會主義黨和自由民
主聯盟共組，彼得‧梅傑西 (Péter Medgyessy, 1942～) 任共和國
第五任總理 (2002～2004)。後因與自由民主聯盟之間的僵持，
2004 年梅傑西辭職，改由年輕進取的鳩爾恰尼 (Gyurcsány
Ferenc, 1961～) 接任 (2004～2009)。

改革開放後的第五次全國大選於 2006 年 4 月 9～23 日舉

行，匈牙利社會主義黨和自由民主聯盟再度贏得選舉。結果有六個黨派擁有國會席次：

匈牙利社會主義黨 (186)

青年民主聯盟－匈牙利公民聯盟 (Magyar Polgári Szövetség)－基督人民民主黨 (164)

自由民主聯盟 (18)

匈牙利民主論壇 (11)

匈牙利社會主義黨－自由民主聯盟聯合參選 (6)

2006 年 6 月 9 日，以鳩爾恰尼 (Gyurcsány Ferenc) 為總理的新政府宣誓就職，由匈牙利社會主義黨和自由民主聯盟聯合執政。當年 8 月，發生匈牙利社會主義黨 5 月某次內部會議的錄音帶外洩事件。鳩爾恰尼指出，匈牙利的經濟已經讓太多的人民絕望，歐洲沒有一個國家像他們一樣，陷入難以想像的困境之中。鳩爾恰尼並批判黨向公眾撒謊，以贏取 4 月的大選。此事件引起舉國譁然並發生暴動。9 月，多起示威行動在國會大廈前爆發，要求鳩爾恰尼下臺。一些極右翼的示威群眾攻擊匈牙利電視臺總部，並與警方發生多次劇烈衝突。10 月 6 日，鳩爾恰尼贏得了國會的信任投票。10 月 23 日的 1956 年革命紀念日，再度爆發暴動。

2010 年 4 月 11～25 日的第六次大選，「青年民主聯盟」（得票率 52.7%，贏得 227 席次）－匈牙利公民聯盟－基督人民民主黨以壓倒多數勝出（共贏得 262 席次），極右的「匈牙利更好行

動」(Jobbik Magyarországért Mozgalom，得票率 16.7%，佔 47 席次) 僅比「匈牙利社會主義黨」(得票率 19.3%，佔 59 席次) 得票率少 2.6%。而在自由主義保守派的 「匈牙利民主論壇」

（Magyar Demokrata Fórum ，得票率 2.7%) 未達 5% 的門檻、2009 年以前曾聯合執政的「自由民主聯盟」(Szabad Demokraták Szövetsége) 因為民調低落而不能參選的情況下，象徵綠色自由的社會改革論者「政治可以是不同的」(Lehet Más a Politika) 是新勝出的（得票率 7.5%，佔 16 席次）。

這次選舉大幅改變了自從共黨時代一黨專政體制結束以來匈牙利國會的權力結構，兩個前議會政黨——「匈牙利民主論壇」和「自由民主聯盟」落馬，前執政的「匈牙利社會主義黨」支持率顯著下滑 （席次從 48.2% 降到 15.3%， 得票率從 40.3% 掉到 19.3%） 的時候，兩股新生的政治勢力——「更好匈牙利運動」和「政治可以是不同的」崛起注入國會殿堂。

在 2010 年匈牙利國會舉行大選之後， 總理歐爾邦 (Orbán Viktor Mihály) 提名的施密特 (Schmitt Pál, 1942～) 當選為匈牙利國家元首 (2010～2012)。施密特曾任「青年民主聯盟」的副主席和匈牙利國會議長。不過，由於被控違反學術倫理，施密特於 4 月 2 日在國會表示將辭去總統職務。他表示根據匈牙利憲法，總統應有責任維護國家的團結。而今自己卻成了匈牙利分裂的象徵，因此必須請辭總統一職，以示負責。」當日下午國會接受了他的請辭。隨即根據匈牙利憲法，匈牙利總統的職責和權力由國會議長柯韋爾 (Kövér László, 1959～) 暫代， 憲政委員會授權國

會有 30 天時間選舉新總統 。 國會的五位副議長之一的雷沙克
(Lezsák Sándor, 1949～) 受委託在過渡時期行使議長的權責
（2012 年 4 月 2 日～5 月 10 日）。

　　2011 年 3 月 14 日，執政的「青年民主聯盟」－「基督民主
人民黨」 執政聯盟提交了新憲法議案──《匈牙利基本法》
(Alaptörvény)。新憲法內容包括：把匈牙利的名稱由 「匈牙利共
和國」 改為 「匈牙利」，改變原來的選舉體制等。4 月 18 日國會
投票通過新憲法，於 4 月 25 日由總統簽署，自次年 1 月 1 日起生
效。儘管總理歐爾邦認為，新憲法標誌著匈牙利完成了從共產主
義體制到民主體制的過渡。總統施密特亦稱，《基本法》遵循《歐
盟基本權利憲章》精神，確定了基本的自由權，強化了法制體系、
民主價值及民主機構，然卻引發了歐盟的關切。

　　歐洲議會通過譴責匈牙利新憲法的決議，指出制訂新憲法的
過程缺乏透明度，反對黨和社會組織沒有共同參與，沒有形成「政
治和社會共識」，呼籲匈牙利政府修改新憲法並在制訂重要法律時
應遵守歐洲準則。

　　針對匈牙利政府破壞司法獨立及打壓媒體自由的作法，人權
觀察組織也提出警告，認為此舉恐危害該國的人權發展，且如此
不尊重民主與人權等普世精神的做法，顯然違反國際義務，匈牙
利在實質上已不符合歐盟及北約組織對成員國的規定，失去留在
這些國際組織的資格與意義。

　　2011 年 12 月 30 日，匈牙利通過了與新憲法配套的一系列基
本法。新憲法限制了憲法法院的權力，讓執政黨擴權干涉司法系

統和媒體自由，影響了匈牙利的民主進程，削弱匈牙利的民主體
制。因而遭致數萬的民眾群聚於布達佩斯國家歌劇院外，抗議新
憲法的實施。一些中間偏左派政黨也參加了遊行。示威者高呼反
對總理歐爾邦的口號，手舉標語牌譴責其獨裁，將匈牙利「從一
個充滿希望的地方變成了歐洲最黑暗的一角」。

歐盟向歐洲法院 (European Court of Justice) 提出訴訟，並要
求歐爾邦政府改進。2012 年 11 月歐洲法院裁決，匈國政府的舉
措與歐盟基本價值背離。在新憲法生效後的短短一年多內，相繼
通過了四個憲法修正案。

2013 年 3 月 11 日，匈牙利國會通過憲法第四次修正案。這
是自 2012 年 1 月 1 日匈牙利憲法生效以來修改內容最多的一個
修正案。前三次修憲涉及憲法過渡性條款、央行以及土地產權。
憲法第四次修正案涉及此前被憲法法院認定為違憲的一些過渡性
條款，包括可能對司法獨立、憲法法院的權威性和法律體系、國
家法治造成威脅，引起了國內外一片嚴重關切。歐盟委員會主席
巴羅梭 (José Manuel Barroso, 1956～) 表示歐委會對匈牙利第四
次修改憲法是否符合歐盟法律存在嚴重憂慮，並強調如果最終確
認匈牙利修憲違背歐盟法律，歐委會將採取必要步驟，對匈牙利
啟動新的違背義務程式。巴羅梭要求匈牙利與歐洲議會展開政治
對話。歐爾邦當即強調，匈牙利政府和國會堅定信守歐洲準則和
價值，並向巴羅梭保證，匈牙利政府將在各方面與歐委會合作，
以消除疑慮。

2013 年已經是第二次擔任總理的歐爾邦有著較豐富的從政

經驗，還有法律專業的背景，在匈牙利法律體系內先後控制了總統和國會議長等重要職位，打破了三權分立的制衡局面之後，對憲法的修改是鞏固青年民主聯盟在國會、政府中絕對地位的最重要環節。被憲法法院否決的條款以修正案的形式加入憲法之中，意味著幾乎所有權力部門都在它的掌控之中，並為 2014 年匈牙利國會選舉預作鋪路。

2014 年匈牙利第七次國會選舉於 4 月 6 日舉行，根據 2012 年 1 月 1 日通過的匈牙利國會新選舉法 (új választójogi törvény)，國會選舉由此前的兩輪制改為一輪制，議會席次由以前的 386 席減為 199 席。其中，106 個席次通過個人選區直接選舉產生，其餘的 93 個席次由提出「全國選舉名單」的政黨根據所獲選票的多寡進行分配。此外，境外的匈牙利人也有投票權。選舉結果，「青年民主聯盟」—「基督民主人民黨」執政聯盟獲得了超過 49% 的選票，獲得 133 個議席，遠高於其他政黨；左翼聯合黨 (Összefogás) 38 席，極右翼政黨「更好匈牙利運動」得 23 席，綠黨「政治是可以不同的」得 5 席。

對於此次選舉的結果，各方反應不一。歐爾邦領導的政府獲得連任，當晚他和支持者在布達佩斯歡慶。他表示匈牙利正處於一個「開啟新時代」(új korszaképítés kezdődik) 的門檻，國家統一的進程已經轉變為國家建設。他還說：「匈牙利孤獨百年的時代已經結束。我們再次堅強，我們有決心，我們是勇敢的，我們有實力，我們有資金，我們有資源。」但是，4 月 14 日有 10 萬民眾在布達佩斯街頭遊行抗議。請願人士要求重選，並抗議不公平的

選舉制度。遊行參加者以年輕人為主，他們揮舞匈牙利及歐盟旗幟，高呼「民主」和「我們才是大多數」等口號。他們批評歐爾邦腐敗、濫用權力以及選舉制度不公。

「更好匈牙利運動」領導人佛納 (Vona Gábor, 1978～) 則表示，該黨「現在是歐盟最強大的民族激進黨，也是匈牙利第二大政黨。……我們的表現超過民意測驗者的預期，但我們無法實現為贏得選舉而設定的目標」。而五黨聯盟領導人之一博約瑙伊 (Bajnai György Gordon, 1968～) 表示，對於那些想要改變的人來說，選舉結果是「慘敗」和「非常失望」。至於國際觀察家則認為，匈牙利此次選舉雖是自由的，但不完全公平，行政資源的濫用嚴重模糊了黨國之間的分際。

2018 年 4 月 8 日，匈牙利舉行自 1990 年第一次多黨選舉以來的第八次選舉，也是自 2012 年 1 月 1 日生效的匈牙利新憲法通過以來的第二次選舉。移民議題主宰這一場選舉，結果是大打反難民旗幟的「青年民主聯盟」—「基督民主人民黨」執政聯盟獲勝，並贏得超過 2/3 的席位，聲勢如日中天，也讓總理歐爾邦得以第三次連任。歐爾邦和「青年民主聯盟」主要致力於移民和外國干涉問題，選舉被視為歐洲右翼民粹主義的勝利。新一屆國會 5 月 8 日成立。5 月 18 日，政府完成組閣，宣誓就職。

第五節　國家發展

匈牙利在第二次世界大戰之後轉變成重工業化國家。在 1980

年代，工業大部分國有化，農業生產的三分之二來自於集體農莊和國營農場。1990 年代，匈牙利經濟經歷了困難的轉型期，它一改過去將產品主要輸往蘇聯的模式，逐漸以市場經濟為導向，成功地對西方國家開放市場與擴展貿易關係，成為區域中第一個進行自由政治與經濟改革的國家。

　　為了實行經濟自由化，1968 年匈牙利推行所謂的「新經濟政策」(New Economic Mechanism) 是改革的第一步。事實上匈牙利市場經濟的基本法律與制度性架構直到 1980 年代末期到 90 年代初才建立。國會通過了與市場經濟相關的基本法律，同時也採取了價格、進口、薪資自由化等措施。匈牙利就私有化和公共部門改革的推動上是中、東歐地區第一個開始付諸行動的國家。不過當時這些良性的轉型使國家面臨了國內外重大的壓力。

　　1996 年匈牙利的貨幣可以自由地兌換。同年，也成為經濟合作與發展組織 (OECD) 的成員國。匈牙利在這段轉型期間的兩個重要的成果為：私有化和吸引外人投資。匈牙利私有化的實行原則，是在市場經濟基礎下銷售國有資產。

　　匈牙利經濟部於 2000 年 4 月初，公佈匈牙利為因應當時經濟情勢，以及對未來經濟發展所規劃之重要經濟施政方案——瑟切尼計劃 (Széchenyi Plan)。瑟切尼 (Széchenyi István) 是匈國十九世紀最著名之改革家，對匈牙利之現代化貢獻鉅大，他的名字在匈國幾乎就是建設革新的象徵。新經濟計劃展現了匈國未來經濟建設之藍圖，亦表明匈國決心在二十一世紀初擺脫共產時期之歷史陰影及悲情。

匈國經濟改革之路在 1990 年代初期並不順遂，但是在 1995
年初政府實行財政緊縮政策減少財政赤字、加速民營化腳步，放
寬對外資之限制並提供投資獎勵措施等一連串政策配套之後，終
使得該國步入穩健發展之途。

在 2006 年大選後，總理鳩爾恰尼 (Gyurcsány Ferenc, 1961～)
推出緊縮措施，雖然曾導致當年年底發生抗爭事件，以及 2007 年
和 2008 年的經濟遲緩。然而，2007 年的赤字已從 9.2% 減低至
5% 以下，並於 2008 年接近 3% 的底限。

至此，匈牙利在經貿投資及國際政治上，已經成為一個嶄新
的歐洲國家和一個可靠的合作夥伴。由於和周邊關係的改善，匈
牙利在區域合作組織的角色也逐漸加重。

從瑟切尼計劃的推動可看出匈牙利政府亟欲為匈國重新定
位，亦明示匈國人民對二十一世紀之國家建設展望之渴求。自
1989 年蘇聯共產集團瓦解以來，匈牙利無論在政治或經濟方面體
制及實質的改革均贏得東歐模範生之美譽。

匈牙利是中歐和東歐前社會主義國家市場改革的領跑者，但
是從 2005 年以來，其與歐盟融合的步調已漸停滯。2008 年全球
經濟危機之前，龐大的財政政策和大量外債的積累使得匈牙利成
為歐洲財政上最脆弱的國家之一。2008 年國際貨幣基金組織、歐
盟及世界銀行聯手向匈牙利提供援助，以幫助其脫困。

自 1990 年代以來的改革雖有所收獲，但是世界在變化，新的
挑戰亦接踵而至。匈牙利民眾對於民主價值的認同度很高，但對
本國的實際民主制度卻有諸多不滿。大多數的匈牙利人認為言論

自由非常重要，民主制度尚不能滿足民眾的期待，匈牙利需要進一步發展公民社會，鞏固和完善民主制度，因為市場經濟是基於法治的經濟，法律應保護個人自由、經濟權利及公民自由。

在面對提高公共服務質量、加大基礎設施投資及政府從非競爭性領域退出等挑戰，必須要重新界定政府作用。政體轉變後，國家對經濟的全能干預已不復存在，但是國家並沒有完全退出，對於匈國政府而言，如何干預最少、最有效及適時結束臨時性的干預措施是個考驗。

匈牙利自從 2004 年加入歐盟起就被列入 「過度赤字調控程式」(Excessive Deficit Procedure, EDP) 的國家，因為匈牙利每年都違反了《歐洲聯盟條約》(*Treaty of Maastricht*，亦即《馬斯垂克條約》) 裡所規定的——財政預算赤字佔國內生產總值的 3%。持續違反這一標準即有可能導致歐盟凝聚力資金暫停，特別是在 2008 年全球金融資本市場危機和 2011 年歐洲債務危機爆發後的幾年內，布魯塞爾試圖更加嚴格地強制執行歐盟的規則。

在 2010 年後，以高預算赤字和不斷上升的國債比率的財政政策發生了劇烈轉變。當時匈國政府宣佈的目標是，減少國家債務到可持續的水準以及下調預算赤字至國內生產總值 3% 的限制以下。此外，還透過擴大就業促進實體經濟，打擊黑色經濟，減輕經濟的脆弱性，其中淘汰外幣貸款成了經濟政策的當務之急。雖然如此，但是 2010 年匈牙利的國債規模已達到 GDP 的 80%。匈牙利經濟受到歐元區危機以及該國中間偏右政府的經濟政策的影響。這種經濟政策使投資者望而卻步。

　　匈牙利在 2011 年 1 月 11 日發行了 450 億福林的三個月期國債，到了 12 月，由於國債拍賣不利，乃取消三年期國債拍賣計劃，並出售 100 億福林的五年期國債。

　　面對不斷惡化的經濟形勢，無奈之下，2011 年底匈牙利向國際貨幣基金組織和歐盟提出「可能性的金融援助」申請。國際貨幣基金組織和歐盟在接到匈牙利的請求之後，立即決定就援助問題與匈國政府展開談判。但由於當時國際貨幣基金組織和歐盟認為，匈牙利致力於國內金融體制的改革，通過新的《中央銀行法》(jegybanktörvény)，危及央行的獨立性，而匈國政府又沒有表現出推遲通過的意願，所以儘管當時總理歐爾邦曾公佈了一系列重大的緊縮措施，但是歐盟還是中斷了與匈政府間進行的援助談判。歐盟還表示，在對該項法案是否違反歐盟憲章進行審議之前，不會與匈牙利進行談判。

　　同年，「青年民主聯盟」—「基督民主人民黨」執政聯盟制訂新憲法，引發了歐盟的關切。歐洲議會指新憲法的制訂過程缺乏透明度，沒有「政治和社會共識」，呼籲匈牙利政府修改新憲法並且應遵守歐洲準則。

　　進入了 2012 年，匈牙利經濟狀況進一步惡化。匈牙利政府於 2012 年 1 月 31 日發布，將其具有指標性之一的企業——匈牙利國有航空公司 (Malev) 列為接受破產保護之公司，而且歐盟裁定匈航非法從政府資助中獲益，要求匈政府收回 2007～2010 年間提供給該公司計約 1,000 億福林（約合 3.33 億歐元）的財政資助。雖然匈國政府竭力維持匈牙利航空的運營，但是終究不堪長期虧

損，乃於 2 月 3 日宣佈正式停飛，結束了 66 年之營運。歐盟在 3 月宣佈停止向匈牙利提供融資援助。這是歐盟對其任何成員國的預算赤字採取行動的首例。

雖然匈牙利的 GDP 總量占歐盟經濟的總量甚至不到 1%，況且它也不是歐元區國家，匈牙利的經濟對歐盟來說實際上無足輕重，但是歐盟和國際貨幣基金組織在對匈牙利債務危機上的強硬態度，主要還是源於對債務危機在歐盟新成員國內進一步蔓延的擔憂。如果不能迅速解決匈牙利的經濟問題，就有可能引發整個歐洲金融體系出現連鎖反應。

面對國際與歐元區經濟持續疲弱不振的情況，新憲法引發歐盟、國際貨幣基金組織與聯合國的關注，歐爾邦政府面臨更嚴峻的挑戰，包括解決修憲所造成的紛擾，對內平息反對黨的杯葛及群眾的抗議，提振國內經濟情勢、降低失業與財政赤字、吸引外資等，對外持續爭取歐盟與國際貨幣基金組織的資金援助。

直到 2012 年 7 月 6 日，匈牙利國會通過《中央銀行法》修正案，達到了國際貨幣基金組織和歐盟對於央行獨立性的保障要求，也就是說匈牙利國家銀行的條例符合歐洲聯盟的基本法和法律行為，特別是「歐洲聯盟運作條約」(Európai Unió működés)、「歐洲中央銀行系統」(Központi Bankok Európai Rendszere, KBER) 和歐洲中央銀行」(Európai Központi Bank alapokmány) 的相關章程。因此，17 日至 25 日，國際貨幣基金組織和歐盟代表團在布達佩斯與匈牙利政府就援助貸款問題重啟談判。

第一輪會談雙方只是初步的交換意見，歐爾邦表示期待國際

貨幣基金組織和歐盟代表團要明確貸款的前提條件，並指明匈牙利在經濟政策上應如何改變，以及對匈牙利政府 2013 年預算的修改建議。國際貨幣基金組織代表團則表示，匈牙利政府必須進一步削減財政支出，特別是要消減培訓、保健和公共交通等領域的預算。然因歐爾邦政府一直未能提出將預算赤字控制在 3% 以下水準的有效具體措施，歐盟決定自 2013 年起暫停向匈牙利提供 4.95 億歐元發展援助資金。

2013 年 8 月歐盟中止對匈牙利大部分的援助計劃，而匈牙利向歐盟與國際貨幣基金尋求紓困的融資談判也無法獲致共識，匈牙利外部流動性風險因而升高。在歐盟強大的壓力下，匈牙利政府不能再冒著失去歐盟資源的經濟風險，乃於 2013 年先後完成了對財政政策和貨幣政策的改革。匈牙利央行於 2014 年實施自我融資計劃，並於 2015～2016 年擴張計劃範圍，減低對外債務。歐盟委員會當即表示，歐盟、歐洲央行和國際貨幣基金組織儘快展開與匈牙利的貸款談判。

近年來，歐爾邦政府煽動民族主義言論，借助國家機器打壓國內反對派的行徑，屢遭歐盟的批評。歐爾邦還成為西方媒體批判的對象，美國《新聞週刊》稱之為「極右先生」。

2018 年 4 月 8 日的匈牙利國會選舉，執政的「青年民主聯盟」贏得的席次超過三分之二，顯示歐洲民粹主義浪潮的澎湃，右派勢力的抬頭，而總理歐爾邦是第三度蟬連，似乎也就是歐洲這股保守力量的指標人物。他說：「我們創造機會保護了匈牙利，我們的家園匈牙利，還不是我們希望的樣子，但現在要朝著它自

己選擇的路，繼續前進，而我們將一起走這條路。」

　　歐爾邦之所以獲勝，除了因為其任內的經濟情況有所改善之外，最主要的還是其反穆斯林的論述與政策得到國內大部分民眾之支持。他大打反移民牌，他說這次選舉「攸關匈牙利是否會變成移民國家，這是一次決定命運的選舉，匈牙利將要做出決定。」

　　匈牙利自 2015 年來已經處理超過 40 萬名來自敘利亞的難民，負擔沉重，因此匈牙利在塞爾維亞與克羅埃西亞的邊境拉起鐵絲網圍籬，防堵敘利亞及其他難民湧入。2016 年更築起實體圍牆及挖壕溝，阻止更多難民湧入，並且以 25% 的高稅率打擊支持難民的組織。歐爾邦在歐洲的右翼民粹運動中扮演著重要的角色，他的反移民的立場，也讓歐盟在處理難民危機上更為棘手。

　　2017 年 4 月 9 日，匈牙利布達佩斯街頭湧入數萬民眾，抗議政府通過對於高等教育法的修正案。該法案禁止非歐盟大學在匈牙利頒發學位，並要求來匈牙利辦學的外國大學須在本國設有校園。其中，被視為匈牙利頂尖學府的中歐大學深受此法案影響。中歐大學是當時匈牙利境內唯一一所未在註冊地設立校區的外國大學，倘若新法實施，中歐大學恐將面臨關閉的命運。中歐大學是在匈裔美籍資本家索羅斯的支持下所創立，索羅斯主張開放、自由，並支持歐盟的移民政策，理念多處與匈牙利歐爾邦政府的價值觀相左，匈牙利政府雖未言明修正案是針對中歐大學，然而探究背後歐爾邦政府與索羅斯間的衝突，匈牙利政府的目的則是不言而喻。

　　歐盟委員會於 4 月 26 日致函匈牙利政府，表示不認同匈國

通過高等教育法修正案，因為此修正案與《歐洲聯盟基本權利憲章》(Charter of Fundamental Rights of the European Union) 中關於受教權、學術自由等規定相違背，同時也不符合歐盟內部市場自由流通的基本原則。委員會也批評匈牙利政府，指其不應發表煽動性的言論鼓勵國內右派勢力興起。對此，總理歐爾邦則回應，該修正案適用於匈牙利境內所有的外國大學，主要是為改善先前法律不足之處，並促進辦學的公開透明化，消除本地大學與外國大學的不平等地位。另外，歐爾邦更嚴詞批評索羅斯，認為他以貨幣投機行為大量累積財富，危害歐元的發展。

匈牙利政府與索羅斯之間恩怨情結的糾葛肇因於 2015 年，面對難民湧入匈牙利，歐爾邦下令阻擋移民入境，對此索羅斯發表評論，稱匈牙利作為應對難民危機的前緣國家，正在逃避它的義務。此外，索羅斯創辦的「開放社會基金會」(Open Society Foundations) 也被指涉藉由資助一些非政府組織，影響歐洲的移民政策和多國內政。匈牙利聲稱，近年來索羅斯資助的非政府組織一直在攻擊匈牙利政府的非法移民應對措施，鼓動違反匈牙利法律，破壞邊境保護。

匈牙利政府和索羅斯之間的結怨日益加深。索羅斯抨擊歐爾邦政府建立了一個「黑手黨國家」，歐爾邦回擊「索羅斯之類的黑手黨性質網路」及其「代理人性質的組織」是不透明的。歐爾邦堅稱要採取行動將這些組織透明化，匈牙利民眾也有權知道這些組織究竟代表誰的利益？

除此之外，匈牙利的未來面對的挑戰，還包括如何改善長期

以來的族群對立、人權法治、政治貪腐等問題。歐爾邦自 2010 年執政以來，一直削弱國家的政治制衡機制，在憲法法庭裡安插親信、修改選舉制度、圖利自己所屬的「青年民主聯盟」，並在現有的司法體系下成立行政法院，處理有關選舉、貪污、示威及警察濫權等敏感案件等，讓匈牙利民眾對其愈趨專制統治益增困惑與不滿。

　　2018 年 12 月，國會通過由「青年民主聯盟」和「基督人民民主黨」提出《勞動法》修正案，目的是為了增加國家勞動生產力，來滿足跨國企業的需求，藉以吸引外資。新版《勞動法》除大舉提高勞工每年加班時數上限，允許雇主可要求員工每年加班多達 400 小時外，雇主還能延遲三年計算和支付加班費。匈牙利職業工會聯盟 （Association of Hungarian Trade Unions ， 匈語： Magyar Szakszervezetek Országos Szövetsége） 表示，這些應大型國際製造公司要求修訂的新法，根本是「奴隸法」，使得勞工受到剝削且無法按時領取加班費。

　　12 月 8 日到 14 日就有上萬民眾在工會號召下走上布達佩斯的街頭，發動被稱作「祝總理先生耶誕快樂」的抗議行動。這是匈牙利十年來最嚴重的抗爭事件，也是歐爾邦自 2010 年掌權以來所面臨的最大規模示威之一，抗議歐爾邦強力推行漠視勞工權益和司法體系的新法，以及其益趨獨裁的統治。

第六節　歐洲坎途

匈牙利的經濟在 1990 年代初，經歷了市場自由化，就像大多數前東歐集團的國家一樣，從社會主義經濟向市場經濟過渡。匈牙利於 1996 年成為「經濟合作與發展組織」(OECD) 的成員國，同年加入世界貿易組織 (WTO)，並於 2004 年加入歐盟。

2011 年當歐元區國家接受〈歐元附加條約〉(*Euro-Plus Pact*) 的時候，匈牙利還未準備好，乃決定隨同英國、瑞典和捷克選擇不加入該條約。不過根據 2008 年的一項研究顯示，採用歐元將增加外國在匈牙利投資額度 30%。

值得注意的是，自 1990 年以來，匈牙利的外交政策力求穩定不變，而且被國際社會所認同。匈牙利的基本外交政策及其對外經濟目標的相互為用，成功地讓它在歐洲整合的進程中穩定前行，也為一個統一而強大的歐洲提出保證。

由於匈牙利政府體認到外交政策的利益和國外的經濟利益是密不可分的，所以舉凡涉及貿易發展和輸出的相關業務在 2000 年時就被劃歸由外交部管轄。匈牙利的國外經貿事務以增加出口和擴大海外市場為主，其目的是提升國家經濟成長及國際競爭力。因為不管地區及國家的遠近，只要對其經濟利益有重要價值者，匈牙利也擴大和其交往。

加強與歐洲的融合是匈牙利外交的首要任務，以便成為民主市場經濟體的成員之一。在改革開放之後，尋求進入歐洲組織的

議題在匈國就逐漸形成共識，融入歐洲就是為其國家民族和人民在安全上提供最佳的保障。

在區域合作的架構上，匈牙利努力與周邊國家維持密切而友好的關係。它不但積極地參與維謝格拉德 (Visegrád) 地區和中歐區域組織的各種合作事項，還在東南歐的事務上扮演了一個重要的角色，協助解決過去幾個世紀以來不斷爆發衝突的危機以及促進該地區重建。

1999 年 3 月 12 日，匈牙利獲准加入北大西洋公約組織 (NATO)，正式成為大西洋歐洲社會的一部分，並且也是追求共同利益與目標的政治與安全體系的成員之一。

匈牙利的外交與經濟政策現在已經有較大的潛力和空間以資發揮。在政治方面，匈牙利進入北大西洋公約組織的階段性任務完成了。軍事性的整合正在進行，在這一過程中，軍事改革是一重點，以期兵力要達到先進的水準，俾符合其國防及北大西洋公約組織的任務所需。

匈牙利支持「和平夥伴政策」，參與北大西洋公約組織在科索夫 (Kosovo) 和馬其頓 (Macedonia) 的維和任務，深獲大西洋歐洲社會的肯定。

在美伊戰爭期間，匈牙利曾派出三百個後勤單位到伊拉克，幫助美軍的運輸行動。後來一名匈牙利軍人犧牲於炸彈攻擊中，國會因而拒絕延長一年的後勤支援任務，並決定於 2005 年 1 月中旬將所有部隊從伊拉克撤回。2005 年初，匈牙利部隊仍然派駐阿富汗，協助維和任務。

匈牙利自 1998 年起就展開加入歐盟組織的談判,進行各種準備工作,可說是完全符合他們在經濟發展及現代化的利益,提升了他們的生活品質和競爭力。根據歐盟組織 2001 年度報告中關於匈牙利的評估,讚揚其近年來在各方面都有相當大的進步。特別是,該報告提及匈牙利已經走上市場經濟,未來將能面對單一市場的競爭。2002 年 11 月 18 日,歐盟十五國外長會議決定邀請匈牙利等十個中東歐國家入盟。2003 年 4 月 16 日,在希臘雅典舉行的歐盟首腦會議上正式簽署入盟協議。2004 年 5 月 1 日,匈牙利成為歐盟成員國。匈牙利於 2003 年 4 月 16 日簽署了申根協定,並於 2007 年 12 月 21 日生效。

雖然在 1990 年代以來,匈牙利在各方面積極與歐洲接軌,發展國家建設,但是近年來總理歐爾邦與歐盟貌合神離,在處理難民問題上和歐盟唱反調。

在 2014 年的移民危機中,匈牙利是沿巴爾幹半島西部遷徙到德國與其他歐盟國家的中繼站。匈牙利政府後來封閉接壤塞爾維亞與克羅埃西亞的邊境,以堵截移民潮,因而被國際人權團體抨擊。而且歐盟提出配額制度原希望能在兩年內重新安置來歐的移民,而匈牙利被要求接受 1294 人。

儘管身為歐盟的成員,且歐盟呼籲應該幫助敘利亞難民,但是匈牙利不滿此制度,乃於 2015 年 12 月向歐洲法院提訟,質疑該制度的正當性。歐爾邦反對強制配額,他警告,進入歐洲的難民越多,恐怖主義犯罪率將越高,還認為移民會稀釋歐洲的基督教文化。他表明,這些人是非法入境的可疑份子,不是合法移民,

更不是需要人道援助的「難民」，應要加強管控。

　　歐爾邦呼籲歐洲在處理移民危機上要有團結的立場，強烈要求歐洲各國在這一問題上達成共識，並說大量移民踏破門檻湧入歐洲，「匈牙利正面臨威脅，整個歐洲也在面臨威脅」。還強調要把守好歐盟的邊界，並區分出哪些是經濟移民？哪些是難民？匈牙利還通過新法准許軍警動用橡皮子彈、催淚瓦斯和網槍在邊境上對付難民。

　　近年來，極右派勢力在歐洲各地擴張，然而匈牙利卻是發展幅度最大的國家之一。其排外極右思潮快速發展的原因，可從匈牙利老化的人口及持續惡化的經濟兩方面窺知。匈牙利的反移民傾向也與歐洲經濟的景氣低迷有關，許多國家面臨經濟危機時，會採取撙節公共支出的政策，此時就容易造成人民的相對剝奪感，認為是外來移民稀釋了國家資源，因而產生排外心理。

　　在歐盟統合過程中，歐盟自由移動區吸引大量資金和人力流向西歐。歐盟雖然給匈牙利帶來更多的貿易機會，然多是低附加價值的製造業，跨國企業大獲其利。這些經濟上的聯動促使極右思潮和強烈國族主義的發展，種族間的對立情緒連帶升高。

　　匈牙利的極右排外思潮傳統上是針對猶太人和吉普賽人，然而面對大批穆斯林難民潮的湧入，匈牙利排外行動轉而針對伊斯蘭，並將之視為對匈牙利核心價值的主要威脅。總理歐爾邦針對難民潮就表示，「他們會威脅我們歐洲基督教的傳統」，如果移民持續湧入歐洲，西方世界將面臨「種族與文化的自殺」。他自稱是「歐洲基督宗教白人社會的救星」，絕不讓匈牙利人的膚色、傳統

與文化混雜其他種族。

　　四年一度召開的「世界猶太人大會」(World Jewish Congress, WJC) 選定 2013 年 5 月 5 日在布達佩斯舉辦，目的在於展現對匈牙利猶太族群的支持。但此舉引發匈牙利極右翼「更好匈牙利運動」的不滿、提前於 4 日在布達佩斯市中心集會，以保護匈牙利的價值觀和利益為由，抗議猶太人以經商投資來掌控匈牙利，並反對在首都舉辦世界猶太人大會。

　　「更好匈牙利運動」黨主席佛納說，這些投資者應該去其他的國家，匈牙利不會出售。「更好匈牙利運動」國會議員鍾鳩斯 (Gyöngyösi Márton) 亦表示：「匈牙利已經屈服於猶太復國主義，成為殖民化的目標，我們本土人民只能扮演配角。」

　　鍾鳩斯是極右派政治人物，曾在 2012 年因直言所有猶太裔政府官員可能是「國家安全的風險」，主張應將之列入清單，而引起了一陣風暴。當時由一個猶太組織及五旬節福音教會號召的「反納粹主義大示威」(Mass Protest against Nazism) 行動，約萬民眾群聚國會前抗議反猶言論。

　　面對此一爭議，匈牙利總理歐爾邦雖在猶太大會開幕致詞時譴責反猶主義，但讓猶太族裔不滿的是，他並未針對「更好匈牙利運動」的言論及行動提出批判。其實歐爾邦是有所顧忌的，因其所領導的「青年民主聯盟」雖是國會的超級大黨，但近來支持度下滑，為爭取選民支持，有現實的考量，因此沒有在此議題上採取強硬措詞。

　　猶太大會最終通過決議，要求匈牙利與歐洲各國應以維護少

數族群權益及民主發展為考量，正視極右派政黨擴張所造成的危機，並考慮禁止新納粹政黨組成，尤其在反猶主義日漸升高的匈牙利，少數族群被攻擊的情形逐漸增加，當局更該採取明確行動以遏止此風。

回溯第二次世界大戰期間，匈牙利曾有段被德國佔領的歷史，納粹屠殺猶太人的悲劇，也同樣在匈牙利上演。1944 年，納粹進軍布達佩斯，要求匈牙利當局執行針對猶太人的種族滅絕政策——「匈牙利計劃」(Hungary Operation)。匈牙利當地有近五十萬名猶太人，在短短三個月內，被一批批送上死亡列車，載往惡名昭彰的波蘭奧許維茲集中營 (Konzentrationslager Auschwitz-Birkenau) 有計劃地屠殺。

歐爾邦政府 2014 年 1 月 23 日決定，在 3 月 19 日德國佔領匈牙利七十週年之際，要在自由廣場上建一座紀念德國佔領匈牙利的悲劇的紀念碑，以悼念所有匈牙利犧牲者，同時把蘇軍紀念碑移出，結果這個計劃引發了批評。

「匈牙利猶太教信眾聯盟」(Mazsihisz) 起而抗議，表示有關建造紀念碑的決定是「令人痛苦和悲哀的」，呼籲政府與其迅速建造紀念碑，不如注重促進社會的和解。反對勢力之一的「對話黨」(Párbeszéd) 亦表達，應是為反抗者、英雄們和犧牲者們建立紀念碑，而非紀念德軍的佔領，執政黨不能迴避公共協商紀念方式和地點，應聽取歷史學界和民間組織代表的意見。

抗議團體還指出，歐爾邦政府把 2014 年定為 「大屠殺紀念年」，其欲建碑無異企圖為當時的匈牙利赫提政府開脫，把罪責推

誘給納粹德國，是復辟赫提制度。

　　對於匈牙利政府一再破壞國內司法獨立、打壓媒體自由、攻擊公民社會，以及歐爾邦將自己塑造為匈牙利基督教文化的捍衛者、高舉反對穆斯林移民湧入歐洲的大旗，歐洲議會在 2018 年 9 月 12 日通過決議，援引《歐盟條約》第七條，譴責歐爾邦政府違反歐盟的核心價值，不符合歐盟對於成員國「民主、民權、反貪腐」的要求，將針對匈牙利「危及歐盟核心價值觀」進行制裁。這是歐盟成立以來，歐洲議會首次啟動這項程序。歐爾邦則反擊歐洲議會的批評對匈牙利是一種侮辱及勒索。歐爾邦政府對移民議題的強硬立場，加深了匈牙利與歐盟的分歧。

　　馬札爾人遠來立國之初，國王伊斯特凡一世《誡子書》之教誨今日已然無存，未來匈牙利的歐洲之旅恐仍波瀾詭戾。

附　錄

大事年表

西元	大事記
375	巴蘭王帶領匈奴主力部隊越過頓河，擊潰東哥德王國。
450	匈王阿提拉帶領高加索地區和周邊地區的匈族人攻打波斯和拜占庭。
453	阿提拉死，之後匈帝國解體。
520	在刻赤海峽附近的匈王葛羅德受洗信奉了基督教，與拜占庭結盟。
836	馬札爾人的足跡出現在多瑙河北岸。
862	馬札爾人擊潰東法蘭克王國。
895. 10. 14	遠從東方來的征服者匈牙利人，在阿爾帕德的率領下，征服了喀爾巴阡盆地。
955	日耳曼巴伐利亞的奧圖一世在雷克斯菲德一役大敗馬札爾人。
972	蓋沙公爵成為馬札爾王國的新領導人。
975	蓋沙家族皈依天主教。
1000	伊斯特凡成為匈牙利首位信奉天主教的國王——史蒂芬國王，定都埃斯泰爾宮。
1000. 10. 14	史蒂芬一世（聖史蒂芬）被加冕為國王。在其統治之下，匈牙利建立起國家組織，天主教被訂為國教。
1083	史蒂芬國王被追諡封聖。

1222. 10. 14	安德拉二世簽署《金璽詔書》，確定封建階級的特權，並准許貴族有權推翻一個他們認定的「暴君」。
1235	國王貝拉四世登基，道明會四位修士出發東行，尋找傳說中的馬札爾舊部。
1237	道明會修士朱利安第二次東行。
1241～1242	蒙古人入侵。貝拉四世完成國土重建。
1301	安德拉三世死，阿爾帕德王朝結束。
1307	安茹王朝的查理‧羅勃特一世繼承王位。
1342～1382	在查理之子路易大帝的統治之下，中世紀匈牙利的版圖最為遼闊。路易保有那不勒斯王位，並在 1370 年成為波蘭國王。
1396. 10. 14	尼卡波伊一役，土耳其人擊潰盧森堡王朝吉格蒙的十字軍。
1456. 10. 14	胡涅迪雅諾斯成功地防禦南道白堡（今日的貝爾格勒），並且阻止土耳其人的入侵達半世紀之久。
1458～1490	胡涅迪馬嘉斯統治下的匈牙利是歐洲的強權，征服了泰半的波希米亞，並佔有維也納。
1526. 08. 29	匈牙利軍在莫哈蚩被入侵之土耳其殲滅。王室分裂，一方推舉外息爾凡尼亞大公扎波亞，另一方推舉奧地利哈布斯堡家族的斐迪南。
1541. 10. 14	布達城被土耳其人攻佔。匈牙利被分為三部分：土耳其統治最大的部分，西邊和北邊被奧地利哈布斯堡王朝控制，外息爾凡尼亞為匈牙利所有。
1593～1606	簽訂〈瑞特瓦脫拉克條約〉，結束與土耳其長達十五年的戰爭。

1604～1606　神聖羅馬帝國皇帝魯道夫二世與外息爾凡尼亞大公博蚩考伊簽訂〈維也納和約〉，結束爭取獨立之戰。

1613～1629　拜特倫統治下的外息爾凡尼亞，度過一黃金歲月。

1683～1699　土耳其人被逐出匈牙利，布達城堡於 1686 年被收復。

1703～1711　外息爾凡尼亞王拉科齊二世領導反奧戰爭。1707 年，匈牙利國會宣告揚棄哈布斯堡王朝，成立了共和國。但是，獨立戰爭遭受嚴重挫敗。

1722. 10. 14　《國事詔書》簽署同意哈布斯堡王朝由女性繼承的合法性。

1740～1780　瑪莉亞‧德瑞莎統治時期。

1780～1790　約瑟夫二世統治時期。

1825. 10. 14　瑟切尼伯爵設立匈牙利科學院，開始了匈牙利的改革。

1832. 10. 14　匈牙利國會召開會議開始使用匈牙利文，以取代拉丁文。

1848. 03. 15　在佩斯城爆發革命。4 月 7 日，奧地利皇帝斐迪南五世任命柏洽尼伯爵為匈牙利首相，11 日簽署生效。

1848. 09. 14　爆發反抗哈布斯堡王朝統治之獨立戰爭。起初階段，匈軍打贏幾場戰役。

1849. 04. 14　國會宣佈廢棄哈布斯堡王朝兼領匈牙利，並推選高舒特為主席。

1849. 08. 13　獨立戰爭失敗。匈軍在維拉格斯投降。

1849. 10. 06　發動獨立戰爭的烈士在阿拉德被處決。在 1848～1849 年制訂的所有法均告無效。奧地利的法政制度被引進。

1867. 05. 29　與哈布斯堡王朝協商，奧皇弗倫茲‧約瑟夫一世兼任匈牙利國王。奧匈雙元帝國成立。經濟迅速發展，而政治局勢卻陷於緊繃。

1896. 10. 14	馬札爾人立國千年紀念，舉行盛大慶祝活動。
1914. 07. 28	6 月奧匈帝國王儲斐迪南夫婦遇刺於波西尼亞首府薩拉耶佛，雙元帝國乃在 7 月 28 日對塞宣戰，第一次世界大戰爆發。
1918. 10. 14	奧匈帝國分裂。
1918. 10. 31	在布達佩斯發生「紫菀花革命」，卡洛伊伯爵被任命為總理。
1919. 03. 21 ～07. 31	卡洛伊辭職。建立了歐洲第一個蘇維埃共和國，由孔貝拉領導。
1919. 11. 16	反對派政府國防部長兼國民兵總司令赫提率兵進駐布達佩斯。
1920. 03. 01	赫提被選為攝政。匈牙利再度以「王國」為名，但王位虛懸，變成了一個「沒有國王的王國」。
1920. 06. 04	簽訂〈特里濃條約〉。
1921. 11. 06	奧匈帝國瓦解，廢止哈布斯堡王朝兼領。
1921～1931	在總理貝特倫領導下，實施法西斯化政策，但免不了列強的壓力。
1932～1936	總理龔伯斯主政時期，外交政策逐漸和納粹德國、義大利及奧地利靠在一起。
1938. 11. 02	德國和義大利協助於「第一次維也納仲裁」，將斯洛伐克南方的匈牙利人居住地帶、捷克最東方的魯森尼亞和喀爾巴阡烏克蘭南部領土歸還匈牙利。
1940. 08. 30	「第二次維也納仲裁」，將〈特里濃條約〉中被劃入羅馬尼亞領土的北外息爾凡尼亞歸還給匈牙利。
1941. 04. 03	匈牙利同意德軍借道進攻南斯拉夫。總理德萊奇自殺。

1941. 06. 26	巴多西繼任總理，對蘇聯及英、美宣戰，匈牙利捲入第二次世界大戰。
1943. 01. 10	匈牙利第二軍在頓河被殲。
1944. 03. 19	德國佔領匈牙利。「雙箭黨」領袖沙婁希任總理，被國會推選為「國家元首」。
1944. 11. 21	在德布勒森 (Debrecen) 成立臨時政府。蘇軍攻入匈牙利東部。
1945. 04. 10	蘇軍將德軍逐出匈牙利。
1945. 11. 10	「小農民黨」贏得國會大選。
1946. 02. 01	匈牙利成為共和國，臺爾迪擔任總理。
1947. 02. 10	匈牙利簽訂〈巴黎和約〉。
1948. 06. 12	共產黨和社會民主黨聯合，共組「匈牙利社會主義工人黨」。
1949. 08. 20	《匈牙利人民共和國憲法》生效。
1953. 07. 04	在蘇聯的指使下，納吉取代拉科席擔任總理。
1955. 04. 10	納吉被罷黜，並逐出黨。
1956. 10. 23 〜11. 34	爆發革命運動。蘇軍鎮壓。納吉躲進南斯拉夫大使館尋求政治庇護。之後，被捕，判處死刑。
1962. 11. 20 〜24	匈共召開第八屆代表大會，宣稱完成社會主義的基礎。
1966. 05. 27	「匈牙利社會主義工人黨」中央委員會通過「新經濟策略」決議案。
1968. 08. 21	匈牙利參與蘇軍，鎮壓「布拉格之春」。
1978. 01. 06	美政府歸還第二次世界大戰末託管之「聖史蒂芬皇冠」。
1985. 06. 14 〜16	社會主義反對陣營在莫諾 (Monor) 集會。

1987. 09. 27	「匈牙利民主論壇」成立。
1988. 03. 30	青年民主聯盟、自由民主聯盟、獨立小農民黨成立。涅米特擔任總理。
1989. 03. 23	「反對陣營圓桌會議」形成。
1989. 06. 13 ～09. 18	「匈牙利社會主義工人黨」、「反對陣營圓桌會議」和社會各界代表共同協商，為政權和平轉移及多黨制奠訂基礎。
1989. 06. 06	卡達死，其統治時代宣告結束。
1989. 06. 16	納吉逝世週年，舉行重葬。
1989. 09. 10	匈牙利開放西邊邊境，讓東德人民通過。
1989. 10. 23	宣佈成立民主共和國。
1990. 03. 12 ～06. 30	蘇聯駐軍撤離。
1990. 03. 20	舉行第一次全國大選，「匈牙利民主論壇」贏得選舉。
1990. 03. 25 ～04. 08	國會首次進行多黨制選舉。
1990. 05. 23	首位民主政府的總理安托宣誓就職。
1990. 08. 03	匈牙利選舉總統，根茨當選為匈牙利民主改革之後的國家元首。
1994. 05. 08	舉行第二次全國大選，「匈牙利社會主義黨」贏得選舉。
1995	成為「經濟合作與發展組織」會員國。
1996	加入世界貿易組織。
1998. 05. 10 ～24	舉行第三次全國大選，「匈牙利社會主義黨」贏得選舉。
1999. 03. 12	加入北大西洋公約組織。

2002.04.07 ～21	舉行第四次全國大選，「青年民主聯盟」—「匈牙利民主論壇」贏得選舉。
2004.05.01	加入歐盟。
2006.04.09 ～23	舉行第五次全國大選，「匈牙利社會主義黨」和「自由民主聯盟」贏得選舉。
2007.12.21	成為申根公約會員國。
2010.04.11 ～25	第六次全國大選，「青年民主聯盟」—「匈牙利公民聯盟」—「基督人民民主黨」以壓倒性多數勝出。
2011.04.18	修頒《匈牙利憲法》。
2011.12.01	我國與匈牙利於完成異地簽署臺匈「打工度假」、「經濟合作」及「航空運輸」等三項意向書。
2012.01.01	《匈牙利憲法》生效。
2012.02.03	匈牙利國有航空公司破產。
2012.03.13	由於預算赤字，歐盟暫停向匈牙利提供援助。
2012.04.	匈牙利對中央銀行法律做出微幅修訂，歐盟委員會同意恢復與國際貨幣基金組織就大規模援助案進行談判。
2012.05.10	青年民主聯盟政治家艾德爾就職總統，任期五年。
2012.09.	匈牙利政府拒絕接受國際貨幣基金組織為新的 150 億歐元（120 億英鎊）貸款提供的條件。總理歐爾邦表示匈國政府將提出「替代談判提案」。
2012.11.27	右翼保守派政黨「更好匈牙利運動」的國會議員鍾鳩斯以可能構成「國家安全隱患」為由，要求編列出一份猶太裔官員名單，而引發眾怒。
2012.12.02	數千人參加了在布達佩斯舉行的反納粹集會，以抗議極右翼議員鍾鳩斯呼籲對猶太人的國家安全風險進行調查。

2013. 01. 03　憲法法院否決了國會於 11 月通過的選舉法修正案，稱其限制了選民權利。

2013. 03. 11　國會批准對 2012 年憲法的第四次修正，遏制憲法法院的權力。

2013. 06. 15　匈國政府試圖修憲，禁止在獨立媒體上發佈政治廣告和關於承認宗教團體的限制性指導方針，但後來在歐盟的壓力下取消了提議。

2013. 06. 22　匈牙利擺脫衰退，歐盟將其從「過度赤字調控程式」(Excessive Deficit Procedure) 的機制中排除。

2013. 09. 16　儘管歐盟採取法律行動，但國會仍通過了最新的憲法修改案。

2013. 11.　　最高法院阻止政府試圖宣佈以外幣計價的貸款為非法。

2014. 01. 23　匈國政府公佈豎立 1944 年紀念德國佔領七十週年紀念碑的計劃引發了批評，即匈牙利正試圖淡化第二次世界大戰時作為納粹盟友的角色。在國際抗議之中，這些計劃被擱置。

2014. 02. 06　匈國政府批准與俄羅斯就 Paks 核電站兩座新反應爐的融資達成一項具爭議性的 100 億歐元的協議。

2014. 04. 09　青年民主聯盟在國會大選中贏得了第二回合的勝利。國際選舉監督員表示，限制性的競選規則和媒體偏頗的報導讓執政黨具有不公平的優勢。

2014. 07. 28　總理歐爾邦表示，自由民主已經成功，並將俄羅斯、中國和土耳其列為成功的「不自由」國家，他說這些國家值得效仿。

2014. 08. 15　總理歐爾邦批評歐盟對烏克蘭危機的制裁。

2014.09.26　匈牙利的天然氣管道運營商稱，已無限期暫停向鄰國烏克蘭運送天然氣。

2014.10.31　匈國政府放棄了對互聯網使用徵稅的計劃，此曾引發了布達佩斯的大規模抗議行動。

2015.02.17　數千民眾抗議俄羅斯總統普京訪問匈牙利的天然氣供應。歐盟成員國同意在俄羅斯吞併克里米亞後不與普京舉行雙邊會談。

2015.05.19　歐盟譴責匈牙利對於移民問題的公眾諮詢計劃，宣稱擬議的調查問卷可能會使移民遭曲解醜化。

2015.09.15　新頒法律允許逮捕跨越塞爾維亞邊境的偷渡客，此前主要是夏季以來，有二十萬來自中東的難民，希望能夠前往德國和其他地方。匈牙利封鎖與塞爾維亞邊境的決定，不僅導致難民以暴力的方式進行抗議，還使得匈牙利與塞爾維亞政府間關係變得緊張。

2016.10.02　儘管僅有 40.4% 的低投票率，但參加投票的 98% 選民支持匈國政府呼籲的反對歐盟的「移民遷徙計劃」，匈國政府在公投後聲稱取得勝利。

2017.05.20　匈牙利對國內媒體及非政府組織的打壓及立法試圖關閉中歐大學，歐洲議會擔憂匈牙利民主自由狀況不斷惡化的情況，警告要將匈牙利停權。布達佩斯數萬民眾走上街頭抗議，抗議匈牙利政府試圖通過收緊對非政府組織的控制來打壓異議人士。

2017.06.13　匈牙利國會通過法律以提高外國資助非政府組織透明度。匈牙利在南部與塞爾維亞交界地區修建第二道圍牆以應對移民潮。

2017.07.01　匈牙利簽署通過土耳其天然氣管道供氣協定。

2018.04.08　2018 年匈牙利國會選舉，Fidesz-KDNP 聯盟贏得了三分
之二的多數。「更好匈牙利運動」主席佛納宣佈請辭，為
選舉失利負責。掌權八年的歐爾邦確定第三度出任總理，
他強烈反移民，任內加強管控媒體、司法，被視為歐洲
極右民粹主義的標竿人物。這次選舉被視為歐洲右翼民
粹主義的勝利。

2018.06.12　匈牙利國會通過了「停止索羅斯法」，任何「促進非法移
民」 的人都將面臨入獄一年 。 兩位前 Jobbik 國會議員
Toroczkai László 和 Dúró Dóra 共組民族主義政黨「我們
要搬到匈牙利」。

2018.09.13　歐 洲 議 會 對 於 匈 牙 利 對 抗 歐 盟 的 「民 主 價 值 觀」
(Democratic Values) 的紀律處分進行投票 ， 表決結果
448：197，通過啟動懲罰性程序。

2018.10.06　匈牙利與鄰國烏克蘭在語言法方面發生爭議，烏克蘭調
查匈裔因心向匈牙利祖國而涉及可能的「叛國罪」。

2018.10.15　匈牙利和烏克蘭之間護照外交爭端加劇。

2018.10.15　隨著新法律生效，無家可歸被禁止，警方有權將人們趕
出街道並摧毀庇護所。

2018.12.08　匈國總統艾德爾根據一份關於氣候變化的國際報告，在
慶祝「全國可持續發展委員會」(NFFT) 成立十週年的節
慶會議上發言，敦促建立一個對於經濟、社會和健康有
益的新經濟模式。

匈牙利王朝簡表

一、匈牙利歷代王朝統治者與國家元首

阿爾帕德王朝

1000～1038　Stephen I（997～1000 王子）

1038～1041　Orseolo Péter

1041～1044　Aba Sámuel

1044～1046　Orseolo Péter

1046～1060　András I

1060～1063　Béla I

1063～1074　Salamon

1074～1077　Géza I

1077～1095　László I

1095～1116　Kálmán (Beauclerc)

1116～1131　Stephen II

1131～1141　Béla II

1141～1162　Géza II

1162～1172　Stephen III

1162～1163　László II

1163～1165　Stephen IV

1172～1196　Béla III

1196～1204 Imre

1204～1205 László III

1205～1235 András II

1235～1270 Béla IV

1270～1272 Stephen V

1272～1290 László IV

1290～1301 András III

其他王朝

1301～1305 Wenceslas of Bohemia

1305～1307 Otto III (Wittelsbach)

1307～1342 Charles I of Anjou

1342～1382 Louis I, the Great of Anjou

1382～1387/1395 Maria of Anjou

1385～1386 Charles II of Anjou

1387～1437 Luxemburgi Zsigmond

1437～1439 Habsburg Albert

1440～1444 Ulászló I

1440/1452～1457 László V

1444～1446 空位期

1446～1453 （János Hunyadi 攝政）

1458～1490 Mátyás I Hunyadi

1490～1516 Ulászló II Jagiello

1516～1526 Lajos II Jagiello

哈布斯堡王朝

1526～1564 Ferdinánd I

1526〜1540　János I. Szapolyai

1540〜1570　János Zsigmond

1564〜1576　Miksa I

1576〜1608　Rudolf I

1605〜1606　(István Bocskai)

1608〜1619　Mátyás II

1619〜1637　Ferdinánd II

1620〜1621　(Gábor Bethlen)

1637〜1657　Ferdinánd III

1647〜1654　Ferdinánd IV

1657〜1705　Lipót I

1705〜1711　József I

1705〜1711　(Ferenc Rákóczi II)

1711〜1740　Károly III

1740〜1780　Mária Terézia

哈布斯堡洛沙林王朝

1780〜1790　József II

1790〜1792　Lipót II

1792〜1835　Ferenc I

1835〜1848　Ferdinánd V

1849〜1849　(governor-president Lajos Kossuth)

1848〜1916　Ferenc József I

1916〜1918　Károly IV

二、匈牙利國慶日

根據 1991 年法案通過，國慶日有三：

3 月 15 日：1848～1849 革命及獨立戰爭的發起日，也是現代民主議會創立的日子。

8 月 20 日：聖史蒂芬紀念日。

10 月 23 日：1956 年獨立戰爭爆發日，也是 1989 年匈牙利共和國誕生日。

參考書目

Balogh, Sándor, *Transylvania: Balkan or Europe?*

Bodolai, Zoltan, *The Timeless Nation—The History, Literature, Music, Art and Folklore of the Hungarian Nation*

Bodolai, Zoltan, *Hungarica—A Chronicle of Events and Personalities from the Hungarian Past*

Borsody, Stephen, *The Hungarians: A Divided Nation*

Borsody, Stephen, *The New Central Europe*

Cadzow, J. F, Ludanyi, A., Elteto, L. J. (ed.), *Transylvania—The Roots of Ethnic Conflict*

Fehervary, Istvan, *The Long Road to Revolution*

Gabor Aron Studt Group, *Hungary in the Mirror of the Western World*

Herté, Stephen D., *Between Russia and the West*

Josika-Herczeg, Imre, *Hungary After a Thousand Years*

Komjathy, A. T., *A Thousand Years of the Hungarian Art of War*

Lázár, István, *HUNGARY—A Brief History*

Lettis, Richard, *The Hungarian Revolt*

Macartney, C. A., *Hungary—A Short History*

Maracz, L., *Hungarian Revival—Political Reflection Central Europe*

Perjes, G., *The Fall of the Medieval Kingdom of Hungary: Mohacs 1526–Buda 1541*

Sisa, Stephen, *The Spirit of Hungary*

Stephen Pálffy, *Brief History of Hungary*

Wagner, Francis S., *Toward a New Central Europe*

圖片出處：Photo: Alain Nogues/CORBIS SYGMA: 39. András Dabasi: 17,

29, 30, 32, 34, 35. András Hász: 28. Béla Tóth: 8, 20. Bettmann/CORBIS: 38.

Endre Rácz: 6, 7, 13, 15. Ferenc Németh: 18. GrahamTim/CORBIS

SYGMA: 40. Károly Hemzö: 10, 11. Károly Szelényi: 3, 4, 5, 19, 21, 22, 25,

27. Levente Szepsi Szücs: 31. Lóránt Bérczi: 9, 14. Péter Korniss: 12, 23.

Sándor Bojár: 37. Zsolt Szabóky: 33. Map: Dékány Ágoston: 16.

在字裡行間旅行，
實現您 周遊列國 的夢想

國別史叢書

捷克史——波希米亞的傳奇

位處歐洲心臟地帶的捷克,深受日耳曼和拉丁文化勢力
的影響,也是傳統歐洲與斯拉夫世界的橋樑。二次大戰
後捷克陷於蘇聯的鐵幕之下,1968年的布拉格之春喚起
捷克沉睡的靈魂,而1989年的絲絨革命,終為捷克的民
主化開啟新頁。

丹麥史——航向新世紀的童話王國

風景秀麗的丹麥孕育了安徒生瀾漫的童話,隨手汲拾皆
是美麗的故事,在充滿花香和書香的土地上,給予人們
充滿希望的福音,也為世界和平帶來一股清流。

法國史——自由與浪漫的激情演繹

法國,她優雅高貴的身影總是令世人著迷,她從西歐小
國逐漸成長茁壯,締造出日後舉足輕重的地位。在瑰麗
的羅浮宮、不可一世的拿破崙之外,更擁有足以影響世
界的歷史與文化成就。

希臘史——歐洲文明的起源

一提起希臘,無論聯想到的是湛藍的藍天、海洋,以及
點綴其間的白屋,或是璀璨的古希臘文明,和遺留至今
的神殿雕塑,她永如地中海的珍珠,綻放耀眼的光彩,
令人神往。

國別史叢書

俄羅斯史——謎樣的國度

俄羅斯為何有能力以第三羅馬自居？俄羅斯為何得以成為世界上領土最大的國家，在二十世紀後半期與西方的山姆大叔分庭抗禮？且看此書為您盡數這隻北方大熊的成長與奮鬥。

波蘭史——譜寫悲壯樂章的民族

十八世紀後期波蘭被強鄰三度瓜分，波蘭之所以能復國，正顯示波蘭文化自強不息的生命力。二十世紀「團結工會」推動波蘭和平改革，又為東歐國家民主化揭開序幕。波蘭的發展與歐洲歷史緊密相連，欲了解歐洲，應先對波蘭有所認識。